옥스퍼드 중국사 수업

옥스퍼드 중국사 수업

세계사의 맥락에서 중국을 공부하는 법

폴 로프 지음 · 강창훈 옮김

편집자 서문

　이 책은 '새로운 옥스퍼드 세계사' 시리즈의 한 권이다. 이 시리즈는 세계 여러 나라의 역사를 최신 버전으로 풍부하고 생생하게 제공하기 위해 마련한 획기적인 기획이며, 기존의 '낡은' 세계사를 벗어나기 위한 중대한 변화가 시작되었음을 표방하고 있다. 불과 몇 년 진까지만 해도 세계사는 대개 유럽과 미국을 포함한 서구 중심의 역사였고, 세계 다른 지역의 역사는 별로 다루지 않았다. 물론 일부 낡은 세계사 책들 중에도 예외는 있었다. 유럽, 미국뿐 아니라 세계 전 지역에 두루 관심을 기울인 책도 있었다. 이러한 종류의 세계사를 읽은 독자들은 세계의 나머지 지역이 이상한 관습을 지니고 알아들을 수 없는 언어를 사용하는 이방인들로 이루어져 있다는 인상을 받았다. 또 다른 부류의 '낡은' 세계사는 주로 위대한 문명의 성취라는 점에 초점을 맞추어 세계 여러 지역과 민족의 이야기를 펼쳐 보이기도 했다. 독자들은 위대한 건축물들, 세계적인 종교들 그리고 절대적인 권력을 지녔던 지배자들에 대해 배웠을 뿐, 평범한 사람들의 삶이나 경제적·사회적 패턴에 대해서는 이해할 수 없었다. 게다가 세계 여러 민족 간의 상호 작용은 한쪽의 시각에서 서술되는 경우가 많았다.

이 시리즈는 세계사를 다르게 이야기한다. 첫째, 대단히 포괄적이다. 세계 모든 나라와 지역을 다루며 전 인류의 경험을 탐구한다. 심지어는 대규모 문명 지역에서 멀리 떨어져 있어서 고유한 역사를 지니지 못한 민족도 다룬다. '새로운' 세계사를 집필한 역사가들은 공통적으로 전 인류의 역사에 관심이 있으며, 심지어 인간의 문자 기록이 존재하기 전으로 수백만 년을 거슬러 올라가기도 한다. 심지어 '새로운' 세계사를 집필한 일부 역사가들은 관심 주제를 전 우주로 확장하여, '빅 히스토리'big history◆의 시각에서 빅뱅 이론부터 서술을 시작하기도 한다. 어떤 역사학자는 한 학자가 주장했듯이 달이라는 유리한 위치에서 세계를 바라봄으로써 오늘날 세계사의 '새로운' 세계적 차원의 체제를 살펴본다. 우리는 이 점에 동의한다. 그러나 우리는 클로즈업을 통해 전 인류의 중대한 경험을 분석하고 재구성하는 것 또한 빼놓지 않으려 한다.

모든 곳에서 모든 시기에 일어났던 모든 것을 복원해야 한

◆국내에서는 '지구사'라는 말도 많이 쓴다.

다거나 알아야 한다고 주장하려는 것은 아니다. 상이한 사회와 문화가 각기 지닌 독자적인 이야기와 서로 연관된 이야기를 둘 다 고려하면 많은 것을 얻을 수 있다. 이러한 연결 고리를 만드는 것은 '새로운' 세계사의 또 다른 중대한 구성 요소다. 그것은 사람, 장소, 과정을 포함하여 문화적, 경제적, 정치적, 종교적, 사회적인 모든 것의 연결과 상호 작용을 강조한다. 그것은 서로 비교하고 유사성을 발견한다. 비교와 상호 작용을 둘 다 강조하는 것은 역사에 대한 이해를 깊고 넓게 할 수 있는 세계적 차원의 구조를 발전시키는 데 반드시 필요하다. 초점을 한 국가나 지역에 맞추든 전 세계에 맞추든 말이다.

새로운 세계사가 하나의 분야로 등장하는 것은 무척 시의적절하다. 학교에서 그리고 일반 대중 사이에서 세계사에 대한 관심이 매우 높다. 우리는 다른 나라들을 여행하며 세계 여러 나라 사람들과 대화를 나누고 함께 일한다. 그리고 전 세계적 사건들에 의해 영향을 받는다. 전쟁과 평화는 경제적 조건처럼 전 세계 사람에게 영향을 끼치고, 우리의 환경, 커뮤니케이션, 건강과 의료 상황에도 영향을 끼친다. 새로운 옥스퍼드 세계사는 전 세계적 맥락에서 지역의 역사를 설명하고, 세계적인 사건들에 대한 평범한 사람들의 시각에 대해서도 언급한다. 지역과 세계를 결합함으로써 새로운 세계사를 더욱 분명하게 보여 준다. 과거에 세계와 지역이 어떻게 상호 작용했는지 이해함으로써, 우리가 현재 살아가고 있는 세계를 분석하고, 상호 연관된 미래의 모습은 어떨지 그려 볼 수 있을 것이다.

|

스미스Bonnie G. Smith
양Anand Yang

저자 서문

이 책의 기획 의도는 중국의 장구한 역사를 세계사라는 좀 더 넓은 맥락에서 서술하는 것이다. 나는 다음과 같은 의문에 대한 답을 하나씩 찾아보고자 한다. 중국 문명은 발전 과정에서 동시대에 존재한 세계 다른 지역의 문명과 어떻게 달랐나? 중국은 다른 문명과 무엇을 공유했고, 중국 문명만의 독자적이거나 독특한 특징은 무엇인가? 중국은 역사적으로 국경 너머에 있는 문화, 민족과 어떤 관계를 맺어 왔나? 타민족 출신 상인, 외교관, 선교사, 병사 들은 중국 문명의 발전에 어떤 영향을 끼쳤나? 중국의 장구한 역사 속에서 변화한 것과 지속한 것 가운데 가장 중요한 것은 무엇인가?

오늘날 우리는 중국을 세계에서 가장 오래 지속한 문명이라고 생각한다. 우리가 인식할 수 있는 세련된 중국 문화는 기원전 1500년경 나타났으며, 지난 3,500년 동안 언어 및 문화적 가치, 사회 조직과 정치 조직 면에서 뚜렷한 지속성을 보여 왔다. 중국을 연구할 때 주로 떠오르는 궁금증 가운데 하나는 중국이 언어적·정치적·문화적 지속성을 어떻게 그렇게 넓은 지역에서 그렇게 오랫동안 뚜렷하게 유지할 수 있었는 가 하는 점이다. 중국은 어떻게 초기 문명들 가운데 유일하게 3,000년 동안 중국 대륙 전반에 걸쳐 정치적·문화적·언어적 통일성과 지속성을 유지할 수 있었을까? 근대적 산업 기술의 혜택을 받지 않은 상태에서 말이다.

재레드 다이아몬드는 중국 문명을 제외한 대규모 문명들은 모두 다양한 계통의 민족, 언어, 문화가 녹아드는 도가니였다 고 서술한다. 그리고 그는 통찰력 있게도 중국은 다른 문명들 과 달리 역사가 시작될 때부터 이미 '아주 오래된 도가니'였다 고 덧붙인다.[1] 즉, 오늘날 중국에 해당되는 지역은 문명이 시 작될 때부터 다양한 민족, 언어, 문화, 인종의 복합체였다는 것이다. 그러나 이 복합체는 기원전 2000년경부터 한족에 의 해 정복되고 지배되고 흡수되어 주변부로 밀려나고 말았다. 한족은 기원전 약 1500년경 중국 문자, 청동기, 성벽으로 둘 러싸인 큰 도시와 마을의 경제를 지탱하는 효율적이고 생산 성 높은 농업 그리고 석궁과 청동 창, 전차로 무장한 강력한 군대를 기반으로 세련된 문명을 일구었다.

중국인의 사회생활, 경제생활, 문화생활에는 일정한 패턴 이 있는데, 유라시아 대륙 동부의 지리 환경에 깊은 영향을

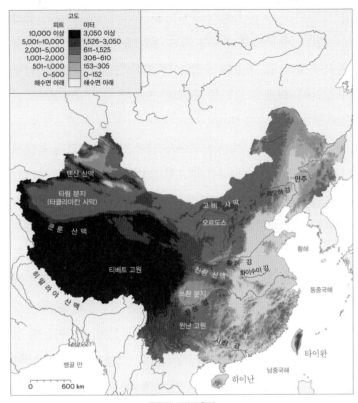

고도

피트	미터
10,000 이상	3,050 이상
5,001–10,000	1,526–3,050
2,001–5,000	611–1,525
1,001–2,000	306–610
501–1,000	153–305
0–500	0–152
해수면 아래	해수면 아래

톈산 산맥

타림 분지
(타클라마칸 사막)

쿤룬 산맥

고비 사막

오르도스

만주

랴오허 강

티베트 고원

히말라야 산맥

친링 산맥

황허 강

화이수이 강

황해

쓰촨 분지

창장 강

윈난 고원

시장 강

동중국해

타이완

벵골 만

0   600 km

하이난

남중국해

중국의 지리적 환경

15

받았다. 이 지역은 우리가 이야기를 시작하기에 알맞은 곳으로 보인다. 중국사의 대부분 시기 동안 중국이 지배한 영역은 (동북부의 만주, 북부의 몽골, 서북부의 신장, 서부와 서남부의 칭하이-티베트 고원을 제외한) 오늘날 중화인민공화국의 동쪽 절반에 해당할 뿐이다.

유라시아 대륙 동부는 북쪽에서 남쪽으로 그리고 동쪽에서 서쪽으로 이어지는 산맥들이 초원 지대, 사막, 산들로 둘러싸인 채 장기판의 선처럼 교차하고 있다. 중국 북부에는 저 멀리 북쪽에 숲으로 뒤덮인 시베리아의 초원 지대, 동북쪽에 숲으로 뒤덮인 만주의 산악 지대, 북쪽에 몽골 초원이 자리하고 있다. 중국 서부에는 척박한 고비 사막과 타클라마칸 사막이 놓여 있고, 남서부에는 세계에서 가장 높은 산봉우리를 지닌 칭하이-티베트 고원이 있다. 동부는 긴 해안선이 이어지는데 정박 가능한 수심 깊은 항구가 거의 없다. 그래서 지난 3,000여 년 동안 잠재적인 외부 위협을 막는 또 하나의 자연 방벽 구실을 해 왔다. 대양, 건조한 초원, 사막, 산 등 주변 지역이 자연 방벽이 되어 주어, 중국은 3,000년 넘게 정치적·문화적 지속성을 비교적 잘 유지할 수 있었다.

중국의 지리 환경은 중국 국경 너머로부터의 위협을 막고,

중국과 외부 세계 사이보다는 중국 내에서의 교통과 통신을 훨씬 더 용이하게 함으로써 하나로 통합된 정치 단위가 지속되는 것을 가능케 했다. 중국사를 통틀어 주변 지역은 비교적 낙후되고 인구도 희소했다. 예를 들어 최근까지도 중화인민공화국 인구의 5퍼센트만이 이들 지역에서 살았다. 그러나 앞으로 본문에서 자세히 다루겠지만, 이 주변 지역은 외부의 상품, 문화, 민족을 중국의 정치적·문화적 영역으로 꾸준히 유입시키는 역할을 하기도 했다. 이처럼 지리 환경은 지난 3,000년 동안 중국인의 삶에 내재한 놀라울 정도의 지속성뿐 아니라 본질적인 변화에 깊은 영향을 끼쳤다.

중국 본토, 또는 우리가 중국 내륙이라고 부르는 지역에는 두 개의 큰 강이 있다. 북부의 황허 강黃河과 중부의 창장 강長江은 서쪽에서 동쪽으로 흐른다. 히말라야 산맥 그리고 두 강을 나누어 태평양으로 흘러 나가게 하는 다른 산들로부터 물을 빼내어서 말이다. 두 강 모두 중국 문명의 발전에 핵심 역할을 했다.

북중국의 황허 강은 엄청난 양의 누런색 흙을 실어 나르기 때문에 '황허 강'으로 불린다. 미세 입자로 된 이 흙은 북중국 평원의 대부분을 온통 뒤덮고 있다. 수천 년 동안 고비 사

황토 고원

막으로부터 바람을 타고 동쪽으로 날아와서 잦은 홍수에 의해 넓은 지역에 걸쳐 침전되는 이 '황토'(때로는 그 자체로 중국을 상징하기도 한다)는 북중국의 일부 지역을 80미터 높이로 뒤덮고 있다. 황토는 태생적으로 비옥하기 때문에 기원전 5000년경 황허 강 유역을 따라 초기 농경이 발전하고 밀과 수수가 생산될 수 있었다. 북중국은 히말라야 산맥에 의해 남아시아와 동남아시아의 몬순 지역으로부터 차단되어 비교적 건조하기 때문에 황허 강은 수심이 매우 얕은 지역이 많다. 그래서 수상 교통로 역할을 하기에는 적합하지 않다. 북중국의 반♯건조 기후 지대에서 황허 강은 지난 4,000년 동안 정착 농경에 필요한 물을 공급하는 핵심적인 역할을 했다.

중국 중부에는 창장 강이 있다. 창장 강은 황허 강보다 훨씬 더 많은 물을 실어 나르며, 중국의 중심부를 관통하는 주요 수상 교통로 역할도 한다. 창장 강 유역은 강수량이 풍부하고 아열대성 기후여서 벼농사와 이모작이 가능하다. 비가 내리면 창장 강 유역의 땅을 비옥하게 해 주는 요소들이 빠져나가기는 하지만, 인간과 동물의 배설물을 충분히 이용할 수 있는 데다가 연중 생장 기간이 길고 강수량이 풍부하기 때문에 창장 강 하류의 남쪽 지역은 지난 1,000년 동안 중국에서 가장 번영을 누렸다. 창장 강 상류에서는 쓰촨 분지의 생산성이 높다. 비가 많이 내리고 창장 강의 수많은 지류가 물을 충분히 공급해 주는 데다가, 논도 비옥하고 평평하기 때문이다.

세 번째로 소개할 강은 오늘날 남중국에 위치한 시장 강西江으로 역시 히말라야에서 발원해 태평양으로 흘러 나간다. 그러나 이 강은 창장 강보다 더 작은 지역만 통과하며 지류도 훨씬 적다. 남중국은 산세가 험준하고 굵은 빗방울이 내리는 열대 우림 지역이며 열대성 질병이 만연한 곳으로 중국에 완전히 통합된 지는 1,000년밖에 되지 않는다. 이 지역은 또한 비한족계 민족, 산악 부족, 소수 민족이 많이 살고 있다. 그들 중 상당수는 원래 저 멀리 북중국에서 살던 사람들인데, 지난 1,000년 동안 한족이 정착 지역을 넓혀 가면서 이곳 남쪽으로 내려왔다. 중국 동남부의 시장 강 삼각주 지역에 사는 사람들은 풍부한 강수량과 연중 삼모작이 가능한 생장 기간의 혜택을 누린다. 오늘날 중국인이 주로 거주하는 중심지 네 곳은 황허 강과 창장 강의 동부 평원, 시장 강의 삼각주 지역, 중국 서남부의 쓰촨 분지다.

중국을 세계사라는 큰 맥락에서 살펴보면 중국만의 고유한 특성이 뚜렷이 드러난다. 황허 강 유역을 따라 초기 문명이 탄생한 이래, 중국의 농업은 세계에서 가장 노동 집약적이었고 생산성도 가장 높았다. 예를 들어 벼농사의 경우는 대단히 노동 집약적이며, 논 1에이커당 부양 가능 인구수의 측면에서도 효율성이 대단히 높다. 중국 인구가 폭발적으로 증가한 것도 바로 이러한 중국 농업의 특성 때문이다. 유사 이래 중국은 거의 대부분의 시간 동안 지구상에서 인구 밀도가 가장 높은 나라였다.

중국인이 개인주의적이기보다는 집단주의적인 성격을 지

니게 된 것은 관개와 수자원 관리에 노동력이 많이 필요했기 때문이라고 보는 학자들도 있다. 우리에게 잘 알려진 카를 비트포겔의 주장에 따르면, 이 '수력 사회'는 '동양적 전제주의'라는 독특한 통치 제도를 만들어 냈는데, 이와 같은 통치 제도 아래에서는 대개의 경우 개인의 욕구와 권리보다는 지배자와 집단의 욕구가 우선시된다.[2] 오늘날 대다수의 학자들은 비트포겔의 주장이 지나치게 지리 결정론적이라며 반박한다. 하지만 중국인이 벼농사를 지을 때든 청동기나 도기를 만들 때든 도로, 댐, 수로, 성벽을 만들 때든 무엇을 하든지 간에, 대규모의 전문화된 작업에 인력을 동원하는 데 엄청난 열의와 비상한 솜씨를 보여 왔다는 사실만큼은 부인할 수 없다.

중국 문명에서 강력한 지속성을 보인 또 다른 요소로 조상 숭배와 가부장제를 들 수 있다. 가부장제는 남계를 통해 내려온 가계에서 남성 연장자가 다른 모든 구성원에 대한 지배권을 행사하고, 남성만이 재산을 상속받을 수 있는 제도다. 기원전 1200년경의 것으로 보이는 왕릉들을 발굴 조사한 결과, 조상 숭배는 적어도 정치와 사회 분야의 엘리트층에서만큼은 핵심적인 관습이었음이 밝혀졌다. 기원전 5세기 무렵 공자는 효도야말로 모든 덕목의 기초라고 치켜세웠는데, 그때는 조상 숭배와 가부장제가 주요한 관습으로 자리 잡은 지 이미 수백 년이 흐른 뒤였다.

중국이 지난 4,000년 동안 보여 온 뚜렷한 특징들 가운데 마지막으로 하나 더 언급하고 싶은 것은 내가 '낙관적 휴머니즘'이라고 부르면 좋겠다 싶은 그런 경향이다. 중국 사상가들은 대체로 우주를 매우 친숙한 공간으로 여겼고, 인간을 비록 완벽하지는 않지만 꾸준한 노력을 통해 도덕적으로 개선될 수 있는 존재로 인식했다. 그들은 또한 인간의 삶과 우주 전체를 모든 개별적 존재들이 서로 긴밀히 연관된 전체로 파악하는 경향이 강했다. 대다수 중국인이 윤리, 우주, 사회, 정부, 경제, 의학, 역사를 대할 때 이와 같은 전체론적 세계관이 잘 드러난다.

중국 문화의 지속성은 우리가 앞으로 다룰 주요한 주제가 될 것이다. 하지만 문화의 지속성은 중국의 장구한 역사에서 볼 때 동전의 한 면에 불과하다. 변화는 지속성 못지않게 중요한 요소다. 예를 들어 중국의 지리적 범위가 오늘날과 같이 굳어진 것은 지금부터 250년도 채 안 되는 18세기에 이르러서의 일이다. 중국의 지리적 경계는 오랜 역사를 거치면서 때로는 팽창하기도 하고 때로는 수축하기도 하면서 끊임없이 변화해 왔다. 그리고 중국이 고립되어 외부 세계로부터 별 영향을 받지 않았을 것이라는 일반적 통념과 달리, 중국은 국경 너머의 민족과 문화로부터 엄청난 영향을 받아 왔다. 그들이 북쪽과 서쪽의 무장한 유목민이었든, 중동으로부터 실크 로드나 바닷길을 통해 들어온 무슬림 상인이었든, 남아시아에서 온 인도 무역 상인과 불교 승려였든, 동북쪽의 한국과 일본을 포함한 비한족계 민족이었든, 동남쪽의 베트남인이었든, 서남쪽의 티베트인이었든, 오늘날 중국 남부와 서남부에 있는 수백 개의 산악 종족이었든 상관없이 말이다.

이렇게 작은 책에 중국사 전체를 세밀하게 다루기는 어렵다. 그러나 중국인이 세계를 어떻게 인식했는지 각별히 유의하면서 중국이 각 시기별로 어떠한 본질적 발전을 이룩했는지 서술할 것이다. 또한 중국의 발전 양상을 세계사라는 큰 맥락에서 살펴볼 것이다. 다른 지역과 유사하거나 대조적인 발전 양상에 대해 서술할 것이고, 다른 민족과 지역에 대한 중국의 접촉과 상호 작용에 특히 주의를 기울일 것이다. 근대에 들어 제국주의의 아픈 역사를 겪어야 했던 중국인은 자신들의 나라와 과거에 대해 더욱 민족주의적인 자의식을 갖게 되었다. 빅터 마이어의 지적에 따르면, 오늘날 근대 민족주의와 세부 학문의 전문화 경향이 만연하여, 역사학자들이 국가 간, 이인종 간, 대륙 간 접촉과 영향을 소홀히 다루는 편이며, 특히 이른 시기의 연구에서는 그런 경향이 더욱 심하다.[3] 중국이 외부의 도움이나 영향을 별로 받지 않고 독자적인 문명을 발전시켰다는 주장은 중국(그리고 많은 서구) 학자들 사이에서 널리 유행하고 있는 가설 가운데 하나다. 나는 이러한 가설에 정면으로 도전하려 한다. 중국인은 비한족계 아웃사이더로부터 때로는 적극적으로, 때로는 강압에 의해 어쩔 수 없이, 그러나 언제나 자신들이 의도한 대로, 제도, 발명품, 생산품, 생산 방식을 수용했다. 그러한 사례를 이 책에서 자주 언급한다고 해서, 그것이 중국인의 천재성 또는 독창성을 평가 절하하는 것은 결코 아니라고 확신한다.

목차

편집자 서문　　　　　　　　　　　　　　　　　　　9

저자 서문　　　　　　　　　　　　　　　　　　　　13

1장　형성기: 역사의 시작부터 기원전 3세기까지　　27

2장　최초의 제국:

　　　진나라(기원전 221 - 기원전 206)와 한나라(기원전 206 - 220)　79

3장　혼돈의 시대(220 - 589)　　　　　　　　　　117

4장　다시 통일된 제국:

　　　수 왕조(581 - 618)와 당 왕조(618 - 907)　　147

5장　축소된 제국과 유목 민족 도전자들:

　　　송 왕조(960 - 1279)와 원 왕조(1279 - 1368)　187

6장　근대 초기의 중국:

　　　명 왕조(1368 - 1644)와 청 왕조 전반기(1644 - 1800)　235

7장　청 제국의 쇠퇴와 몰락, 그 후(1800 - 1920)　277

8장　내전, 일본의 침략, 공산주의의 흥기(1920 - 1949)　321

9장　중화인민공화국(1949 - 현재)　　　　　361

옮긴이의 말　　　　　　　　　　　　　　　　415

후주　　　　　　　　　　　　　　　　　　　　421

참고문헌　　　　　　　　　　　　　　　　　　429

찾아보기　　　　　　　　　　　　　　　　　　439

1장

형성기:
역사의 시작부터 기원전 3세기까지

베이징北京에서 서남쪽으로 약 43킬로미터 떨어진 곳에 있는 저우커우뎬周口店 마을. 1920년대의 어느 날, 중국과 스웨덴의 고고학자들로 구성된 공동 발굴 조사단이 이 마을에 도착했다. 당시 이곳에서는 북중국을 차지하기 위한 군벌 간의 전투가 한창 벌어지고 있었다. 이따금 총소리가 들려오긴 했지만, 발굴 조사단은 전혀 아랑곳하지 않고 지구산鷄骨山에 나 있는 한 동굴로 달려갔다. 지구산이라는 이름은 산의 붉은 식토埴土에 닭 뼈처럼 생긴 작은 뼈가 많이 묻혀 있어서 마을 농민들이 그렇게 지은 것이다. 발굴 조사단은 이 동굴에서 1921년 한 개의 치아를 발견한 것을 시작으로 고고학 역사상 최고의 성과를 거두었다. 가장 이른 시기 인류의 조상 가운데 하나로 전 세계에 '베이징 원인'北京原人이라고 알려진 화석 인류를 이때 발견한 것이다. 이 초기 인류의 조상은 약 40만–20만 년 전 저우커우뎬 동굴에서 살았다. 키가 약 1.5미터 정도 되는 베이징 원인 남성(과 여성)은 야생 동물을 잡아 요리해 먹었

초기 인류의 조상인 베이징 원인 두개골

고 뾰족한 석기를 사용했다. 그의 뇌 용량은 원숭이와 현생 인류의 중간 정도였다. 베이징 원인의 원시적인 모습은 인류 문명이 매우 오랜 시간에 걸쳐 발달해 왔다는 점을 새삼 느끼게 해 주었다.

1만 년에서 8,000년 전, 오늘날의 중국 북부와 중부에 살고 있던 사람들이 정착 농경을 시작했다. 그 모습은 메소포타미아 그리고 아프리카와 남아메리카의 일부 지역에서 이루어진 발전상과 유사했다. 사람들은 가축을 기르고 농사를 지었는데, 특히 북중국의 황허 강 중류에서는 건조 지역에서 주로 생산되는 밀을, 중부의 창장 강 유역에서는 습한 땅에서 주로 생산되는 쌀을 생산했다. 이들은 목축과 농경을 통해 인구를 늘려 가는 한편 복잡한 사회로 진화하기 시작했다. 당시에는 오늘날보다 더 따뜻하고 습했기 때문에 농작물 재배라는 기적적인 방법을 좀 더 쉽게 터득할 수 있었을 것이다.

기원전 5000 – 기원전 4000년경, 신석기 시대의 주거지들이 오늘날 우리가 중국이라고 부르는 지역 이곳저곳으로 흩어졌다. 그중 가장 대표적인 주거지로는 기원전 3000년경부터 나타나기 시작한 양사오仰韶와 룽산龍山을 들 수 있다. 채도문화권에 속하는 양사오는 서북쪽에 위치해 있었고, 흑도 문화권에 속하는 룽산은 동시기에 동북쪽에서 아래로 해안을따라 오늘날의 베트남 지역으로 퍼져 나가고 있었다. 룽산 사람들은 세련된 도구와 의례용 옥기를 만들었다. 옥은 많은 시간과 노력을 들여 모래와 금속 송곳으로 연마해야만 겨우 가공할 수 있는 매우 단단한 광물이었다. 옥은 견고하면서도 그푸른빛이 아름답기 때문에 신석기 말부터 오늘날까지 값나가는 돌로 여겨져 왔다.

기원전 2000 – 기원전 1500년, 이들 신석기 문화권으로부

기원전 500   기원   500   1000   1500   2000

양사오 문화권 채도

룽산 문화권 흑도

룽산 문화권 옥기

1장. 형성기: 역사의 시작부터 기원전 3세기까지

터 좀 더 고도로 발달한 공동체들이 출현했다. 공동체 구성원
은 각자 자신의 전문 분야에 종사했다. 농산물이 아닌 물건을
생산하는 장인, 세금 징수와 법 제정을 담당하는 행정가, 공동
체의 영토를 지키거나 새로운 영토를 획득하기 위해 전쟁터
를 누비는 군인 등이 따로 존재했고, 농부는 이 비농업 종사
자들을 먹여 살리기 위해 농업에 종사했다.

초기 중국인 공동체들은 다른 공동체들과 대조적으로, 세
계와 인간의 존재를 있는 그대로의 현실로 받아들였으며, 초
자연적 설명이나 신성한 창조주는 필요하지 않다고 이해했
다. 그들은 이 세계가 인간 친화적인 공간이며, 문명의 진보는
신이나 창조주가 아닌 인간이 직접 일궈 낼 것이라고 생각했
다. 이러한 낙관적 휴머니즘은 근대에 이르기까지 중국 사상
과 문화의 뚜렷한 특징 가운데 하나가 되었다. 이는 비극 작품
들에 대한 고대 그리스인의 매혹, 유대교·기독교·이슬람교의
질투의 하나님 그리고 인도 신비주의자들이 정교하게 짜 놓
은 형이상학적 이론들과 현격한 대조를 보인다.

중국의 초기 역사 기록에는 중국 문화를 창조한 영웅이 많
이 등장한다. 그중에서도 요堯, 순舜, 우禹, 세 성군이 유명한
데, 이들은 백성에게 덕을 베풀고 선정을 펼친 군주로 잘 알려
져 있다. 요는 순이 누구보다도 백성에게 헌신할 수 있을 거라

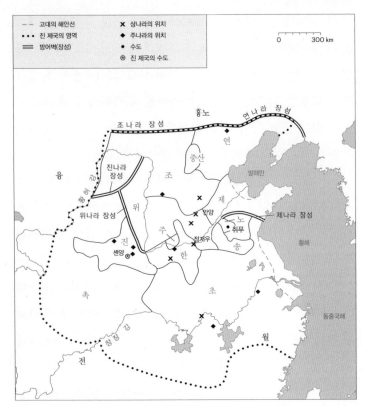

중국의 청동기 시대와 전국 시대(기원전 1500 – 기원전 221)

고 생각했다. 그래서 왕위를 자기 아들이 아닌 순에게 물려주었다. 그다음으로 순은 홍수를 잘 다스리는 치수 전문가 우를 후계자로 지목했다. 초기의 국가 개념에서는, 군주는 부모와 같고 국가는 한 가족이라는 생각이 강했다. 치수 전문가로 명성을 얻은 우가 아들에게 왕위를 물려주자, 역사 기록에 '하'夏 라는 이름으로 남은 왕조의 시대가 시작되었다. 하 왕조는 기원전 2200 – 기원전 1750년경에 존재한 나라로 알려져 있다. 하 왕조는 기원전 1750년경 상商 나라의 통치자에게 정복당했고, 상 왕조는 그때부터 약 700년 동안 존속했다.

기원전 2000년경에 '하'라는 이름으로 알려진 나라가 일정한 지역을 기반으로 존재하고 있었을 것이다. 그러나 아직은 고고학적으로 그 실재 여부가 입증되지 않았다. 1930년대에 고고학자들은 상 왕조가 역사적으로 실존했음을 입증하는 데는 성공했다. 우연한 사건을 계기로 상 왕조의 수도를 발견했기 때문이다. 1899년 말라리아 전염병이 돌던 무렵, 베이징과 인근 약방들에서 '용골'龍骨을 판매하고 있었다. 용골은 가루로 만들어 국에 끓여 먹으면 말라리아 치료에 효험이 있는 약재로 알려져 있었다. 어느 날 고대 중국 문화를 연구하는 한 학자가 우연히 용골에 새겨져 있는 것을 보고는 깜짝 놀랐다. 그것은 한자의 초창기 모습으로 추정되는 글자들이었다. 이 소식을 들은 고고학자들은 안양安陽으로 달려가 발굴을 시작했다. 안양은 허난성河南省 중북부의 도시로 얼마 전 용골이 많이 나온 바로 그곳이었다. 고고학자들은 그곳에서 상 왕조 최후의 왕 열세 명의 무덤을 발굴했다.

사실 '용골'은 거북 껍질의 평평한 아랫면과 소의 어깨뼈였다. 학자들이 '갑골'이라고 부른 이것에 새겨진 고대 글자의 주요 내용은 상 왕조 통치자들이 친 점이나 죽은 조상의 영혼에게 던진 질문이었다. 점을 치는 방법은 다음과 같았을 것이다. 우선 점치는 사람(상 왕조의 왕 또는 정인貞人)이 뼈에 구멍을 내고 조상의 영혼에게 물어볼 내용을 적는다. 그러고 나서 시뻘겋게 달군 청동 막대를 구멍에 끼우면, 엄청나게 뜨거운 열 때문에 뼈에 균열이 일어난다. 점치는 사람은 균열이 어떤 모양으로 났는지를 보고는 질문에 대한 답을 얻는다. 끝으로 점친 날짜, 점친 사람의 이름, 질문을 받은 조상의 이름, 질문 내용, 질문에 대한 답 등을 균열된 뼈에 기록한다. 흥미롭게도 '용골로 끓인 국'은 그것이 말라리아에 실제로 효험이 있었는지 여부와 상관없이, 신탁을 받은 갑골들을 학자들이 발견할 수 있게 해 주었으며, 초기 청동기 시대의 중국을 이해할 수 있는 특별한 창을 제공해 주었다.

안양은 상 왕조가 국력이 가장 강했을 무렵(기원전 1300 ~ 기원전 1000년경)의 수도로 밝혀졌다. 1950년대에 고고학 발굴이 다시 이루어졌는데, 상 왕조 초기 수도가 안양 바로 남쪽의 정저

갑골 발굴지 모습

우鄭州에 있었다는 사실이 추가로 확인되었다. 현재까지 상 왕
조 유적에서 출토된 갑골은 10만여 개에 이르며, 학자들은 대
략 2,000개의 표의 문자라고도 불리는 문자를 해독했다. 이는
갑골에 새겨진 문자 종류의 절반에 해당하는 양이다. 상 왕조

거북 껍질에 새겨진 갑골문

동물 뼈에 새겨진 갑골문

1장. 형성기: 역사의 시작부터 기원전 3세기까지

는 갑골뿐 아니라 엄청난 양의 청동기를 남겼는데, 죽은 자에게 바치는 제의에 사용한 이 청동기들은 예술적 가치가 매우 뛰어나다.

청동기 제작 기술은 곧 중국 문명의 탄생을 의미한다. 구리와 주석을 소량의 납과 합금하여 만드는 청동을 생산하기 위해서는 우선 각각의 금속 광석 매장지를 찾아가서 채굴한 뒤 이것들을 제련해야 한다. 그다음으로 섭씨 1,000도 이상의 매우 높은 온도에서 세 가지 금속을 정확한 비율로 녹여 섞는다. 중국보다 5세기 정도 앞서 단조나 망치로 치는 방식으로 소량의 청동을 생산한 메소포타미아인과 달리, 상 왕조의 청동기 장인들은 엄청난 양의 구리 광석과 주석 광석을 채굴하여 녹인 뒤 고도의 정교한 기술로 엄청난 양의 청동기를 주조해 냈다.

청동기 제작 기술은 상 왕조와 그 계승자인 주 왕조가 공통으로 지녔던 특징으로, 어떤 청동기에는 그들이 제사를 지낸 이유를 밝힌 글이 새겨져 있다. 청동기 제작 공정은 매우 복잡하다. 청동기 표면에 새길 무늬를 여러 조각의 거푸집 안쪽에 음각하고, 그 거푸집 조각들을 그릇 안쪽 표면의 윤곽을 잡는 흙으로 만든 심芯 주위에 빙 둘러 세워서 붙인다. 그리고 나서 액체가 된 뜨거운 청동을 안쪽의 심과 바깥쪽의 거푸집 사이

공간에 붓는다. 녹아 있었던 청동이 식어 굳으면 거푸집과 심을 차례로 제거한다. 끝으로 부드럽고 윤기 나게 가공을 하면 밝고 선명하게 빛나는 청동기가 완성되는 것이다. 머리 장식, 단·창 같은 무기, 마구馬具 등 다양한 물품이 청동으로 만들어졌다. 그러나 가장 많이 만들어진 청동 제품은 술과 음식을 담는 제기祭器로, 상나라(와 주나라) 왕의 죽은 조상에게 존경을 표하거나, 전쟁의 승리 또는 제후와 관료의 임명과 취임을 기념할 때 사용했다.

최근 발굴된 것 가운데 가장 호화로운 무덤은 왕후 부호婦好의 무덤이다. 부호는 상나라 왕 무정武丁(재위, 기원전 1215 – 기원전 1190)의 배우자(또는 아내) 64명 가운데 한 사람이다.[1] 대부분의 상나라 무덤이 20세기에 이르기까지 일부분이라도 도굴을 당하지 않은 것이 없는 반면, 왕후 부호의 무덤은 다른 무덤보다 규모는 작지만, 1976년 거의 손상되지 않은 채 발굴되었다. 상아기象牙器 3개, 각종 청동기 468건(총 무게 약 1,587 킬로그램, 제작에 총 11톤의 광석이 소요된 것으로 추정), 뼈로 만든 비녀 500개, 옥기 590건(상나라 통치 지역에서 멀리 떨어진 곳에서 실어온 옥으로 제작), 화폐로도 사용된 자안패 子安貝(해안에서 온 바다 조개) 7,000개 등이 무덤에서 나왔다. 갑골과 청동기 명문銘文을 통해 우리는 왕후 부호가 왕 무정이

1장. 형성기: 역사의 시작부터 기원전 3세기까지

두 마리 숫양의 모양으로 된 이 청동 준(제의용 술잔)은 기원전 13-기원전 12세기 작품이다. 이와 같은 청동기는 왕실의 조상 제사 때 희생을 담을 때 주로 사용했다. 이를 제작하기 위해서는 구리, 주석, 납 등 대량의 광물을 채굴하여 1,000도의 온도에서 녹여야 했으며, 음각으로 복잡하게 디자인된 흙으로 만든 거푸집이 필요했다. 대영박물관 보관위원회.

무척 아끼는 아내였으며, 직접 상나라 군대를 이끌고 전쟁터에 나아가 자신이 직접 갑골로 점을 치기도 했다는 사실을 알수 있다.

상나라의 청동기와 갑골을 통해 상나라가 고도의 신분 사회였음을 짐작할 수 있다. 맨 아래에 노예와 하인이 있고, 바로 위에 글을 읽지 못하는 다수의 농민 그리고 천한 일에 종사

이 상나라 갑골은 점치는 사람이 왕비 부호의 출산이 잘 이루어질지, 출산일은 언제가 될지를 신에게 물었음을 보여 준다. 갑골에는 그 결과도 기록되어 있는데, 부호의 출산은 결국 "좋지 않았다." 왜냐하면 딸을 낳았기 때문이다. 국립중앙연구원 역사어언연구소 소장.

하는 노동자와 장인이 있었으며, 맨 위에는 죽을 때까지 엄청난 부와 명예를 누리는 특권 귀족이 있었다. 이 사회적 엘리트 층은 죽은 조상을 정성스레 모셨다. 조상은 살아 있을 때도 강력한 존재였지만, 죽은 뒤에 더 강력한 영향력을 발휘한다고 생각했기 때문이다. 그래서 살아 있는 자들은 무덤을 청동 제

안양 은허 발굴지

기로 가득 채우고, 하인, 노예, 여종 그리고 돼지, 개 같은 동물을 희생시켜 죽은 왕의 크고 화려한 무덤에 함께 묻음으로써 죽은 왕을 수행하게 했다. 상나라 무덤에 순장된 사람은 대다수가 전쟁 포로였다. 말이 끄는 전차를 탄 상나라 장수들이 수천 명의 보병을 이끌고 이웃 나라와 전쟁을 하면, 돌아올 때

노예로 삼거나 상나라 최고 특권층의 무덤에 함께 묻을 포로들을 잡아 오기도 했다. 몇몇 왕실의 무덤에는 죽은 이를 수행하기 위한 전차와 말이 묻혀 있기도 하다.

당시 황허 강과 창장 강 유역에는 상나라 말고도 발달한 공동체가 또 있었다. 공동체들은 저마다 지배층의 통치를 뒷받침하기에 충분한 잉여 생산물을 생산할 수 있었고, 정교한 무기, 의례용 청동기와 옥기를 생산할 수 있는 장인도 다수 보유하고 있었다. 그러나 문자를 사용한 공동체는 오직 상나라뿐이었다. 상나라가 만든 중국 문자, 즉 한자는 강력한 의사소통 수단이었으며 매우 효율적이었다. 영어는 음절이 약 1,200개인 데 반해 중국어는 음절이 400개 정도밖에 없기 때문에 중국어에는 동음이의어가 많다. 그래서 상나라 사람들은 중국어가 지닌 동음이의어의 특성을 고려하여, 어휘마다 그것에 해당하는 문자를 각각 하나씩 따로 만들었다. 한자는 선을 제멋대로 그어놓은 것처럼 보이지만, 실은 결코 그렇지 않다. 어떤 것은 나무를 뜻하는 木이나 여성을 뜻하는 女(무릎을 꿇고 있는 모습을 떠올리게 하는 고대의 상형 문자 '𡿨'에서 비롯되었다)와 같은 상형 문자이다. 또한 一(하나), 二(둘), 三(셋), 上(위), 下(아래)와 같이 개념을 나타내는 표의 문자도 있다.

한자 중에는 女(여자)와 子(아이)를 합쳐 '좋다'의 의미를 나타낸 好(좋을 호) 자도 있고, ⌒(지붕) 아래에 女(여자)를 붙여 '편안하다'는 뜻을 나타내는 安(편안할 안) 자도 있다. 또한 한자 중에는 소리를 나타내는 부분과 뜻을 가리키는 부분으로 이루어진 것이 많다. 馬(말)라는 글자는 '마'라고 읽는다. 그런데 馬의 왼편에 口(입)을 붙이면 嗎(의문조사 마)라는 글자가 되는데, 문장의 끝에 붙어 그 문장이 의문문임을 나타낸다. 반면 女(여자)를 붙이면, 엄마라는 뜻의 媽(어미 마)라는 글자가 된다. 玉(옥)을 붙이면, 석영의 일종이란 뜻의 瑪(마노 마)라는 글자가 된다.

이 문자들은 상징성이 무척 강해서 구어로는 잘 통하지 않는 상황은 물론이고 언어가 다를 경우에도 서로 소통할 수 있게 해 준다. 예를 들어, 중국 남부에서 온 사람이 한자를 소리 내어 읽으면 중국 북부에서 온 사람과 발음이 다르기 때문에 두 사람은 절대 구어로는 소통할 수 없지만 한자를 사용하면 쉽게 소통할 수 있다. 그래서 상 왕조에 뿌리를 둔 한자는 중국의 장구한 역사에 걸쳐 남과 북 그리고 동과 서를 하나의 정치 시스템으로 통합하는 데 크게 기여했다. 그리고 과거 한국, 일본, 베트남은 자신들의 언어가 중국어와 거의 연관이 없음에도 불구하고 한자를 자신들의 문자로 받아들였다.

상나라 지배층은 조상 숭배에 대단히 관심이 많았다. 조상 숭배는 중국의 장구한 역사에서 또 하나의 전통으로 이어져

기원전 500   기원   500   1000   1500   2000

내려왔다. 왕과 정인 또는 관료들은 저승에도 이승에서와 똑같은 신분 질서가 존재한다고 상상했다. 그래서 죽은 조상은 저승에서도 신분 질서에 따라 차등적으로 배치되며, 죽은 지 오래된 조상일수록 지위가 더 높다고 여겼다. 상나라 왕과 정인들은 영혼들 중에서 최고 권력자는 바로 '상제'上帝라고 생각했다. 상제는 비, 천둥, 바람을 다스리며, 상나라의 국가와 사회를 해칠 수도 있고 지켜 줄 수도 있는 존재였다. 왕과 정인은 갑골로 점을 쳐서 죽은 조상의 영혼에게 상제의 뜻이 어떤지 물었고 수시로 제물을 바치기도 했다. 죽은 조상의 영혼이야말로 상제와 직접 소통할 수 있는 유일한 매개자라고 생각했기 때문이다. 죽은 조상은 존경, 부, 음식, 술을 제공받는 대신 살아 있는 후손에게 축복을 내려 주었다. 제의는 때로는 연극 형식으로 진행되기도 했는데, 이를테면 이런 식이다. 한 젊은이가 죽은 조상의 영혼을 몸 안으로 받아들인다. 희생으로 바친 술을 마시고 음식을 먹는다. 감정이 고무되어 저승 세계의 소식을 산 자들에게 직접 알린다.

상나라의 통치 가문은 군사력을 동원하여 성벽으로 둘러싸인 여러 도시 국가를 직접 다스렸고, 외곽의 넓은 지역은 동맹을 맺은 봉신들을 통해 간접 통치했다. 동맹국들은 상나라의 권력을 절대적으로 여겼으며, 상 왕실에 해마다 물자나 곡

1장. 형성기: 역사의 시작부터 기원전 3세기까지

물 또는 군사적 원조를 조공으로 바치고 그 대가로 자신들의 영토를 다스려도 좋다는 허락을 받았다. 상 왕조의 통치가 어디까지 미쳤는지는 확실히 알 수 없다. 그러나 고고학 발굴 성과를 토대로 분석해 볼 때, 정교한 청동기 제작 기술이 오늘날 중국 영토의 상당 부분에 광범위하게 퍼져 있었던 것은 분명하다. 상 왕조 시대와 동시대에 제작된 약 1.8미터 높이의 우아한 청동 인물상이 1986년 쓰촨성四川省 청두成都 부근에서 출토되었는데, 이 지역은 상나라의 통치가 미치지 못했던 곳이다. 쓰촨성의 출토지에서는 옥기, 비범한 얼굴의 청동 가면, 여러 종류의 도끼가 출토되었는데, 안양에서 출토된 유물 못지않게 뛰어나다. 그러나 그곳에서는 문자가 기록된 증거가 아직 나오지 않고 있다.

상나라와 다른 문화권의 접촉 범위는 황허 강 유역을 훨씬 넘어섰다. 최근 중국 서쪽 끝 신장 위구르 자치구의 타클라마칸 사막에서 백인 미라 수백 구가 발굴되었다. 신장이 180센티미터 정도 되는 이 키 큰 사람들은 눈이 둥글고 코가 크며 밝은색 피부에 머리카락은 금빛과 붉은색이 섞인 밝은색이었다. 기원전 2000 - 기원전 500년경의 것으로 추정되는 이 시신들은 상 왕조 이전에 이미 중앙아시아에 백인이 살았음을 암시한다. 미라가 출토된 무덤들은 타림 분지의 건조한 사막

기원전 500   기원   500   1000   1500   2000

동물 모양 청동 제기

1장. 형성기: 역사의 시작부터 기원전 3세기까지

마차갱

공기 덕분에 잘 보존되어 있었는데, 이곳에서는 켈트족 계통의 유럽인이 사용하던 것과 유사한 격자무늬 천도 출토되었다. 20년 전까지만 해도 우리에게 알려지지 않았던 이 사람들은 말을 탔으며 말이 끄는 전차를 사용한 것으로 보인다.

이는 전차가 중국에 어떻게 유입되었는지를 보여 주는 중요한 단서다. 전차는 기원전 1200년경 상나라의 고고학적 기록에 거의 완성된 형태로 느닷없이 등장하기 때문이다. 중국 최초의 바퀴 달린 탈것이었던 이 전차는 몇 세기 앞서 개발에 성공한 캅카스 지역으로부터 상나라에 소개되었다. 길들여진 말은 아마도 몽골의 초원 지대를 거쳐 상나라로 들어왔을 것이다. 그리고 전차를 군사용으로 사용하기 위해서는 전차를 만들 숙련된 장인은 물론이고, 아마도 비중국계일 가능성이 큰 숙련된 말 조련사와 마부가 필요했다. 전차는 장수와 궁수에게 엄청난 속도와 기동성을 가져다주었다.

기원전 1045년경 상나라 서쪽의 주족周族이라는 봉신이 상나라의 수도를 정복했다. 주족은 천天(문자 그대로 하늘)을 숭배했다. 하늘은 특정 장소를 가리키는 것이 아니라 인간 세상에서 정의가 승리하도록 도와주는 자비로운 힘으로서 우주 전체를 뜻했다. 주족의 사관들은 상 왕조의 마지막 왕을 포악하고 부도덕하며 무책임한 존재로 묘사했다. 그리고 하늘이 주족의 상나라 정복을 축복해 주었으며, 주족 지도자에게 상나라의 영토를 이어받아 통치할 수 있는 권한을 부여했다고 선전했다. 이것이 바로 천명天命의 기원이다. 천명은 하늘이 덕이 높은 군주를 도우며, 그 군주에게 백성을 통치하는 권한을 부여한다는 관념으로, 이러한 관념은 오늘날 중국의 정치 문화에도 여전히 남아 있다.

주나라는 이전의 어느 시대보다도 많은 기록을 남겼다. 주 왕조의 기록에 따르면 초창기의 군사적·정치적 성공에 기여한 사람이 세 명 있는데, 문왕文王, 무왕武王, 주공周公이 바로 그들이다. 주나라의 사관들은 문왕(문화적인 면에서 뛰어난 왕이라는 뜻)이 상나라 정복의 청사진을 제시했을 뿐 아니라, 후대 왕들에게 백성을 따뜻하게 보살피는 자애로운 군주의 모범이 되었다며 칭송을 아끼지 않는다. 또한 무왕(무예가 출중한 왕이라는 뜻)에 대해서는 상나라 군대를 패퇴시키고 황허 강 유역에 주 왕조의 권력 기반을 마련했다며 박수를 보낸다. 그리고 무왕의 아우 주공은 무왕이 죽은 뒤 섭정으로서 어린 조카 성왕成王을 잘 보필했다고 찬양한다. 주공은 주 왕조의 통치에 저항하는 반란들을 진압하는 한편, 처음으로 천명사상을 창출해 냈다. 그리고 오로지 무왕과 그의 아들 성왕을 위해 일했으며, 결코 자신이 직접 권력을 차지하려 하지 않았다. 주공은 훗날 공자孔子와 그의 제자들 사이에서 영웅적인 공직자의 전범으로 추앙을 받았다.

주나라의 문헌은 상나라를 '하늘 아래에 있는 모든 것'을 통치한 거대한 나라로 묘사했다. 상나라를 정복한 주나라도 상나라와 등등한 자격 조건을 갖추었다고 주장하기 위해서였다. 그러나 상나라와 주나라 모두 실제로는 다양한 세력과 경쟁해야 하는 지역 정권이었음이 분명하다. 우리는 두 나라를

'느슨한 국가'[2]라고 불러야 할지도 모르겠다. 국경선이 모호하고 상이한 민족 간의 협력도 느슨했으며, 조세나 당국과의 공식적인 관계보다는 선물과 의례 교환에 바탕을 둔 동맹체였기 때문이다. 그러나 주 왕조 초기의 기록이 얼마나 이상화된 것인지는 알 수 없지만, 어쨌든 주 왕조 초기의 기록이 그만큼 많이 남아서 숭배의 대상이 되었기 때문에 문왕, 무왕, 주공이 남긴 문화적 업적이 2,000년 넘게 중국의 정치 문화를 지배해 온 수많은 이상 가운데 가장 핵심적인 위치를 차지할 수 있었다.

문화와 기술의 관점에서 볼 때, 주 왕조는 상나라를 정복하기 전에 이미 상나라로부터 전차, 문자, 청동기 등 많은 것을 받아들였다. 주나라 왕 역시 상나라 왕 못지않게 고도로 발달한 신분제 사회의 최고 통치자였다. 주나라 왕들은 탈중심적인 정치 제도(봉건 제도)를 실시했는데, 이는 제후(혈연과 혼인 관계에 기초한 일족)들이 주변부를 다스리면서 주 왕실에 정기적으로 곡물, 세금, 군사를 바치고 그 대가로 주 왕실의 보호를 받는 제도였다.

어떤 점에서 보면 주나라는 상나라보다 한층 의미 있는 진보를 이룩했다. 사람과 동물을 제사에 희생으로 바치는 의식이 점차 사라졌고, 문자 기록은 상나라보다 훨씬 길고 정교해졌다. 갑골로 신의 뜻을 묻는 의식은 『역경』易經이라는 책을 토대로 하는 좀 더 정교한 점술 체계로 대체되었다. 과거에는 거북 껍질로 점을 쳤다면, 이제는 한 가지 질문을 마음속에 담아두고서 『역경』에 근거하여 점을 쳤다. 『역경』에 기초한 점술은 인간사와 우주에서 일어나는 변화에 대한 철학을 모두 포괄하는 것이었다. 변화는 삶의 모든 국면에서 불가피한 것이고 불변의 원칙에 따라 발생하며, 인간은 자유롭게 행동할 수는 있지만 특정하게 주어진 상황과 맥락의 제약 속에서만 그렇게 할 수 있다고 전제했다. 『역경』은 단순히 인간의 권력, 부, 영향력을 극대화하는 것에 대해 언급한 책이 아니다. 도덕적 행위는 좋은 결과를 가져오고 비도덕적인 행위는 나와 상대를 해칠 뿐이라고 전제하면서 윤리적 행위를 강조한다. 중국인은 오랜 시간 동안 이러한 『역경』의 기능을 자신들의 전통 중에서 가장 심오한 것 가운데 하나로 여겨 왔다.

주나라 문헌은 대부분 엘리트층의 삶을 다룬다. 하지만 당시에 유행한 시가 305수를 모아 편찬한 『시경』詩經은 궁중의 관심사뿐 아니라 서민의 희로애락을 생생하게 전해 준다. 예를 들어 다음에 나오는 노래는 부모의 반대에 부딪힌 젊은이들의 사랑 이야기를 들려주고 있는데, 이는 중국의 수많은 문학 작품에서 주제가 되었다.

그대여	將仲子兮
우리 마을로 넘어오지 마세요.	無踰我里
내가 심은 버드나무 꺾지 마세요.	無折我樹杞
어찌 그것이 아깝겠어요.	豈敢愛之
부모님이 두렵답니다.	畏我父母
그대가 보고 싶지만	仲可懷也
부모님의 말씀도	父母之言
두렵답니다.[3]	亦可畏也

기원전 770년 주나라의 수도 호경鎬京이 두 제후국에게 정복되었다. 이들은 여러 이민족과 함께 반란을 일으켜 주나라 왕을 죽였다. 주 왕실은 호경을 탈출하여 동쪽으로 수백 킬로미터 떨어진 오늘날의 뤄양洛陽 부근으로 수도를 옮겼다. 이때를 기점으로 주나라의 통치가 북중국의 상당 지역에서 최고조에 이르렀던 기원전 1045 – 기원전 770년을 서주 시대라 하고, 기원전 770 – 기원전 256년을 동주 시대라 부른다. 동주 시대는 다시 춘추 시대와 전국 시대로 나눌 수 있는데, 이 시대 명칭은 당대의 역사서 2종의 이름을 따서 지은 것이다. 『춘추』春秋와 이 책의 역주서 『좌전』左傳에 따르면, 주변부를 다스

리던 제후들이 점차 독자 세력화함에 따라 주 왕실이 급격히 쇠퇴했다고 한다. 이와 마찬가지로 허구적인 내용도 간간히 섞여 있는 일화들을 모아 놓은『전국책』戰國策은 기원전 403 – 기원전 221년에 벌어진 국가 간 대립과 경쟁을 다룬다. 그리하여 이 시대를 '전국' 시대라고 부르는데, 이때에 이르면 주 왕실은 남쪽으로는 초楚나라, 북쪽으로는 위魏나라, 서쪽으로는 진秦나라 등 영토가 더 넓은 나라들에 둘러싸여 좁은 지역에 고립된 채 겨우 나라를 유지했다. 주 왕실은 결국 기원전 256년 강대국 진나라의 공격을 받아 완전히 소멸하고 말았다.

전국 시대의 혼란한 상황 속에서 각국은 수많은 백성을 동원하여 성벽, 제방, 수로와 관개 시설을 건설하는 한편, 수수, 밀, 콩, 쌀 등의 농업 생산성을 극대화하여 수십만에 이르는 병사에게 군량을 공급했다. 철은 점차 널리 보급되었고 더욱 치명적인 무기 개발이 가능해졌다. 그 결과 기원전 3세기경 각국 군주는 수천 명의 신체 건강한 농민을 보병으로 선발하기 시작했고, 보병은 상나라와 주나라 초기 전차를 타고 전투를 이끌던 귀족을 대신했다. 예전에 전쟁터에서 예의와 격식을 중시하던 때에는 적국이 상을 치르는 동안이나 적군이 진을 다 칠 때까지는 공격을 하지 않았다. 그러나 이제는 전쟁 양상이 바뀌어 일체의 망설임도 없이 무자비하게 적을 공

제나라 배수 시설

정국거

1장. 형성기: 역사의 시작부터 기원전 3세기까지

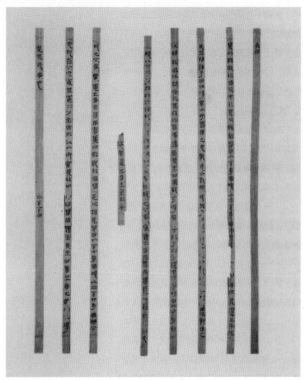

「손자」 죽간

격했다. 손자孫子가 저술한 고전 『손자』孫子의 첫 문장은 냉엄
했던 당대의 현실을 잘 보여 준다. "군사軍事는 국가의 대사다.
생사와 존망이 걸린 도道이니 철저히 살피지 않을 수 없다."4)

제후들이 점차 독자적인 행보를 보이는 한편 주 왕실이 권위와 세력을 상실하자, 더 많은 나라가 혼인과 친족 간 동맹 대신 맹약을 통해 평화와 질서를 유지하기 시작했고, 점차 제후 연합 체제가 형성되었다. 각국 군주는 전쟁에 더 많은 투자를 하는 한편, 출신 성분보다는 기술과 조직력을 기준으로 군사와 관료를 선발하기 시작했다. 자원과 군사력 확보 경쟁이 치열해짐에 따라, 군주들과 관료들은 상나라와 주나라 초기의 오래된 신앙에 대한 신뢰를 점차 잃었다. 전쟁의 성패에는 조상의 영혼을 숭배하는 것보다 군사를 무장시키고 훈련시키고 충분한 영양을 공급할 수 있는 역량을 키우는 것이 훨씬 더 중요하다는 사실을 깨달았던 것이다.

기원전 8세기까지만 해도 적어도 148개 이상의 소국이 있었다. 하지만 기원전 400년경에 이르면 일곱 개의 강대국◆을 중심으로, 이웃 강대국과 동맹을 맺거나 자신보다 좀 더 큰 이웃 나라와 경쟁을 벌이며 겨우 명맥을 유지하고 있는 몇 개의 소국만이 존재하고 있었다. 이 시기에 각 나라는 최고의 정치적·군사적 조언을 구하기 위해 최선을 다했다. 그리고 생존한 나라들이 더 넓은 영토를 차지하기 위해 목숨을 건 경쟁을

◆전국칠웅戰國七雄이라고 한다.

벌이고 있다는 사실을 모든 사람이 인지하고 있었다.

전국 시대는 변화와 불확실성의 시대였고 불안감은 날로 커져만 가고 있었다. 이러한 시대적 환경 속에서 수많은 중국 사상가들이 경쟁국 사이를 오가며 당대의 핵심 문제를 놓고 논쟁을 벌였다. 인생에서 가장 중요한 것은 무엇인가? 인간을 만든 것은 무엇인가? 인간은 가족과 공동체 속에서 어떻게 살아가야 하나? 사회적·정치적·군사적 투쟁과 불안정은 어디에서 기인하는가? 인간 사회는 어떻게 조직되어야 하는가? 누가 정치권력을 장악하고 있고 그것은 왜 그런가? 그러나 어쩌면 가장 중요한 문제, 적어도 군주 또는 군주가 될 사람에게 가장 중요한 문제는 바로 다음과 같은 것이었다. 나는 어떻게 하면 세계를 정복할 수 있을까? 주나라 말기의 사상가들은 이와 같은 질문에 대한 해법을 내놓기 위해 노력했고, 그리하여 흔히 제자백가諸子百家의 시대라 불리는 중국 역사상 가장 창조적인 시대를 주도했다.

전국 시대에 가장 성공적이고 영향력이 컸던 학파는 법가法家였다. 법가의 학설은 여러 나라에서 수백 년에 걸쳐 발전을 거듭했다. 법가는 당시의 기술과 조직 분야에서 수많은 혁신을 선도했다. 서부 지역을 야심차게 경영한 진나라에서는 군주들이 농민이 토지에 묶여 지주에게 종속되는 소작제를 폐

전국 시대 진나라 장성

지하고 농민 가족에게 토지를 직접 분배하여, 농민의 농업 생산물 중 일부를 세금으로 거둬들였다. 진나라 군주들은 농민을 징병했고, 군인과 관료를 출신 성분보다는 능력을 보고 뽑았다. 처벌이 가혹할수록 그 집행 빈도가 적어진다는 이론에 따라, 가혹한 처벌 조항을 담은 엄격한 법을 제정했다. 진나라의 법가적인 군주들은 농업 생산성을 높이고 교역을 늘리기 위해 노력했으며, 전시에 경제력을 총동원할 수 있도록 국가 구조를 재편했다.

기원전 551년에 태어난 공자孔子는5) 당시의 사회 변화에 대

1장. 형성기: 역사의 시작부터 기원전 3세기까지

해 안타깝게 여기고 군주들에게 주나라 초기의 신념과 관습을 회복해야 한다고 설득했다. 공자는 사람들의 사고방식에 변화가 일어나고 있다는 점에 주목했다. 이를테면 관리를 선발할 때 태생보다는 능력을 중시하는 경향이 강해진 것과 같은 당대의 변화 말이다. 공자는 본질적으로 사립 학교 교사였으며, 사회적 배경이 다양한 학생을 제자로 삼았다. 귀신과 영혼의 존재에 대해 불가지론을 폈던 공자는, 종교 의례와 조상 제사에 관해서는 산 자가 죽은 조상에게 존경과 감사를 표하기 위해 반드시 치러야 하는 일로 여겼다. 공자는 자기 스스로가 초자연적 힘을 지니고 있다고 주장한 적이 없으며, 단지 조상의 지혜를 열심히 공부해서 조상이 일구어 온 문명의 유산 가운데 가장 훌륭한 것들을 다음 세대에게 물려주고 싶을 뿐이라고 겸손하게 말하곤 했다. 공자는 뛰어난 유머 감각의 소유자이기도 했다. "아, 나는 덕을 좋아하기를 아리따운 여인을 좋아하듯 하는 사람을 아직 보지 못하였다!"[6]

공자는 주나라 초기의 예법과 조상 숭배를 바탕으로 하는 자비로운 통치를 이상적인 비전으로 제시하며 이 비전이 군주들에게 채택되기를 바랐다. 공자의 주장에 따르면, 인간에게 가장 중요한 덕목은 서로 사랑하는 것, 즉 인仁이다. 인은 인간성, 자비, 인정, 호혜 등 다양하게 번역할 수 있다.[7] 사

공자 강학도

람은 누구나 인정을 베풀 수 있지만, 그러한 능력은 교육, 예법, 그리고 (부모, 스승, 성인군자 등) 본보기가 될 만한 사람을 모방함으로써 육성되고 자극받아야 한다고 공자는 주장했다. 현명하게도 그는 사람들은 책을 읽음으로써가 아니라 주변 사람들을 보고 따라 함으로써 훨씬 많은 것을 깨닫게 된다는 설명을 덧붙였다. 그리고 신분 질서가 제대로 자리 잡힌 사회에서는 신분이 낮은 사람이 높은 사람을 보고 어떻게 행동하는 것이 바람직한지 배운다고 주장했다. 그렇게 되면 군주는 백성이 자신에게 충성하고 복종하도록 하기 위해 덕을 가장 중요한 자질로 여기게 된다는 것이다. 500년 뒤의 예수처럼 공자는 덕이 강력한 힘을 발휘하며 대단한 파급력을 지닌다고 확신했다. 그러나 당시는 전쟁으로 모든 것이 피폐해진 시대였기 때문에 자신의 가르침을 따르라고 군주들을 설득하기가 쉽지 않았다. 결국 공자는 어느 나라에서도 높은 관직에 오를 수 없었으며, 뜻을 이루지 못했음을 절감하며 기원전 479년 세상을 떠났다.

공자가 죽고 100여 년이 지난 뒤에 등장한 맹자孟子[8]는 공자의 낙관적 이상주의를 전파했다. 맹자는 인간의 본성은 선하며, 도덕과 예법은 폭력보다 더 효과적이어서 사람들에게 올바르게 행동하도록 동기를 부여해 준다고 단언했다. 맹자는 공자보다 더 나은 이야기꾼이었다. 그의 어록을 모은 책은 지혜가 담긴 대화, 다채로운 일화 그리고 짧은 우화가 가득하여 공자의 사상을 세상에 알리는 데 기여했다. 인간의 본성이 선하다는 것을 입증하기 위해 맹자는 이런 예를 들었다. 사람이면 누구나 우물에 빠진 아이를 보면 구해 주고 싶은 마음이 저절로 생긴다. 그것은 다른 어떤 내적 동기가 있어서가 아니라, 사람이라면 누구나 천성적으로 아이가 고통스러워하는 모습을 그냥 보아 넘기지 못하기 때문이다. 당시 맹자는 공자가 자신이 살았던 시대에 그랬던 것보다 더 큰 영향을 끼쳤으며, 강대국 두 곳에서 관료로 일했다. 그는 머리를 수고롭게 하는 자가 몸을 수고롭게 하는 자를 다스리는 것이 옳고 정의롭다고 말함으로써, 당대의 엄격한 신분 질서를 긍정했다. 그러나 맹자는 백성이 지배층보다 더 중요하다는 점을 군주와 왕자들에게 강조하기도 했다.

천명에 대해 맹자는 정치를 자연스럽게 바로잡는 것이라고 해석했다. 그런 점에서 백성을 잘 보살피는 군주는 백성의 지지를 얻지만, 백성을 공격하거나 착취하는 군주는 백성의 지지를 잃고 쫓겨난다. 천명은 왕에게 통치권을 부여한다. 하지만 맹자는 초기 문헌◆을 인용하여 군주들에게 다음과 같이 상기시켰다. "하늘은 백성이 보는 대로 보고 백성이 듣는 대로 듣는다."9) 왕의 첫 번째 의무는 민생을 돌보는 것이다. 맹자의 무한한 이상주의는 전국 시대 당시 법가에게 주도권을 내줄 수밖에 없었지만, 공자의 전통을 잇는 데 크게 기여했다.

공자를 추종했던 또 한 사람 순자荀子는 이상주의자였던 맹자와 대조적인 인물이다. 실제로 순자는 한 나라의 관리로 일

◆『서경』書經을 가리킨다.

했다. 그는 전국 시대의 수많은 변화상을 있는 그대로의 현실로 받아들이고, 공자의 사상을 재해석하여 당대에 적용했다. 공자의 짧은 진술이나 맹자의 대화 또는 일화와 달리, 순자는 자기 수양, 법률, 군사, 의례와 의식, 인간의 본성, 하늘 등을 주제로 체계적인 글을 썼다. 순자는 당시 각국에서 얼마나 많은 변화가 일어나고 있는지 잘 알고 있었다. 그래서 업무 고과에 따라 관료의 승진과 강등이 결정되는 복합적인 관료제의 발전을 적극적으로 지지했다. 그는 전국 시대 여러 나라에서 나타나는 다양한 모습을 충분히 파악하고 있었기 때문에 맹자와 달리 인간의 본성은 악하며 인간은 태어날 때부터 이기적이라고 주장했다. 그러나 순자는 스스로 공자의 추종자라고 생각했다. 고도로 조직화된 관료제를 바탕으로 하는 국가 권력과 법이 필요하다는 점을 인정하면서도, 공자의 예법과 주나라 초기의 문헌이 백성을 교화하기 위한 효과적인 수단이라고 여겼다. 순자는 공자와 맹자가 그랬던 것처럼, 부모에 대한 사랑과 존경을 뜻하는 효도가 다른 어떤 도덕적 가르침과 행위보다도 가장 기본이 되어야 한다고 주장했다.

순자는 적어도 엘리트층 내부에서만큼은 당대의 현실적이고 합리주의적인 경향 중에서도 최전선에 서 있었으며, 본성과 본성의 작용에 대해서도 완전히 자연주의적인 해석을 내

순자 초상

놓았다. 순자가 보기에 가뭄, 홍수, 태풍은 어쩌다가 한 번씩 일어나는 자연 현상일 뿐이다. 하늘이나 어떤 신적 존재가 초자연적으로 개입하여 일으키는 것이 아니다. 천명이 떠났음을 보여 주는 징조는 자연재해가 아니라, 국가의 자연재해에 대한 잘못된 대응이다. 순자는 법치를 바탕으로 하는 대규모 관료제 국가의 필요성을 인정하면서도, 이러한 국가는 공자와 맹자의 사상에 따라 자비로우면서도 효율적으로 다스려야 한다는 점을 함께 강조했다.

법가 사상가들이 국가 권력을 꾸준히 강화했다면, 유가 사상가들은 주나라 초기의 이상을 부활시키고 가족과 국가 모두가 예법을 따라야 한다고 주장했다. 반면 다른 관점에서 법가와 유가를 공격하는 사상가들도 있었다. 그중에는 묵자墨子를 중심으로 모인 집단이 있었다. 묵자는 공자와 맹자가 살았던 시기의 중간쯤에 살았던 사상가로, 유가 사상가들이 죽은 자를 기리는 예법, 음악, 제의에 지나치게 많은 비용을 낭비하고 있다고 주장했다. 묵자와 그의 집단은 군주가 백성에게 베풀어야 할 것은 경외심을 갖게 하는 정교한 의식이 아니라 의식주 등 생활필수품이라고 강조했다. 이 학파의 가장 기본적인 가르침은 '겸애'兼愛다. 나의 자식과 남의 자식을 똑같이 사랑하라는 것이다. 묵가 사상가들은 또한 논리학은 물론이고 방어 전쟁을 수행하는 데 필요한 광학과 역학 분야 연구에서도 놀라운 성과를 거두었다. 그러나 그들은 몇 세대도 채 지나지 않아 맥이 끊겼고, 겸애에 관한 그들의 주장은 대다수의 중국인에게 당혹스럽고 비현실적인 것으로 여겨지게 되었다.

유가와 법가에 가장 오랫동안 도전한 것은 도가道家 또는 도가 학파로 알려진 사상가 집단이다. 도道는 문자 그대로는 길이라는 뜻인데, 유가 등 다른 사상가들 사이에서는 인간이 마땅히 지켜야 할 도리 또는 군주가 나라를 다스리는 데 필요한 도리의 의미로 쓰였다. 반면 손자에게는 전쟁의 기술을 뜻했다. 그러나 불가사의한 두 종의 초기 문헌 『도덕경』道德經과 『장자』莊子에 따르면, 도의 개념에는 우주가 함축되어 있으며, 만물의 근원, 우주 전체, 자연과 모든 창조의 법칙, 영원불변의 진리를 의미한다. 『도덕경』의 첫 문장은 다음과 같이 충고하는 문장으로 시작되는데 더욱 복잡 미묘하다. "도道라고 할 수 있는 도는 영원한 도가 아니다. 이름 지을 수 있는 이름은 영원한 이름이 아니다."[10] 즉 도는 말로는 포착할 수 없는 만물의 불가사의한 근원이라는 것이다. 그러나 도에 대한 설명은 이 문장에서 끝나지 않는다. 『도덕경』은 81개 장에 걸쳐 5,000여 개의 글자를 사용해서 일부는 운문으로, 일부는 산문으로 도에 대한 설명을 계속 이어 나간다.

(실존 여부를 확인할 수 없는) 철학자 노자老子가 썼다고 알려진 『도덕경』은 종교와 사상을 초월하여 모든 중국인에게 위대한 문학 작품으로 오랫동안 사랑받아 왔다. 불가사의한 운문과 아리송한 산문을 통해 저자는 도, 조화, 자연적인 것을 상찬하는 한편, 위험천만한 시대에 개인들은 어떻게 해야 살아남을 수 있는지 구체적 조언을 아끼지 않으며, 심지어 군주가 될 사람에게는 군사 문제에 대해 조언하기도 한다.

『도덕경』 판본 가운데 가장 이른 시기에 나온 판본은 1993년 후베이성湖北省 궈뎬郭店의 무덤에서 출토되었는데, 기원전

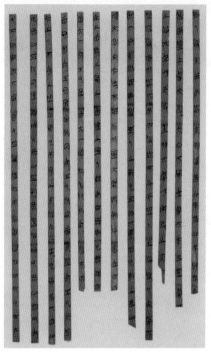

「곽점노자」

300년경의 것으로 추정된다. 『곽점노자』郭店老子라고 알려진 이 텍스트는 모두 세 묶음, 71개의 죽간으로 이루어져 있었고, 오늘날의 『도덕경』에 있는 81개 장 가운데 31개 장의 내용을 담고 있었다. 또한 이 무덤에서는 유가 사상과 깊은 관련이 있는 것으로 보이는 텍스트가 담긴 600개 이상의 죽간도 함께 출토되었다. 이는 유가 학파와 도가 학파가 등장했을 당시만 해도 서로 적대적이지 않았을 수도 있다는 점을 암시한다. 궈뎬에서 출토된 텍스트들은 그보다 뒤에 나온 『도덕경』의 전체적인 요지를 잘 반영하고 있지만, 후대의 판본만큼 뚜렷하게 반反공자적이거나 반反맹자적이지는 않다. 이 출토 텍스트는 『도덕경』이 한 세기가 넘는 시간 동안 익명의 필자들에 의해 편집된 선집이라는 견해에 신빙성을 더해 준다.

『도덕경』의 전반적 논조는 군주가 강력한 국가를 건설하려 해서는 안 된다는 것이다. 왜냐하면 우주 변화의 주요 법칙은 달 모양의 변화, 사계절의 순환 그리고 삶과 죽음의 끝없는 순환처럼 음과 양이 끊임없이 되풀이되고 대립하는 두 사물이 서로 순환하고 전화轉化하는 데 있기 때문이다. 강해지면 곧 약해진다. 따라서 약함을 유지하고 자신을 두드러지게 하지 않아야 생존 확률이 높아진다. 물보다 더 부드럽거나 순종적인 것은 없고 바위보다 더 단단한 것은 없지만, 종국에는 물이 바위를 침식하여 승리한다고 노자는 설명한다.

도가 학파의 두 번째 작품 『장자』莊子는 같은 이름의 철학자 장자莊子(본명은 장주莊周)가 지은 산문 모음집이다. 장자도 실존 여부를 확신하기가 어렵다. 『장자』는 중국 사상과 문학 분야

장자 초상

에서 독창성과 창의성이 가장 뛰어난 작품이다. 풍자적인 글을 잘 썼고 기발한 상상력을 지녔던 철학자 장자는 유가와 법가는 물론이고 모든 학파의 학설에 도전했던 것 같다. 장자는 유가 사상가들의 진지한 윤리 선언과 법가의 국가 건설 전략을 냉소적인 태도로 조롱했다. 장자가 한 것으로 추정되는 다음의 말은, 아마 실제로 이렇게까지 말하지는 않았겠지만 그럼에도 불구하고 그의 생각을 효과적으로 전달해 주는데, 정치에 대한 장자의 냉소적인 태도를 잘 보여 주며, 오늘날에도 여전히 놀라운 방식으로 통용되고 있다. "혁대 고리를 훔친

자는 죽임을 당하나 나라를 훔친 자는 제후가 된다."[11]

『장자』에 따르면 제자백가 시대의 철학자들은 별로 중요하지도 않은 하찮은 주제를 놓고 토론을 벌였는데, 그것은 자기 지식을 뽐내고 싶거나 권력자에게 빌붙어 출세하기를 원하거나 또는 유명세를 타고 싶다는 근시안적 욕망에 사로잡혀 있었기 때문이다. 장자는 우물 안에 살고 있는 한 개구리 이야기를 한 적이 있다. 개구리는 이 세상에서 가장 아름답고 넓은 곳에 살고 있다고 믿었다. 그러나 개구리가 동해의 거북을 초대했을 때, 거북은 개구리의 작은 우물 속으로 한 발도 집어넣을 수가 없었다. 장자가 보기에 전국 시대의 철학자들은 모두 우물 안 개구리였다. 그들은 우주가 얼마나 광활하고 불가사의한 공간인지, 그리고 인간은 이 세계의 아주 작은 티끌에 지나지 않으며, 해와 달, 별에 비하면 얼마나 하찮은 존재인지 깨닫지 못했다. 그는 모든 사람의 가치 기준과 주장을 공격했지만, 그의 책은 지금까지도 여전히 중국 식자층 사이에서 인기를 끌 정도로 문체, 재치, 상상력이 뛰어난 작품이다.

유가 사상가들이 주나라 초기의 이상과 왕권이 무너진 것을 안타까워하고, 도가 사상가들이 유가와 법가를 백성의 삶에 함부로 간섭하는 자들이라고 공격하는 사이에, 법가 사상가들은 전국 시대를 마감하기 위한 개혁을 계속 추진해 나갔다. 『한비자』韓非子는 법가 사상가들의 가르침을 체계적으로 집대성한 책으로, 권력 그 자체의 냉혹한 속성에 대해 다루었다. 기원전 3세기경 소국 한韓나라의 왕자 한비자가 쓴 것으로 알려져 있다.

과거에서 지혜를 얻고자 했던 대다수 사상가와 정반대로, 한비자는 과거는 죽어 땅에 묻힌 것이어서 지금은 아무짝에도 쓸모가 없다고 주장했다. 한비자는 인간의 본성은 악하며, 따라서 그것을 극복하기 위해서는 쾌락을 추구하고 고통을 회피하려는 인간의 본성을 이용해야 한다고 주장했다. 그러기 위해서는 모든 것은 법으로 다스려야 하며 거기에는 어떤 예외도 있을 수 없다. 왕은 그 누구도 믿어서는 안 되며, 심지어는 왕후와 왕자조차도 믿어서는 안 된다. 어쩌면 왕후와 왕자가 더 믿을 수 없는 존재일지 모른다. 반란을 일으켜 왕의 자리를 빼앗을지도 모르기 때문이다. 왕은 모든 것에 초연해야 하고, 모든 백성의 눈에 불가사의한 존재로 비쳐야 하며, 결코 자신의 생각과 감정을 다른 이들에게 들켜서는 안 된다. 신하는 단지 국가와 군대를 효율적으로 운영하는 데 필요한 군주의 도구일 뿐이다. 따라서 오로지 그들이 맡은 바 임무를 효과적으로 수행하고 있는지를 근거로 삼아 승진시킬지 강등시킬지를 결정해야 한다. 신하가 자신의 임무를 다하지 못하거나 또는 그와 정반대로 자신의 직분을 넘어선다면, 둘 다 똑같이 처벌해야 한다. '직분을 넘어선 임무 수행'은 노골적으로 군주의 비위를 맞추려는 행위이기 때문이다.

어떤 점에서 『한비자』는 전국 시대에 일어난 일을 정리한 책에 지나지 않는다. 그러나 『한비자』는 국가와 군주의 권력을 극대화하기 위해서는 정치·경제·군사 기구를 어떻게 조직하는 것이 바람직한지에 대해 다른 어떤 문헌보다도 명쾌한 설명을 내놓았다. 이 책은 근대 국민 국가의 기능에 대해서도 많은 부분을 밝혀냄으로써 예언자적인 책으로 여겨지기도 했다(그로부터 1800년 뒤 마키아벨리는 『군주론』에서 이와 유사한 생각을 발전시킨 바 있다).

역사가 사마천司馬遷이 아래에 풀어낸 이야기는, 전국 시대라는 위험천만한 시기에 정치 지식이 꼭 필요하면서도 다른 한편으로는 얼마나 위험한 것이었는지를 잘 보여 준다. 한비자가 진나라 왕을 만나러 오자, 그의 재능이 자신보다 뛰어나다는 것을 알고 있었던 승상 이사李斯는 한비자를 감옥에 가두고 독약을 보내 스스로 목숨을 끊게 했다. 진나라 왕이 한나라 왕자를 측근으로 삼으면 자기 자리를 빼앗길까 두려웠기 때문이다. 사마천의 견해에 따르면, 한비자 자신이 유세한 내용이 오히려 자기를 겨누었고 결국 비참한 최후를 맞이할 수밖에 없었다. 권력이 가장 중요했기에, 전 시대를 통틀어 가장 훌륭했던 법가 사상가조차도 권력의 이름으로 권력 투쟁 과정에서 경쟁자에게 죽임을 당할 수밖에 없었던 것이다.

기원전 221년 법가 사상가들은 진나라의 경쟁자를 모두 쓸어버리고 승리를 거머쥐었지만, 그 결과 정교한 제국 체제가 형성되어 제자백가 시대에 유행한 학파들의 문헌이 모두 살아남을 수 있도록 보장해 주었다. 전국 시대까지만 해도 제자백가의 사상들은 유가, 도가, 법가와 같이 '가'들로 명확히 나뉘어 있지 않았다. 예를 들어, 전국 시대의 무덤에서 출토된 문서들을 분석해 보면, 그 내용이 하나의 입장에 얽매어 있지 않으며 법가, 도가, 유가 등 여러 사상적 요소가 공존하고 있었음을 알 수 있다. 유가 사상가인 순자는 한때 법가 사상가인 한비자와 이사를 가르쳤고, 엄격한 법가 사상가들조차도 국가 권력을 법제화하는 과정에서 예법이 중요하다는 점을 수용했다. 도가 사상가들은 권력 지향적인 자들을 풍자하기를 좋아하고, 진리를 설파하면서 어휘에 집착하는 것을 싫어했지만, 권력을 추구하는 엘리트층에게 자신들의 주장을 명확히 전달하고자 할 때는 매우 박식한 어휘를 사용하기도 했다.

전국 시대 초기, 즉 기원전 600년경 – 기원전 400년경 전례 없는 변화와 불확실성의 시대를 겪은 것은 중국만이 아니었다. 전 세계의 위대한 사상가들은 물자와 사상의 교류가 확대되고, 기존 사회·정치 구조가 쇠퇴하며, 국가가 철제 무기와 보병에 대해 의존도를 높이는 등 자신들이 살고 있는 사회에서 진행되고 있는 본질적인 변화에 대해 저마다 고민하고 나름의 해법을 제시했다. 중국에서 탄생한 유가, 도가, 법가 사상가들과 묵자의 문헌들, 메소포타미아의 히브리어 예언서들, 『우파니샤드』라는 위대한 베다어 경전들, 인도의 석가모니와 자이나교 창시자 마하비라의 가르침, 그리스의 플라톤과 아리스토텔레스는 자신들이 몸담고 있는 사회의 공통된 신앙과 관습을 이성의 관점에서 비판하고, 정치 지도자들에게 민생 안정에 더욱 심혈을 기울여 줄 것을 요구했다. 접근 방식이나 생각은 서로 달랐지만, 그들은 페르시아, 인도, 중국, 그리스, 로마에서 대제국을 건설하기 위한 지적 토대를 마련했다.

다른 공동체들과 비교할 때 초기 중국은 다음과 같은 경향이 두드러졌다. 가족을 문명의 기초로 여겨 대단히 중시했고, 국가를 가족이 확장된 것으로 보았다. 대규모의 중앙 집권적 관료제 국가를 건설하고자 했고 그럴 역량도 갖추고 있었다. (법가 사상가들은 이 점에 반대하지만) 조상 숭배와 성현의 지혜에 대한 믿음이 현재와 미래를 좌우한다는 점을 강조했다. 초기 중국이 고대 메소포타미아, 그리스, 인도와 가장 두

드러지게 달랐던 점 두 가지를 들 수 있다. 첫째, 적어도 지식 엘리트층은 세계의 창조는 단지 수동적으로 주어진 것이고 저절로 지속되며 인간을 넘어선 신의 권능에 달려 있는 것이 아니라고 가정했다. 둘째, 이 세상과 우주의 모든 존재는 매우 긴밀하게 상호 연관되어 있다고 생각했다. 중국인의 시각에서 본다면, 삶의 의미는 스스로의 노력과 과거에 대한 반성을 통해 단지 인간만이 포착해 낼 수 있는 것이었다.

2장

최초의 제국:
진나라(기원전 221 - 기원전 206)**와**
한나라(기원전 206 - 220)

진秦나라는 예전의 주나라와 마찬가지로 선진 문명이 발달한 중원의 서쪽 변방에서 힘을 길렀다. 중원에 위치한 나라들이 잠재적·실질적 위협에 노출되어 있었던 데 반해, 진나라는 강한 이웃과의 경쟁을 피하며 좀 더 안정되게 국력을 키울 수 있었다. 비교적 '낙후되어' 있었다는 점은 다른 측면에서도 긍정적으로 작용했다. 진 조정은 맞서 싸워야 할 부유하고 견고한 귀족층이 없었기 때문에 경쟁국보다 훨씬 더 빨리 중앙 집권을 이룩할 수 있었던 것이다. 진나라 군주들은 다른 나라의 귀족적 성향을 지닌 군주들보다 훨씬 더 거친 유형의 인물들이었다. 어떤 진나라 군주◆는 큰솥 들어올리기를 겨루다가 그만 죽고 말았다고 한다. 이는 유가적 성향이 강한 나라에서는 상상조차 할 수 없는 일이었다.

　진나라의 국력이 본격적으로 커지기 시작한 것은 기원전

───────

◆무왕을 말한다.

361년 상앙이 진나라의 수도에 도착하면서부터다. 상앙은 위衛나라에서 도망쳐 온 젊은 귀족이었다. 주도면밀하고 야심만만한 정치가였던 상앙은 얼마 지나지 않아 진나라 왕의 마음을 사로잡았고, 왕권 강화와 중앙 집권 확립을 위해 일련의 개혁을 단행했다. 상앙은 세습적인 봉건적 특권을 폐지하고, 전쟁에서 세운 공이나 국가 조직 내에서의 업무 성과에 따라 서열과 지위를 정했다. 그는 엄격한 법 조항을 새긴 돌을 나라 곳곳에 세웠다. 위법 행위에 대한 처벌 조항 중에는 코나 발을 베고, 끓는 물이 가득한 큰솥에 넣어 죽이고, 사지를 마차에 묶어 달리게 해서 찢어 죽이고, 몸을 반으로 자르고, 산 채로 땅에 묻는 형벌이 포함되어 있었다. 법가 사상가들은 이와 같은 엄혹한 형벌이 법질서를 유지하는 데 반드시 필요하다고 주장했다. 농민들에게는 토지를 자유로이 매매할 수 있게 하고 수확량의 일부만 세금으로 내도록 했다. 그러자 농민들은 생산량을 늘리기 위해 적극적으로 노력했다. 상앙은 기원전 338년에 죽었지만, 그 무렵 진나라는 전국 시대 전체 영토와 인구의 약 30퍼센트를 차지하기에 이르렀고 가장 부강한 나라가 되었다. 결국 진나라는 이 부유한 경제적 자원을 동원하여 120년도 채 걸리지 않아 전국 시대의 통일과 안정이라는 위대한 과업을 이룩하는 데 성공했다.

이 기념비적인 과업을 훌륭히 성취해 낸 가장 위대한 두 사람은 진나라 왕 정政과 승상 이사였다. 정은 기원전 246년 불과 열세 살의 어린 나이에 진나라 왕위를 계승했고, 승상 이사는 남쪽의 초楚나라에서 관직 생활을 하다가 정이 권좌에 오를 무렵 진나라에 왔다. 정이 집권한 처음 몇 년 동안 배후의 실력자는 상국相國 여불위呂不韋였다. 여불위는 후대의 유가 계열 역사가들이 진나라 왕 정의 친아버지였다고 비난한 인물이다. 이 이야기가 사실인지 여부는 확인할 수 없다. 진 왕조에 관한 기록은 진나라의 통치 그리고 그것과 관계있는 모든 것을 증오할 수밖에 없었던 유가 계열 역사가들에 의해 수세기 동안 편찬되었기 때문이다. 그럼에도 불구하고 이사가 여불위와 진나라 왕 정이 품은 야망이 무엇인지 깨닫고 어떻게 하면 권력을 장악할 수 있을지에 대해 조언함으로써 두 사람의 환심을 사려 했다는 점은 분명한 사실이다. 진나라 왕 정은 기원전 237년 스물두 살 때 실권을 거머쥐었고, 그로부터 불과 2년 뒤에 여불위는 독약을 먹고 자살하고 말았다. 그 뒤 정위廷尉가 된 이사는 진나라의 통치 범위 내에 있는 모든 지역에서 진나라 법이 엄격하게 집행되는 모습을 직접 목격했다. 진나라 왕 정과 문무 관료들은 이후 15년 동안 신속하게 대외 정복 사업을 벌였고, 전국 시대의 모든 나라로부터 국가 권력을 빼앗는 데 성공했다.

진나라는 먼저 기원전 230년 동쪽으로 한나라를 차지하고, 기원전 228년 동북쪽에 위치한 조趙나라, 기원전 226년 (조나라 남쪽에 있는) 위魏나라를 정복했다. 1년 뒤에는 가장 강력한 경쟁 상대인 초楚나라를 차지했다. 초나라는 진나라 서남쪽 경계에서 태평양 연안에 이르기까지 창장 강 유역 전역을 차지한 대국이었다. 기원전 222년에는 저 멀리 동북쪽에 위치한 연燕나라를 무너뜨렸고, 끝으로 기원전 221년 연나라의 남쪽에 위치한 소국 위衛나라를 정복함으로써 마침내 전국 시대의 모든 영역을 통일했다. 10년이라는 시간 동안 진나라 왕 정, 이사 그리고 왕의 최측근 관료들은 문명 세계라고 불리던 지역을 모두 차지한 것이다.

끝까지 버틴 위衛나라마저 진나라 수중에 떨어지자, 진나라 왕 정은 자신의 위상을 더욱 높이기 위해 군주의 칭호를 바꾸었다. 진나라 최초의 황제라는 뜻의 '진시황제'秦始皇帝가 바로 그것이다. 그로부터 수년 뒤 이사는 황제 다음으로 가장 높은 승상丞相의 자리에 올랐다. 승상 이사는 국가 통합을 위해 정복한 나라들을 대상으로 일련의 개혁을 단행했다. 피정복국 귀족 가문들은 모두 통일 제국 진나라의 수도 셴양咸陽으로 강제 이주되어, 자신들의 권력 기반으로부터 멀리 떨어진 채 엄

진시황제

한 감시를 받으며 살아야 했다. 전국 시대 여러 나라의 화폐와
도량형이 진나라의 화폐와 도량형으로 통일되었다. 전국 시
대에 각국은 수세기 동안 다양한 글자체를 발전시켜 왔는데,
이 역시 진나라의 소전체로 통일되었다. 나라마다 달랐던 전

차와 수레의 축 길이 역시 규격화되었다. 그래서 같은 크기의 전차와 수레라면 제국 전역으로 뻗어 있는 도로 어디든지 운행할 수 있게 되었다. 원활한 교통을 위하여 6,437킬로미터가 넘는 공도公道가 제국 전역에 걸쳐 건설되었다. 진나라가 이룩한 중앙 집권화와 규격화의 수준은 유럽이 2,000년 뒤에도 도달하지 못했을 정도로 대단한 것이었다. 수십만의 인부들이 남중국과 북중국을 연결하는 대운하를 건설했고, 전국 시대 때 부분적으로 만들어진 성벽들을 수리하고 보강하여 제국 북부에서 서부 국경까지 약 6,400킬로미터에 이르는 장성[1]을 건설했다. 진시황제는 제국 곳곳을 수차례 순행했고, 자신의 방문 사실과 업적을 기념하는 글을 돌에 새겨 각지에 세웠다.

일부 관료들이 주나라의 봉건제(군주가 영토의 핵심부를 맡고 제후가 외곽 지역을 독립적으로 다스리는 제도)를 선례로 삼아 지방 분권적 통치 제도를 시행해야 한다고 주장한 반면, 이사는 중앙 집권적 통치 제도, 즉 군현제郡縣制를 실시해야 한다고 주장했다. 군현제는 통일 제국 진나라의 영토를 36개 행정 구역으로 나누어 군郡이라고 하고, 각 군을 다시 여러 지역으로 나누어 현縣이라고 하여, 각 군과 현에 관리를 파견하고 그 관리로 하여금 지방 업무를 조정에게 직접 보고하도록 하는 제도였다. 진 조정은 정복한 나라의 전체 인구를 5호나 10호씩 한 조로 편성하

각석

여 각 조가 그 조에 속한 모든 백성의 행위에 연대 책임을 지
도록 했다. 만약 그 조에 속한 누군가가 범죄를 저질렀는데도
신고하지 않으면, 그 조에 속한 모든 사람이 처벌을 받아야 했
다. 이와 같은 과정을 거쳐 모든 인구가 진나라의 법체계 아래
로 통합되었다.

진나라의 성공은 통합한 영토의 크기나 정복 속도로 볼 때 엄청나게 놀라운 것이었지만, 권력 중심부에 있는 극소수의 유능하고 근면한 몇 사람, 그중에서도 특히 이사와 진시황제 두 사람이 거의 모든 일을 다 해냈다고 해도 과언이 아니다. 황제는 영원히 살고 싶다는 생각이 커지면 커질수록, 죽음을 막는 일과 사후에 스스로를 보호하는 일에 대한 편집증 증세가 점점 심해졌다. 그는 10년도 더 걸려서 화려한 무덤을 만들고, 그 주위에 흙을 구워 만든 병사 인형, 즉 병마용을 배치하여 내세의 자신을 호위하도록 했다. 1970년대에 우물을 파던 농부들이 병사 인형의 머리를 발견했고, 이를 계기로 중국 고고학자들은 20세기 최고의 발굴로 손꼽히는 작업에 참여했다. 땅속에는 흙을 구워 만든 실물 크기의 병사 인형 7,000여 개가 완벽한 전투 대형으로 배치되어 있었는데, 보병, 궁수, 창을 든 병사들이 말 네 마리가 끄는 전차를 탄 장수의 지휘 아래 질서 정연하게 서 있었다. 옛 진나라의 수도(오늘날의 시안西安 근처) 외곽의 발굴 현장을 가 보면, 위대한 대제국을 건설한 진나라의 권력이 지금은 사라진 지 오래지만 한때 얼마나 대단한 위력을 발휘했는지를 느끼며 진실로 경탄하게 된다.

유가 계열 역사가들은 기원전 212년 진시황제가 자신의 통치를 비판한 유학자 460명을 산 채로 매장하고, 1년 뒤에는

이 사람 크기(1.8 – 1.9미터 높이)의 테라코타 전사들은 황제의 사후 세계를 지키기 위해 제작된 것으로 산시성陝西省에 있는 진시황릉 인근에서 전투 대형을 갖춘 채 잠들어 있었다. 고고학자들은 황릉 근처에 있는 세 개의 구덩이에서 전사 8,000명, 520마리의 말이 이끄는 전차 130대, 말 탄 기병 150명을 발견했다. 모두 테라코타로 만들어졌는데 그 대부분은 아직까지 발굴되지 않았다. 스턴Brad Stern 촬영.

법가와 관련이 없는 문헌을 모두 찾아내 불태웠다고 주장해 왔다. 오늘날 역사가들은 이 이야기의 신빙성을 의심하고 있다. 진시황제와 그의 조정이 남긴 수많은 석각을 검토해 보면, 당시 진나라가 현재 우리가 유가 사상가들의 전유물로 인식하고 있는 주나라 초기 예법에서 비롯된 조정 의례와 음악에 대단히 큰 관심을 보였음을 알 수 있다. 따라서 진나라가 주대의 경향과 전통 가운데 다수를 파괴했다기보다는 종합했다고 보아야 할 것이다.

진대의 무덤을 추가로 발굴하여 조사한 바에 따르면, 진나라 법은 비교적 공평하면서도 유연하게 그리고 각 항목마다 세심하게 집행되었다. 진시황제는 편집증에 사로잡혀 있었고 자기중심적인 성향이 지나치게 강했음에도 불구하고, 대단히 능력 있고 열정적인 군주였음이 분명하다. 그는 무척 열심히 일했는데, 제국 각지에서 올라오는 수백 장의 상소문을 친히 읽어 볼 정도였다. 지금 기준으로 볼 때 진 왕조는 너무 과도한 측면이 없지는 않았지만, 20세기 초에 이르기까지 그 뒤를 이은 모든 왕조가 제도적 전범으로 삼은 중앙 집권적 관료제 국가를 창조한 것은 진 왕조의 기념비적인 업적이다. 진나라는 만백성이 진시황제의 장수를 기원하며 외쳤던 시간("만세萬歲!")만큼 지속되지는 못했지만, 진나라가 창조한 국가 경영 방식은 인류 역사상 가장 오랜 시간 동안 존속했다.

진나라는 일종의 병영 국가였지만 경쟁국을 모두 정복하고 나자 한때 강력한 위력을 발휘했던 이 나라의 징병 제도는 제 기능을 상실하고 말았다. 기원전 210년 진시황제가 죽자 진나라는 급속히 붕괴했고, 공사에 동원된 인부들이 반란을 일으키기 시작했다. 그들은 모진 억압과 학대에 시달리고 있었기 때문에 어차피 죽을 목숨이라는 생각으로 반항한 것이다. 반란 세력은 진나라 군대 안으로도 급속히 번졌다. 내전이 발발하자 과거에 귀족이었던 수많은 가문이 다시 희망을 갖기 시작했다. 지방 분권적인 봉건 제도가 부활하면 다시 고향으로 돌아가 진나라 통일 이전에 누렸던 특권을 다시 누릴 수 있을 것이라고 생각했기 때문이다. 반란 세력 가운데 두 사람의 지도자가 가장 두각을 나타냈다. 귀족 출신의 똑똑한 인물인 항우項羽와 역시 똑똑하긴 하지만 농민 출신인 유방劉邦이 그들이다. 유방보다 훨씬 더 황제처럼 보였던 항우는 옛 귀족들이 바라던 대로 반*독립적인 제후국들로 구성되는 봉건제 국가를 부활시키겠노라고 약속했다. 그러나 항우는 자신을 지나치게 믿었고 고집스러운 성격이었다. 그래서 유방이 몰락한 진나라의 요충지들을 차지하여 전략적으로 유리해졌음에도 불구하고 항우는 이 점을 그리 대수롭게 여기지 않았다. 인재를 알아보는 눈이 있었던 유방은 용맹하면서도 지략이 뛰어난 장수들을 휘하로 끌어들였다. 그리하여 기원전 202년 유방의 군대는 항우의 군대에게 결정적인 패배를 안겼다. 항우는 겨우 포로 신세를 면했지만, 적에게 항복하여 치욕을 겪고 싶지는 않았다. 결국 항우는 자기 곁에 남아 있는 28명뿐인 충성스러운 병사들과 함께 스스로 목숨을 끊었다.

유방은 이미 기원전 206년에 스스로 한漢나라의 왕임을 선포한 적이 있었는데, 기원전 202년에는 황제의 칭호마저 거머쥐었다. 그리고 진시황제가 자신이 건설한 새로운 제국의 도덕적·정치적 정당성을 만천하에 알리기 위해 실시한 것과 똑같이 봉선 의식을 거행했다. 중국사를 통틀어 미천한 농민 출신으로 황제가 된 사람은 딱 둘뿐인데, 유방은 그중 한 사람이다.◆ 유방은 옛 진나라의 수도에서 얼마 떨어지지 않은 곳에 있는 창안長安(영원한 평화라는 뜻)의 북서쪽에 수도를 건설하고, 진나라가 시행한 제도들을 계승했다. 그러나 수차례에 걸쳐 사면령을 내려 가혹한 진나라 법으로 처벌받은 사람들을 풀어 주기도 했다. 유방은 제국의 삼분의 일 정도에 해당하는 서부 100여 개의 영지는 직할지로 직접 다스리는 한편, 직할지의 동쪽에 있는 제국의 삼분의 이에 해당하는 영토는 형제, 아들 그리고 믿을 만한 장군들에게 분봉하여 반半독립적으로 다스리게 했다. 한 왕조 초기의 통치 제도가 이처럼 다소 파격적이었음에도 불구하고, 어쨌든 그로 인해 주 왕조 초기의 봉건제는 영원히 사라지고 말았다. 창업 세대가 정치 무대에서 퇴장한 뒤에 한나라 황제들이 점차 예전에 분봉한 나라들을 없

◆다른 한 사람은 명나라를 건국한 주원장이다.

애고, 제국 영토의 대부분을 조정의 직접 통치 아래 두게 되었기 때문이다.

기원전 195년 유방은 숨을 거두면서 열다섯 살 난 아들(혜제惠帝)에게 황위를 물려주었다. 자신의 아내이자 혜제의 어머니인 여후呂后가 잘 보좌해 줄 거라고 어느 정도는 믿었기 때문이다. 기원전 188년 혜제가 죽자, 여후는 어린 왕자들을 차례로 등극시켰고, 세상을 떠나는 180년까지 자신이 직접 대권을 장악했다. 유가 계열의 역사가들은 오랫동안 여후에 대해 무자비한 여성이었다고 비난해 왔다. 창업자인 유씨 가문으로부터 권력을 찬탈하고 황위의 합법적 계승자를 죽였으며, 친인척을 요직에 앉혔다는 이유 때문이다. 그러나 그녀는 한 왕조가 북서쪽 변방에 있는 유목 민족인 흉노의 군사적 위협에 직면했을 때 안정된 지도력을 발휘하여 위기를 타개한 걸출한 정치가이기도 했다. 여후가 죽자, 그녀의 수많은 친인척이 처형되거나 삭탈관직을 당했고, 권력은 유씨 가문에게 되돌려졌다. 여후는 그 뒤로도 여성이 제국의 황궁에서 권력을 휘두르면 얼마나 심각한 재앙을 초래할 수 있는지를 보여 주는 본보기로 유가 계열 역사가들 사이에서 인용되곤 했다.

건국 초기 한 왕조에 닥쳤던 가장 심각한 위협은 중앙아시아 흉노의 침입이었다. 흉노는 진나라가 전국 시대를 통일할 무렵 묵돌이라는 카리스마 넘치는 지도자(선우單于)에 의해 하나로 통합되었다. 진나라와 한나라 창업 초기의 통치자들은 북방 변경에 위치한 장성들을 서로 연결하고 더욱 연장함으로써 흉노를 그들이 원래부터 살던 초원으로 몰아내고 중국의 농업적 기반을 확대하려고 했다. 그러나 묵돌 선우는 점점 더 많은 유목 부족을 통합하게 되자, 장성 너머로 침입하여 약탈을 일삼았다. 한나라 군대는 유목 민족의 기동력과 말을 탄 채 날카롭게 활을 쏘아 대는 기병의 공격을 효과적으로 막지 못했다. 결국 한나라 초기 조정은 흉노와의 전쟁을 피하기 위해 화친을 추진했으며, 비단, 금, 곡물 등을 아낌없이 선물로 보내고 한나라 공주를 묵돌 선우에게 시집보내야 했다.

한나라는 화친을 맺는 과정에서 (비록 한나라 조정 내부에서는 자기네 나라가 천하의 중심이라는 중화사상을 견지하고 있었지만) 흉노를 한나라와 동등한 존재로 인식했다. 초창기 한 왕조는 흉노 제국에게 조공을 바치는 봉신으로 존재했다고 보는 편이 그와 반대였다고 보는 것보다 더 타당하다. 그러나 한 왕조와 달리 흉노 제국은 중앙 집권적 국가가 아니라 부족들의 느슨한 연맹의 형태를 유지했다. 그래서 어떠한 평화 조약도 북쪽 변경 전체에 걸쳐 철저하게 이행될 수 없었다. 중국인은 언제든 흉노에게 약탈을 당할 수 있었기 때문에 늘 불안할 수밖에 없었다.

기원전 145년 야심만만한 젊은 황제 한 무제武帝가 황위에
올랐다. 그는 50여 년 동안 재위했는데, 다른 어떤 한나라 황
제와도 비교할 수 없을 정도로 수많은 족적을 한 왕조 역사에
남겼다. 그는 군사력을 증강하는 한편 대대적인 말 사육 정책
을 추진했다. 그리하여 기원전 134년부터 흉노에 대한 대규모
군사 원정을 감행했다. 한 무제는 흉노를 저 멀리 중앙아시아
로 완전히 몰아내고, 한나라의 부와 세력이 집중된 주요 지역
에는 얼씬도 못하게 했다. 한 무제의 뒤를 이은 황제들은 선대
황제의 강경책을 계승하지는 않았지만 중앙아시아의 먼 지역
까지 방어선을 구축하는 데 성공했으며 흉노에 공물도 보내
지 않았다. 그러자 흉노는 국가의 주요 재원을 상실하고 말았
다. 흉노는 점차 여러 세력으로 분열되었는데 그중에는 한나
라와 동맹을 맺고 장성 아래에 거주하는 세력도 있었다.

한나라와 흉노의 관계는 한나라와 외부 세계의 관계, 더 나
아가 그 뒤에 있을 중국과 유목 민족의 관계에 엄청난 변화를
가져왔다. 중국은 자신이 이룩한 제국과 문명이 국경 너머에
있는 '야만적인' 유목 민족의 그것과 근본적으로 다르다는 우
월 의식을 갖게 되었지만, 다른 한편으로는 유목 민족의 문화
가운데 수많은 요소를 한족의 것으로 흡수했다. 중국의 전술

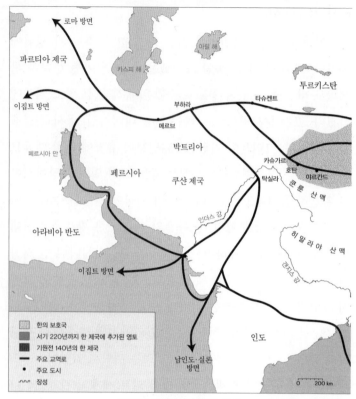

한 제국(기원전 206 – 기원후 220)

은 유목 민족의 기마 전술과 궁술에 의해 더욱 세련되게 다듬
어졌다. 한나라 황제들은 유목 민족의 복식, 음식, 음악, 무용

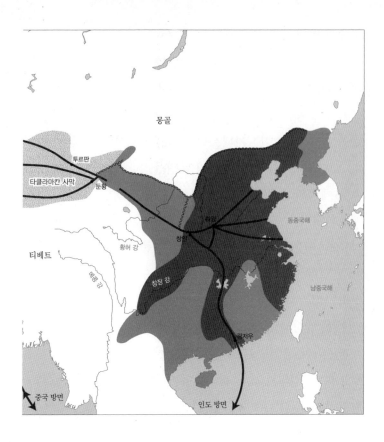

을 무척 좋아했고, 그로 인해 유목 민족의 문화가 한나라 엘
리트층에도 널리 퍼졌다.

서쪽 변경이 중국 군대의 관할 아래 놓이자 중앙아시아를 관통하는 도로망을 따라 교역이 번성했다. 이 도로망은 19세기에 이르러 실크 로드라는 이름을 얻는다. 중국이 흉노에게 선물이나 공물로 보냈던 비단과 귀금속이 이제는 수많은 상인의 손을 거쳐 아프가니스탄, 인도, 페르시아 그리고 저 멀리 로마까지 이르렀다. 한나라 사람들, 그중에서도 특히 상류층은 제국의 서쪽 변경 너머에서 온 '이국적인' 상품에 깊이 매료되었다. 그들은 중앙아시아에서 카펫, 의복, 악기, 불사약, 중국에는 없는 과일, 유제품, 화장품 등을 수입했다. 화장품은 '호분'胡粉이라 불렸는데, 한나라 귀족 여성이 얼굴을 치장하는 데 사용한 것으로, 오늘날 일본의 게이샤가 얼굴에 바른 것을 연상하면 이해하기가 쉬울 것이다.[2]

파르티아 상인들은 한나라 때 동서 교역의 중개자로 주로 활동했고, 인도와 중국 상인들은 남쪽 바다에서 해상 교역을 발전시켰다. 그들의 활동 범위는 중국 최남단의 도시 광저우廣州에서 동남아시아의 말레이 반도, 수마트라, 버마를 거쳐 인도양의 실론과 인도에 이르렀다. 한나라 말기에 로마로 운송된 중국 비단의 대부분은 수많은 상인의 손을 거쳐 바다를 통해 인도에 도달한 뒤 지중해를 통해 흘러 들어갔다. 그리고 한나라 말기에 인도 상인과 불교 승려들이 육로와 해로를 이용해 중국으로 건너와 경전, 예술품, 조각상, 향과 같은 종교 용품을 교역했다.

한 무제는 경제·군사 분야에서 성공을 거두었을 뿐 아니라 다른 측면에서도 한나라 최고의 황제였다. 그는 황실, 환관, 유학자 관료로부터 황위에 대한 위협을 제거함으로써 황제 권력을 한층 강화했다. 그는 소금, 철, 구리, 청동, 술에 대해 전매 제도를 실시하여 국가 재정을 튼튼히 했다. 비록 여러 가지 측면에서 법가 황제의 면모를 보이긴 했지만, 예비 관료를 양성하는 국립 학교의 교과 과정을 유가 사상의 이념에 맞게 개편하고, 유가 사상을 국가 통치 이념으로 삼았다. 그는 일부 제후들을 숙청하고 수많은 귀족 가문의 권력과 영향력을 축소했으며, 한미한 가문 출신을 등용하거나 유학 고전으로 시험을 치러 관리를 선발했다.

한 무제의 치세 이후, 중국 황제들은 최고의 군 통수권자에만 머물지 않고 문화적인 측면에서도 최고의 지도자가 되었으며 학문과 예술에 대한 제일선의 후원자로 자리매김했다. 황제가 중국 지식인들로부터 지지와 충성을 얻고 그들의 보좌를 받을 수 있었던 것은 무엇보다도 이러한 토대가 뒷받침되었기 때문이다. 그리하여 황제의 통치권은 중국 문명의 예술과 가치 그 자체와 동일시되었으며, 변경의 유목 민족 문화

한 무제 묘(무릉)

는 비록 실제로는 지속적으로 수용되었음에도 불구하고 의식적으로는 배제되었다.

한나라의 가장 영향력 있는 학자는 한 무제 때의 사관 사마천이었다. 사마천은 살아 있는 동안에는 빛을 보지 못했지만 사후에 명성을 얻었다. 사마천은 부당하게 반역죄로 내몰린 한 장군(이릉)을 변호하다가 황제를 모독한 죄로 궁형을 선고받았다. 사람들은 사마천이 자결을 선택할 것이라고 생각했다. 궁형은 사람을 불구 상태로 만들어 죽음으로 몰아넣을 수도 있는 매우 수치스러운 형벌이었기 때문이다. 사마천은 어떤 결정을 할지 고뇌하다가, 결국 궁형의 고통과 치욕을 감내하고 역사책 집필을 완수하기로 다짐했다. 사마천은 친구 임안任安에게 보내는 편지에서 자신의 심경을 다음과 같이 드러냈다.

내가 이 책을 완성하여 명산에 소장하고, 이를 마땅한 자에게 전하여 큰 마을이나 도시에 퍼져 나가게 할 수 있다면, 나로서는 전의 욕됨을 갚는 결과가 될 것이다. 그렇게 된다면, 만 번을 죽는다 해도 후회하지 않을 것이다.[3]

사마천 묘

사마천 사당

한 왕조에서 20세기에 이르기까지 모든 왕조의 역사서(정사正史)들은 사마천의 『사기』史記를 전범으로 삼아 집필한 것이다. 사마천은 명예의 전당에서 자신이 상상했던 것보다도 훨씬 더 높은 위치에 설 수 있었는데, 이는 자신이 쓴 정직한 글이 자신이 비판한 군주와 권력자보다 더 오래 살아남을 것이라는 중국 지식인들의 신념을 오늘날까지도 대변해 주고 있다.

유가 사상의 철학적 전통을 만든 한나라의 가장 대표적인 학자로는 동중서董仲舒(기원전 175 - 기원전 105)를 들 수 있다. 그는 한 무제가 자신에게 관심을 보이지 않자 하급 관직에서 물러나 다른 사람들을 가르치는 데 전념했다. 동중서는 황제를 천자이자 하늘과 땅 사이의 중재자로 인식했다. 황제가 덕을 쌓으면 하늘과 땅 사이가 조화로울 것이라고 그는 주장했다. 동중서는 두 개의 상호 보완적인 힘이 서로 작용한 결과 변화가 일어난다는 음양 이론과 모든 변화는 물이 흙으로 바뀌고, 흙이 나무로 바뀌고, 나무가 금속으로 바뀌고, 금속이 불로 바뀌고, 불이 물로 바뀌는 연속적인 법칙에 의해 일어난다는 오행 이론을 수용하여, 두 이론을 유가 사상의 틀 속에서 통합해 냈다. 그는 황제는 무위無爲로 다스린다는 도가 사상과 황제는 온 세상의 조화와 안정을 위해 반드시 필요한 반신적半神的 법

제정자라는 법가 사상의 이론을 향후 20세기까지 존속하게 될 유가적 통치 이념에 포함시켰다.

한 무제가 많은 업적을 남겼다는 사실은 두말할 필요도 없지만, 그가 세상을 떠날 무렵 한나라 조정은 재정 압박에 시달려야 했다. 한 무제가 시행한 정책에 많은 비용이 들었기 때문이다. 대지주들이 세금을 내려 하지 않자, 한나라 사회는 점차 부유한 대토지 소유 귀족과 가난한 소작농, 노비, 토지 없이 떠도는 부랑자들로 분화되었다. 심각한 탈세 문제를 해결하기 위해 섭황제攝皇帝 왕망王莽은 권력을 장악하고 신新 왕조를 건국했다. 그는 정의롭지 못한 군주에 대한 반역은 정당하다는 주 왕조의 천명사상을 내세워 역성혁명을 합리화했다. 그는 노비를 없애고 대지주의 재산을 몰수하여 빈농에게 재분배하려 했다. 그러나 그의 정책은 최고 권력층의 반대에 직면했고, 기원후 11년 황허 강 대홍수를 계기로 왕망에 대한 반란이 전국으로 확산되었다.

기원후 23년 왕망이 죽고 나서 2년 뒤에 한나라의 유씨 가문에 충성해 온 군대가 왕조를 부활시켰다. 새로 등극한 광무제光武帝는 유씨 가문이 왕망의 뒤를 이어 다시 황제가 된 것은 천명을 받았기 때문이라고 주장했다. 그리고 제천 의식을 황실의 가장 주요한 제의로 확립했는데, 이는 한나라 초기에 있었던 황실의 조상 제의가 완전히 무색해질 정도였다. 천명 사상은 이후에 등장하는 모든 왕조에 도덕적·정치적 정당성을 부여하는 기제로 작용했다. 광무제는 또한 한나라의 수도를 폐허가 된 장안의 동쪽에서 수백 킬로미터 떨어진 뤄양으로 옮겼다. 그리하여 기원후 25－220년의 시기를 우리는 후한後漢 또는 동한東漢이라고 부른다.

왕망의 제위 찬탈에서 비롯된 정치적 격변과 뤄양 천도에도 불구하고 한 왕조는 여전히 건재했고, 경제적 번영과 문화적 창조성을 다음 세기까지 계속해서 이어 나갔다. 뤄양은 세계에서 로마 다음가는 큰 도시가 되었다. 한나라의 정치적 지배 범위는 북동쪽의 한국에서 남서쪽의 히말라야 산맥 기슭까지, 그리고 남동쪽의 베트남에서 북서쪽 중앙아시아의 실크 로드 오아시스 도시들에 이르기까지 확장되었다.

오늘날의 기준으로 볼 때 특히 한나라 사회는 고도로 발달한 신분제 사회였다. 그러나 대개의 산업화 이전 단계의 사회에 비하면 어느 정도는 유동적인 사회이기도 했다. 황실에 속하지 않은 가문은 세습을 통해서는 높은 사회적 지위를 보장받을 수 없었다. 유가적 관점에서 보면, 학자 관료들은 관료제 사회의 최고 정점에 위치했고, 그 아래에 생산 분야에서 사회의 중추적 역할을 담당하는 농민과 장인 그리고 맨 아래에 유가 사상가들이 보기에 아무것도 직접 생산하지 않은 채 오로지 다른 사람들이 생산한 것을 차지하기만 하는 존재인 상인이 자리했다. 사실 상인들 중에는 엄청난 부를 축적하는 경우가 종종 있었으며 자식이나 손자들에게 고전 교육을 시켜 학자 관료층의 서열 가운데 가장 높은 위치까지 진입시키기도 했다.

한나라 조정은 대부분의 통치 기간 동안 중앙 통제와 지방 자치 사이에 적절한 균형을 유지했다. 관료는 조정에서 일하는 사람들에 의한 추첨 제도를 통해 선발되었지만, 모든 관료는 유가 문헌을 공부해야 했다. 정부의 후원을 통해, 그리고 사마천, 동중서와 같은 학자들의 글을 통해, 유가적 가치가 지식인 엘리트층의 태도와 삶 속을 파고들었으며, 일정한 한계는 있지만 어느 정도는 글을 모르는 농민들을 비롯한 하층민 사회에도 스며들었다. 그래서 한때는 3만 명이나 되는 젊은이가 수도의 국립 대학에서 유가 경전을 공부한 적도 있었다. 한나라의 교육은 기원후 100년경 종이가 발명되면서 더욱 발전한다. 그전까지 주로 사용한 폭이 좁은 죽간보다 종이는 훨씬 더 효율적으로 글을 쓸 수 있는 서사 재료였다. 한나라 조정은 또한 수많은 유가 문헌을 석각의 방법으로 돌에 새겼다. 석각은 옛날부터 전해 내려오는 신성한 글들을 보존하기에 가장 좋은 방법이었다. 제국 각지에서 젊은 학자들이 몰려와 석각한 문헌을 탁본하거나 손으로 베껴 써서 더욱 널리 퍼뜨렸다. 오늘날 우리가 알고 있는 중국사 지식 가운데 한나라 이전의 지식은 대부분 한나라 학자들이 성실히 노력한 결과로 알게 된 것이다.

한나라는 수세기에 걸친 평화와 안정을 바탕으로 인구를 6,000만 명으로 늘리고, 상이한 지역들을 하나로 통합하여 광역 경제를 발전시켰으며, 일찍이 그 유례를 찾아볼 수 없을 정도로 큰 번영을 누렸다. 한나라의 엘리트층은 공들여 만든 무덤에 시신을 안장했는데, 20세기의 가장 경이로운 고고학적 발굴 가운데는 한나라 무덤들에서 이루어진 것도 있다. 이 무덤들에서는 집, 가정용품, 하인, 악사, 관리의 모습을 조그맣게 조각하여 일정한 순서대로 배열해 놓은 토기들이 출토되었는데, 한대 중국인이 삶과 죽음에 대해 어떻게 생각했는지를 짐작케 해 준다.

한대 무덤 가운데 가장 잘 알려진 발굴 성과로는 1960년대 후난성湖南省 창사長沙 외곽에 있는 작은 마을 마왕두이馬王堆 무덤 발굴을 들 수 있다. 이는 한나라 창업 군주 유방의 초창기 지지 세력이었던 어느 제후왕의 고위 관료인 이창利倉의 무덤이다. 이창의 무덤은 크게 훼손되었지만, 바로 옆에 있는 그의 부인 대후軑侯와 아들의 무덤은 잘 보존되어 있었다. 대후 부인의 무덤에서는 154점의 칠기로 된 상자, 쟁반, 잔, 사발, 51점의 도기, 48점의 죽기竹器 상자와 기타 생활용품 그리고 흙으로 만든 모조 금화와 동전이 든 바구니 40점이 출토되었다. 고고학자들을 특히 놀라게 한 것은 보존 상태가 양호한 채로 발견된 대후 부인의 시신이다. 부인의 시신은 비단으로 스무 겹이나 둘둘 말린 채 네 면이 잘 맞물린 관 속에 들어 있었는데, 부인의 살결은 부드러웠고 근육은 여전히 탄력이 있었다. 그녀의 위장에 들어 있는 100개가 넘는 참외 씨는 2,000년 전 그녀가 마지막으로 먹은 것이 무엇인지를 증언해 주었다. 가장 안쪽에 있는 관 위에는 아름다운 그림이 그려진 장례용 비단이 덮여 있었는데, 이것은 지난 반세기 동안 고고학자들이 가장 많이 연구한 출토 유물 가운데 하나다.

학자들은 이 비단 그림의 상징적 의미를 놓고 여전히 논쟁 중이다. 한나라 문헌에 나타난 죽은 자에 대한 의례와 신앙이 너무나도 다양하기 때문에 이 수수께끼를 풀기는 더욱 어렵다. 어떤 무덤에서는 죽은 자가 저승으로 들어가는 데 필요한 허가증이 출토되었다. 이 허가증은 그들의 소유 물품 목록을 기재하여 저승에서 학대당하는 것을 막기 위한 것이다. 또 어떤 무덤에는 갓 죽은 시신에 사악한 기운이 들어오는 것을 막

고, 산 자와 죽은 자의 세계를 엄격히 분리하기 위해 만든 진
묘문鎭墓文도 들어 있다. 그러나 어떤 한나라 문헌은 생물학적
죽음의 일반적인 경계를 초월함으로써 무병장수를 촉진하거
나 영원불멸을 얻고자 했던 사실에 대해 언급한다. 한나라 사
람들은 사람이 억울하게 죽거나 살아생전에 병을 제대로 치
료받지 못하고 죽으면 그 사람의 영혼이 반드시 무덤을 빠져
나와 가해자에게 복수를 할 것이라고 염려했는데, 이는 분명
한 사실이다. 이러한 믿음은 생사의 문제를 떠나 조상을 깊은
존경심으로 대하라고 한 유가의 가르침과 함께, 한나라 엘리
트층의 수많은 무덤이 왜 생활용품과 사치품으로 가득 차 있
는지를 우리에게 설명해 준다.

　죽은 자를 위한 정교한 무덤뿐 아니라[4], 후한 시대의 엘리
트층 가운데 일부는 죽은 조상을 기리기 위한 대규모 사당을
짓기 시작했다. 사당은 조상에게 제사를 지내기 위한 공공 회
합의 장소로 기능했다. 한나라 때의 사당 가운데 가장 규모가
크고 거의 온전한 형태로 남아 있는 것은 관료 사회가 부패했
다며 관직을 거부한 무량武粱을 위해 지어진 사당, 즉 무량사武
粱祠다. 무량사의 벽은 당대까지의 세계사 전체를 묘사하기 위
해 그림을 새긴 돌, 즉 화상석으로 장식되어 있었다. 화상석에
는 아득히 먼 신화적 과거에서 무량이 살았던 당대에 이르기

까지, 그리고 매우 세속적으로 묘사된 일상생활에서 불사신들이 사는 천상의 영역까지, 다양한 그림이 새겨져 있다. 한나라 때 인기가 많았던 신으로 서왕모西王母가 있다. 그녀는 장생을 이루게 해 주는 신비의 금빛 복숭아가 3,000년에 한 번씩 무르익는다[5]는 곤륜산에 있는 불사신들의 '음'의 영역을 관장했다. 그다지 존경받지 못했던 그녀의 파트너 동왕부東王父는 불사신들의 '양'의 영역을 관장했다.

무량사의 화상석은 고대의 왕, 효자, 성인, 현명한 신하, 유명한 자객, 뛰어난 여성 등 매우 다양한 사람의 모습을 담고 있다. 이 중에는 도덕과 윤리를 위해 자신을 희생하여 가장 높은 수준의 유가적 미덕을 드러낸 여성도 있다. 주 왕조의 아름다운 과부 고행高行은 양梁나라 사람으로 순결을 지키겠다는 의지가 대단한 여성이었다. 그녀는 남성들이 자신에게 청혼을 하려 하자 코를 베어 버렸다. 양나라의 절개 있는 고모에 대한 이야기도 있다. 집에 불이 났는데 오빠의 아들과 자신의 아들이 방에 있었다. 그녀는 먼저 오빠의 아들을 불 속에서 구하려 했지만, 극도로 흥분된 상황에서 자신의 아들을 대신 구하고 말았다. 잘못을 깨달은 그녀는 오빠의 아들 대신 자기 아들을 구한 자신에게 수치심을 느끼고는 다시 불길로 뛰어들어 죽음을 맞이했다.

한나라 때 작성된 대부분의 역사 기록이 여성을 배제하고 남성에 초점을 맞추고 있음에도 불구하고, 중국사를 통틀어 가장 유명한 여성 학자는 한나라에서 배출되었다. 그녀의 이름은 반소班昭로, 아버지 반표班彪는 사마천이 시작한 중국의 위대한 역사서 집필을 계속 이어 나간 사람이다. 반표가 젊은 나이에 죽자, 그의 아들이자 반소의 오빠인 반고班固가 한나라의 공식 역사서인 『한서』漢書를 집필했다. 반고의 아우 반초班超는 장군으로 이름을 날린 사람으로 중앙아시아의 여러 독립 왕국을 정복했다. 반소는 여성이라는 종속적인 지위에 있었지만 오빠들 못지않은 업적을 남겼다. 그녀는 한 저명한 관료와 결혼했지만 그는 젊은 나이에 죽고 말았다. 이후 그녀는 아들을 키우면서 공부와 집필에 전념했다. 그녀는 많은 시를 썼고, 오빠 반고가 『한서』를 완성하지 못하고 죽자 그 뒤를 이어 책을 완성했으며, 중국 문화사 전체를 통틀어 여성 교육용 소책자 가운데 가장 유명한 『여계』女誡라는 책을 집필했다.

윤리적이고 철학적인 내용을 담은 작품은 대부분 남성을 위한 것이었기 때문에 반소는 특별히 여성을 위한 윤리 교육서를 집필하기로 결심했다. 그녀는 여성이 갖추어야 할 세 가지 덕목을 제시했다. 첫째, 겸손하고 순종하고 존경하는 마음으로 행동하라. 둘째, 부지런히 열심히 일하라. 셋째, 친인척

양나라의 고행高行은 매우 아름다운 여성이었다. 남편이 죽자 많은 남성에게 구혼을 받았다. 그녀는 자신의 코를 베어 버림으로써 남성들의 구혼을 막고 정절을 지켰다. 이 탁본은 기원전 171년 무량의 무덤 앞에 만든 무량사에 세워진 화상석 가운데 하나를 본뜬 것이다. 이곳 화상석들에는 역사적 장면을 묘사하고 고결한 행위를 기념하는 내용이 가득 새겨져 있다. 풍운붕馮雲鵬, 풍운원馮雲鶏, 『금석색』金石索, 1821.

을 잘 보살피고 조상 제사를 공손한 자세로 품위 있게 지내라. 그렇게 하면 자신은 물론이고 가족도 세인으로부터 좋은 평판을 얻을 수 있을 것이다. 그러나 그녀는 "만약 이 세 가지 중에서 한 가지라도 실천하지 못한다면, 명성을 얻지 못할 것이며 반드시 이혼을 당하고 치욕을 겪을 것이다!"6) 라고 결론을 내렸다. 그녀의 가르침은 권력 투쟁과 음모가 난무하는 황실

기원전 500　　기원　　500　　1000　　1500　　2000

에서 살아가는 여성은 물론이고 자신과 같은 엘리트층 부인들에게도 해당되는 것이었다. 반소는 자신이 직접 권력을 행사하려다가 끝내 정적에게 죽임을 당한 권력 지향적인 황후들의 비참한 최후에 대해 잘 알고 있었던 것이다. 이러한 점에서 그녀의 『여계』는 남성이 지배하는 위험천만한 환경 속에서 여성이 살아남기 위한 효과적인 방법을 제시하는 책으로 여겨졌다.

반소의 가르침은 엘리트층의 이상을 반영하지만 한나라의 사회적 현실을 있는 그대로 반영한 것이라고 볼 수만은 없다. 한나라의 수많은 황제 부인이 권력을 지키기 위해 대단히 공격적인 성향을 보였다는 사실은 우리에게 잘 알려져 있다. 한나라의 유가 사상은 효를 강조했기 때문에 대다수의 황제는 어머니가 바라는 것을 무시하기가 어려웠다. 심지어는 황제가 성년이 되거나 중년이 된 뒤에도 상황은 크게 달라지지 않았다. 그래서 황태후들은 종종 한나라 조정의 권력을 장악하기도 했는데, 특히 왕조 말기로 갈수록 그런 현상이 심화되었다. 중국의 수많은 왕조가 황태후와 외척, 유학자 관료, 무인 세력, 환관 등 네 부류의 경쟁 세력이 벌이는 치명적인 권력 투쟁으로 인해 쇠퇴했고 마침내는 붕괴되었다.

후한 시대에 황위를 둘러싸고 경쟁을 벌인 가장 강력한 두 세력은 환관과 황태후 가문이었다. 환관은 황제가 다스리던 시대에 중국에서 유일무이한 존재였다. 그들은 거세된 남성이라는 이유로 멸시를 받았지만, 황제의 심복으로서 황제의 가장 친한 친구이자 조언자가 될 수 있었기 때문에 다른 어떤 이들보다도 큰 권력을 누릴 수 있었다. 환관은 미천한 가문 출신인 경우가 많았다. 그들은 현대의 외과 수술이 발달하기 전까지만 해도 목숨을 걸어야 할 만큼 위험천만했던 거세라는 치욕을 왜 감내하려 했을까? 황실에서 태어난 아이가 황제의 적법한 자손이며, 황제의 부인과 천한 몸종 사이의 부정한 간통의 결과물이 아니라는 점을 보증하기 위해서는 거세당한 남자인 환관의 존재가 반드시 필요했다. 환관은 자식이 없기 때문에 개인적인 치부에 대한 유혹도 상대적으로 덜했지만, 부와 권력에 대한 유혹은 여전히 매력적인 것이었다. 환관의 수는 왕조를 거듭할수록 점차 늘어나는 추세를 보였다.

후한 시대에는 수천 명의 환관이 있었다. 그들은 막강한 권력을 누렸기 때문에 양자를 들일 권리를 부여받기도 했다. 124년 환관들이 직접 국정을 장악하기 위해 한 아이를 황위에 앉히려 했다. 159년에는 한 황제(환제桓帝)를 보좌하여 막강한 권력을 가진 선대 황제의 어머니 가문 전체를 처형했다. 환관들은 166년과 169년에도 숙청을 단행하여 수천 명의 문

113

기원전 500   기원   500   1000   1500   2000

관을 죽이거나 귀양 보냈다.

　이와 같이 궁정에서 혼란한 상황이 계속 벌어지자 한 조정은 점점 허약해졌다. 변경에 있는 장군들은 수도에 있는 '윗사람'들에게 더는 관심을 보이지 않게 되었고, 부유한 가문들은 세금을 내지 않을 궁리를 하느라 바빠졌다. 후한 시대에 있었던 두 차례의 구조적 변화는 왕조에 치명상을 입혔다. 정부는 부분적으로는 무장한 농민 반란군에 대한 두려움 때문에 농민 징병제를 폐지하고, 그 대신 자발적인 지원자, 죄인, 장성 이남에 정착한 비한족계 유목 민족 등을 직업 군인으로 채용하여 군대를 재편했다. 이 직업 군인들은 한나라 조정보다는 자신들의 상관에게 충성을 다하는 경향이 있었다. 그리하여 어느 지역에서 반란이 일어나면 정부의 반란 진압을 돕는 부대만큼이나 반란에 가담하는 부대도 많았다.

　조정이 극도의 혼란 속으로 빠져들자 자연 재해에 효과적으로 대처할 능력도 사라지고 말았다. 184년 도교 추종자들이 주도한 황건적黃巾賊의 난이 발생했다. 이것은 한 왕조의 끝을 알리는 신호탄이었다. 수많은 장군이 한나라로부터 독립을 선언하고 자신이 직접 새로운 왕조를 건설하겠다는 야망을 드러내자, 한나라는 엄청난 혼란의 소용돌이 속으로 빠져들었다. 그러나 어느 누구도 야망을 이루지 못했고, 한 왕조는 결국 전직 장군이나 군벌이 통치하는 세 개의 경쟁국으로 분열되었다.

한 왕조는 220년에 공식적으로 멸망했지만 그 유산은 20세기까지 존속했다. 한 왕조는 4세기 넘게 지속하면서 유가 사상으로 합리화한 법가적인 제도들로 제국의 원형을 만들었고, 이러한 원형은 1911년 청나라가 몰락할 때까지 모든 후속 왕조에게 영향을 끼쳤다. 최고 전성기였을 무렵 한나라 조정은 인구 6,000만이 거주하는 (현재 미국 영토의 약 70퍼센트에 해당하는) 약 647만 제곱킬로미터의 영토를 직접 통치했다. 한나라는 로마 제국과 비교되고는 한다. 둘 다 같은 시기에 존재했고 영토의 넓이도 거의 비슷했기 때문이다. 지중해에 수많은 교역로를 지닌 (중국인에게는 대진大秦으로 알려졌던) 로마 제국과는 대조적으로, 한나라는 비교적 육지로 둘러싸여 있었고 거의 전적으로 농업 국가였다. 그리고 한나라는 하나의 문자, 유가 사상 그리고 이것들을 공유하는 엘리트층 문화를 지닌, 문화적으로 대단히 획일적인 국가였다. 한나라 조정과 군대는 하나의 가문과 관료제 집단에 의해 로마 제국보다 훨씬 더 밀도 있게 통제되었다. 그리고 끝으로, 한나라의 수도 뤄양은 비록 로마보다 거의 2세기 먼저 몰락했지만, 로마 제국이 회복 불가능할 정도로 완전히 붕괴된 것과 대조적으로, 광대하면서도 하나로 통합된 영토를 기반으로 제국을 형성했던 한나라의 원형은 20세기에 이르기까지 중국에서 끊임없이 재생되었다.

3장

혼돈의 시대(220-589)

220년 한나라의 마지막 황제가 죽었을 당시 세 개의 강력한 군벌 가문이 등장해 있었다. 이들은 한나라의 무너진 질서를 조속히 회복하고 장기간 지속할 수 있는 신제국을 건설하기를 바랐다. 북중국에서는 한나라의 관료였던 조씨曹氏 가문이 꾸준히 권력을 키워 나갔고, 220년 새로운 왕조 위魏나라를 창업했다. 서남쪽(오늘날의 쓰촨四川)에서는 한나라 황실의 먼 친척인 유비劉備가 자신이 근거한 지역의 이름을 따서 촉蜀나라를 건국하고 한나라의 정통 계승자로 자임했다. 그리고 창장 강 하류에서는 또 한 사람의 군사 실력자 손권孫權이 오吳나라를 세웠다.

세 나라는 이후 중국에서 가장 유명한 소설 가운데 하나인 『삼국지연의』三國志演義를 통해 되살아났다. 『삼국지연의』는 수많은 역사적 사실과 허구적 이야기가 어우러진 역사 소설로, 3세기를 위대한 군웅이 활약한 시대이자 반역과 배신이 끊이지 않았던 시대로 묘사하고 있다. 또한 이 소설에는 미묘한 아

조조 초상

이러니가 숨어 있는데, 덕망 있는 사람이 항상 경쟁자에게 승리하는 것은 아니며, 천명은 가장 어질고 도덕적인 지도자보다는 가장 강력한 군대를 보유하고 가장 영리한 장군에게 주어진다는 점을 암시한다. 『삼국지연의』는 중국 문화를 이해하는 데 『논어』論語 다음으로 중요한 책일 것이다.[1]

삼국 시대의 군벌들은 용맹스럽고 강인했으며 저마다 반역을 꿈꾸었지만, 어느 누구도 한 왕조의 영토를 모두 차지하지는 못했다. 오히려 한나라의 통치 기반을 파괴하기만 했을 뿐이다. 263년 위나라 군대는 서남쪽의 촉나라를 멸망시켰지만,

불과 2년 뒤 사마염司馬炎이 위나라 황제를 축출하고 진晉 왕조
를 건국했다. 280년 진나라는 창장 강 유역에 있는 오나라를
정복하고 잠시 동안이나마 제국을 통일했다. 그러나 진 왕조
는 오래가지 못했다. 311년 흉노족 기병이 새로 개발한 등자
로 전투력을 극대화하여 진나라의 수도 뤄양을 파괴했기 때문
이다. 그 뒤 약 한 세기 동안 북중국은 여러 경쟁 세력 간의 끊
임없는 전쟁으로 분열되었다. 그 장본인은 바로 중국 본토의
북쪽과 서쪽 지역에서 온 비한족계 유목 민족들이었다.

예전부터 있었던 한족과 비한족을 가리키는 '호족'胡族 사이

북연 기병의 전투력을 높인 등자

의 구별은 급속한 변화의 시기를 거치는 동안 완전히 사라졌다. 유목 민족들은 장성 이남에서 수십 년 동안 거주하면서 한 왕조의 동맹 세력이었든 적대 세력이었든 간에 황허 강 유역의 정치적 통제와 조직화라는 측면에서 자신들의 역할을 점차 확대해 나갔다. 이들은 자기 민족의 전통을 유지하기 위해 의식적으로 노력하는 한편, 한자를 배우고 한족과 결혼했으며 한족의 복식과 음식 문화를 수용했다. '중국인'이라는 말의 정의는 이 시대에 대단히 확장되어, 수많은 비한족 계열 민족은 물론이고 그들의 물질문화와 사회 규범마저도 통합시켜버렸다. 그 과정에서 한족은 음식, 복식, 음악, 예술 분야에서 비한족 민족들의 양식을 받아들이는 등 다양한 방식으로 '호족'의 문화를 포용했다. '호족'이라는 말은 처음에는 비한족의 문화에서 한족적인 문화를 구별할 때 사용하는 용어였지만, 점차 시간이 흐르면서 서로 다른 세력들이 각기 자신의 경쟁 상대를 부를 때 사용하는 말로 바뀌었다. 남중국과 북중국은 독자적으로 진화했지만, 양측 모두 스스로를 '문명화된 중국인'이라고 주장했으며, 모든 영토를 아우르는 하나의 중앙 집권적 제국이라는 옛 한나라의 이상을 회복하기를 갈망했다.

한 왕조가 붕괴한 뒤에 일어난 유혈 사태와 혼란을 피하기 위해 북중국의 유력 가문들을 비롯하여 200만 명이 넘는 사람들이 창장 강 유역으로 이주했다. 그들은 국가를 재통합할 만큼의 충분한 군사력을 바탕으로 효과적인 중앙 정부를 건설하려 했지만 거의 성공을 거두지 못했다. 남중국과 북중국 모두 유력 가문들은 스스로를 보호하기 위해 사병을 조직했고, 땅이 없는 농민들은 먹고사는 문제를 해결하고 비적으로부터 보호받기 위해 부유한 지주들의 토지에 몸을 맡기고 소작농이 되었다. 그러자 사회 계층이 점차 분화되는 양상을 보였다. 창장 강 유역의 건강建康(오늘날의 난징南京)을 도읍으로 삼아 여러 왕조가 잇따라 들어섰지만 모두 허약했다. 어떤 통치 세력도 안정적이고 강력한 중앙 정부를 건설하지 못했으며 그로 인해 안전한 조세 기반을 확보하지 못했다.

한대에는 전체 인구의 10퍼센트 정도만이 창장 강 유역을 비롯한 남중국에 거주했을 것이다. 그러나 한 왕조 이후 남중국으로 대규모 이주가 이루어지면서 창장 강 유역은 중국에서 가장 번영하는 지역으로 탈바꿈했다. 200년경을 기점으로 남쪽으로 피난을 오기 시작한 유력 가문들은 수천 명의 농민들을 데리고 왔는데, 그들에게 늪지를 개간하게 하여 평평한 논을 만들고 주위에 제방을 쌓았다. 그렇게 해서 벼농사 지대의 범람과 배수를 엄밀하게 관리할 수 있게 되자, 남중국은 풍부한 강수량과 창장 강의 수많은 지류를 바탕으로 중국 최대의 곡창 지대가 될 수 있었다. 중국 중부와 남부는 수많은 강과 지류 덕분에 북부보다 교통이 더욱 발달했고, 장거리 교역도 훨씬 편리했다.

더욱이 창장 강 유역에 정착한 유력 가문들은 때로는 정부가 지급하는 보조금으로 뽕나무 재배와 비단 생산에 장기적인 투자를 할 수 있었다. 누에는 부화한 상태에서는 매우 작아서 약 450그램 무게에 해당하는 개체 수가 70만 마리에 이른다. 이 누에들은 5주 동안 12톤의 뽕나무 잎을 먹은 뒤 5톤 정도의 무게로 자란다. 누에는 성숙하면 약 10 - 12센티미터 길이로 자라서 거미줄만큼이나 가느다란 명주실 고치를 잣는다. 비단 생산은 대단히 노동 집약적이다. 이 고치들을 팔팔 끓는 물에서 조심스럽게 연화시켜 풀어 주어야 하기 때문이다. 이 가느다란 실 몇 가닥이 모여 한 가닥의 명주실이 되며, 이렇게 명주실이 완성된 다음에야 비로소 옷감을 짤 수 있다. 5톤의 명주실은 이와 같은 수고로운 공정을 거친 뒤, 겨우 68킬로그램 정도의 비단옷을 생산해 낸다.

정치적으로 분열되었고 국력도 약한 시대였지만 장거리 교역은 전례 없이 활발해졌다. 비단은 이 시기의 교역을 주도한 대표적인 품목이었다. 상인들은 청동 제품과 칠기뿐 아니라 외국인들이 탐내는 중국산 비단을 가져가 팔았고, 금과 은,

페르시아산 직물, 진주, 향, 남아시아와 동남아시아산 산호 같은 사치품을 사 왔다. 저 멀리 동남쪽 해안에 자리한 광저우는 국제 교역의 중심지로 번영을 누렸고, 6세기 초 창장 강 유역에 자리한 양梁나라의 수도 건강은 인구 100만의 세계에서 가장 크고 호화로운 도시였다.

정부가 방형의 행정 단위로 구획하여 상업 지구를 별도로 지정한 북중국의 도시들과 달리, 건강은 도시 전체에 걸쳐 시장이 분포해 있었기 때문에 상업이 도시 생활 전반에 깊이 스며들었다. 창장 강과 수많은 지류는 상품이 서남쪽 내륙과 동부 해안을 오갈 수 있게 해 주었다. 그리하여 건강은 서쪽으로는 쓰촨과 티베트에 이르기까지, 동쪽으로는 중국 동남해에서 동남아시아와 남아시아까지를 연결하는 교역망의 주요 중심지가 되었다. 중국 상품들은 건강을 통해 인도 상인과 무슬림 상인의 손을 거쳐 시리아와 로마에 이르렀다.[2] 이와 같은 엄청난 경제적 변화로 인해, 589년 분열의 시대를 종식하고 제국을 재건한 수나라는 한나라 때보다 훨씬 더 발달한 경제를 바탕으로 더 큰 번영을 누릴 수 있었다.

분열의 시기 동안 중국은 예술, 문화, 종교 방면에서도 엄청난 변화를 겪었다. 한 왕조가 몰락하자, 한나라의 통치 체제를 정당화하고 합리화했던 유가 이데올로기에 대해 수많은 학자와 관료가 가졌던 신념 역시 함께 무너졌다. 유가 사상이 더는 질서를 유지할 수 없게 되자, 사람들은 자연히 다른 철학과 종교에 관심을 갖기 시작했다.

한나라가 멸망할 무렵 도가 사상은 일부 지역에서 대중 종교로 탈바꿈했다. 이 종교, 즉 도교는 한 왕조의 멸망으로 도가 사상가가 이끄는 평화와 번영의 황금시대가 열릴 것이라고 약속한 도사들과 그들을 추종하는 농민들이 믿는 종교였다. 황건적 지도자였던 한 도가적 몽상가는 184년 36만 명의 추종자에게 한나라에 반기를 들라고 선동했지만, 이 반란은 한 조정의 군대에 의해 금세 진압되었다. 다른 도가의 분파인 천사도天師道◆는 중국 서남부에서 거의 한 세기 동안 유행했는데, 외딴 지역으로 퍼지는 바람에 정부군의 진압을 피할 수 있었다. 그래서 정치·군사 투쟁에 휘말리지 않고 악령과 질병을 퇴치하는 종교적 활동에 집중할 수 있었다. 천사도 분파는 오늘날까지도 도교의 주요 분파로 활동하고 있다. 이 종교는 특히 타이완臺灣에서 큰 인기를 끌고 있는데, 우주적 조화, 종교적 재계, 질병의 치유를 실현하기 위한 장례와 일상 의례를 실천하고 있다.

◆오두미도

3장. 혼돈의 시대(220-589)

지식인 사회 내에서는 수많은 학자와 관료가 한나라의 국가 주도형 유가 이데올로기에 의문을 제기하고, 『도덕경』과 『장자』에 나오는 옛 도가의 가르침을 재평가하기 시작했다. 당시 사상가들은 유가 사상을 내팽개치지는 않았지만, 한 왕조 이후의 군주들이 무자비하고 비도덕적인 정책들을 시행하면서도 유가적 이상에 대해 입에 발린 소리를 얼마나 자주 하는지를 지적했다.

3세기의 가장 유명한 지식인 비평가 집단은 죽림칠현竹林七賢으로 알려진 이들이다. 함께 술 마시고 노래하고 시를 짓기 위해 모인 장소를 따서 이름 지어진 죽림칠현은 현실의 본질이나 실재와 비실재 등과 같은 추상적이고 비정치적인 주제들을 놓고 청담淸談이라는 대화 형식으로 토론을 벌였다. 비록 이들이 서로를 평생 동안 알고 지냈다는 확실한 증거는 없지만, 그들의 만남을 다룬 일화들은 광범위하게 확산되어, 정치 활동이 아닌 개인적인 쾌락과 예술을 추구하는 교양 있는 지식인들(또는 문인 예술가들)이 새로운 이상을 확립하는 데 큰 영향을 끼쳤다.

죽림칠현의 한 사람인 혜강嵇康은 뛰어난 시인이자 거문고 연주자였으며, 불사약을 만들기 위해 금속을 변형시키는 실험을 했던 화학자이기도 했다. 혜강은 관료 생활이 따분할 뿐 아니라 비도덕적이라고 비판했다. 그는 조정의 위선을 증오했고, 거센 정치적 압박에서 벗어나 개인적 삶의 자유와 본성의 아름다움을 추구했다. 한 친구◆가 관직을 수락한 뒤 혜강에게 관직에 나아가라고 권유하는 편지를 보내자, 혜강은 답장을 보내 관료 사회를 통렬하게 비판했다. 그는 편지의 말미를 이렇게 끝맺었다. "내가 원하는 것은 오직 나의 낡은 초가집에 살면서 내 자식과 손자들을 키우고, 때때로 오랜 벗과 산책하고, 술 마시고, 거문고를 연주하는 거야. 이것이 내가 원하는 전부라네."[3] 그의 편지는 혜강의 친구를 발탁했던 진왕晉王 사마소司馬昭의 손에 들어갔다. 사마소는 편지에 관료 사회를 은연중에 비난한 내용이 들어 있다고 발끈하여 262년 혜강에게 사형을 선고했다. 3,000명의 제자와 추종자가 사마소에게 혜강을 용서해 달라는 내용의 탄원서에 서명을 했지만 받아들여지지 않았다. 감옥에 갇힌 혜강은 편지를 통해 살고 싶다는 뜻을 드러냈지만, 자신을 박해한 자를 경멸한다는 점은 분명히 했다. 교수대에 오른 혜강은 태양의 그림자가 길어진 것을 보면서 애잔한 곡조로 거문고를 연주했다.

죽림칠현 중에는 혜강의 친구 완적阮籍이라는 인물도 있다.

◆산도山濤. 죽림칠현의 한 사람이다.

3장. 혼돈의 시대(220-589)

그는 자연의 아름다움을 찬미하는 시들을 지었고, 허례허식보다는 자연스럽고 자발적인 행위가 더 중요하다고 주장했으며, 당대 유가 사상가들의 비도덕적인 행위를 비꼬았다. 그는 형수와 함께 남들이 보는 앞에서 버젓이 길을 걸었다는 이유로 비난을 받게 되자(남성과 여성은 아무리 가까운 사이여도 사람들이 있는 곳에서는 함께 있는 모습을 보여서는 안 되었기 때문이다), "(유가의) 예교를 나에게 강요하지 마시오!"라고 응수했다.[4] 또 한 사람의 죽림칠현 유영劉伶은 대문 앞에서 벌거벗은 채 손님을 맞이한 적도 있었다. 손님이 충격에 빠지자 유영이 이렇게 말했다. "나는 천지를 거처로 삼고 집을 속옷으로 삼는다네. 자네는 어째서 내 속옷 안에 들어왔는가?"[5]

군주가 끊임없이 전쟁을 벌이고 사소한 죄를 물어 관료와 백성을 처형한 그 위험천만한 시대에 수많은 사람이 군자의 첫 번째 의무는 나라를 위해 봉사하는 것이라는 유가의 원칙에 의문을 품기 시작했다.[6] 사회적 규범을 거부하고 조정에 나아가는 길을 포기했으며 초기 도가 사상들의 가르침과 이후 도가의 종교적 활동에 관심을 가지게 되었는데, 이러한 풍조는 중국에서 불교가 성장하는 데에 비옥한 토양을 제공해 주었다. 불교의 전래는 기나긴 분열의 시기 동안 있었던 모든 변화 중에서도 가장 극적인 것이었다.

세계 대부분의 종교와 비교해 볼 때, 석가모니의 근원적인 가르침은 그가 어떠한 기적도 행하지 않고 어떠한 초자연적인 신이나 창조주도 믿지 않으며 신의 계시를 자신의 가르침의 기초로 삼지 않는다는 점에서 유일무이하다. 그는 단지 자신이 인간의 본성에 대한 통찰력을 지니고 있으며 그것을 개선할 수 있다고 주장했을 뿐이다. 인도의 왕자(고타마 족의 싯다르타)로 태어난 석가모니는 대단히 흥미롭게도 공자와 동시대에 살았던 인물이다. 인도는 오래된 문명국이었다. 힌두교 경전의 전통이 풍부했으며, 물질세계를 초월하여 순수한 정신세계로 나아가야 한다는 가르침이 존재한 나라였다. 풍족한 환경에서 자라 아름다운 공주와 결혼하고 아들 하나를 낳아 행복하게 살던 싯다르타는 29세가 되던 해에 지난 모든 것을 되돌아보게 되었는데, 이때 그는 종교적인 깨달음을 얻기 위해 왕국을 떠나기로 결심했다. 특히 그가 풀고 싶었던 문제는 인간의 고통에 관한 수수께끼였다. 그는 다양한 힌두교 스승들, 현자들과 함께 6년 동안 공부했다. 그리고 북인도 비하르의 어느 보리수 아래에서 고행을 하는 동안 큰 깨달음을 얻고(불교 용어로 대오성도大悟成道라고 한다), 35세가 되었을 때 마침내 인간의 고통의 원인과 치유 방법을 터득했음을 느꼈다. 그때부터 석가모니는 설교를 시작했는데, 첫 번째

로 행한 설교에서 그는 자신의 새로운 깨달음을 사성제四聖諦
로 요약했다. 첫째는 두카dukkha(고제苦諦, 산스크리트어로 고통, 아픔, 결
함 또는 번뇌를 뜻함)로 인생에서 피할 수 없는 것이다. 둘째, 두카
에는 그렇게 될 수밖에 없는 원인이 있다는 것이다. 인간의 애
집愛執이 바로 그것이다.◆ 우리는 고통에서 벗어나기를 바라
고 사랑하는 사람들과 헤어지지 않기를 바란다. 하지만 삶의
고통과 죽음으로 인한 헤어짐은 피할 수 없다. 셋째는 인생의
덧없음을 이해하고 받아들여 삶에 대한 수많은 욕망을 떨쳐
버린다면 고통을 끝낼 수 있다는 것이다.◆◆ 넷째, 이러한 가
르침을 받아들여 고통에서 벗어나는 방법은 고행, 명상, 집중
이라는 도덕적이고 자비로운 삶을 따르는 것이다.◆◆◆

　이러한 가르침뿐 아니라 석가모니는 당시 인도에서 유행하
던 가설들에 대해서도 언급했다. 모든 인간은 육신을 바꾸어
가며 윤회하는 영혼으로, 여러 세상에서 태어나고 죽기를 되
풀이하며 깨달음을 향해 나아간다. 환생은 업業의 법칙에 따
라 좌우되는데, 자기가 행한 일의 과보果報는 결국 자기 자신
에게 돌아간다. 착한 일을 했으면 이번 생이나 다음 생에서 좋
은 결과를 얻고, 마찬가지로 나쁜 일을 했으면 나쁜 결과를

◆집제集諦　◆◆멸제滅諦　◆◆◆도제道諦

얻는다.

석가모니의 가르침은 매우 보편적이었지만 다양한 모습을 띠었기 때문에 사람들은 저마다 석가모니의 사상 가운데 상이한 측면을 강조했다. 전도자들이 불교를 중국에 전파했을 당시만 해도, 불교는 수많은 학파와 분파가 난립하는 대단히 복잡한 종교였다. 인도에서 번영하여 특히 동남아시아로 전파된 상좌 불교(소승 불교)에서는 불가에서 말하는 수양법이 매우 엄격하고 까다로워 승려들만이 깨달음에 이를 수 있다고 여겼다. 티베트에서 발전한 티베트 불교에서는 악령을 쫓기 위한 복잡한 기도 의식을 강조했다. 중국에서 가장 인기를 끈 대승 불교에서는 평범한 사람도 부처와 그의 수많은 보살을 믿음으로써 깨달음에 이를 수 있다고 여겼다(보살은 열반에 이를 만큼 영적인 통찰력을 지녔지만 중생을 구제하기 위해 이 세상에 남아 있는 이다). 어떤 신도 믿지 말라는 부처의 가르침에도 불구하고, 일부 불교 분파는 사람들이 이번 생이나 다음 생에서 보살핌과 도움을 기원하고자 신적인 존재들을 창조해 내기도 했다.

불교가 중국에서 발전하는 데에는 많은 장애 요소가 있었다. 인도 철학은 추상적이고 형이상학적이어서 구체적인 물질세계 너머에 복합적인 세계가 존재한다고 본 반면에, 중국

석조 협시보살

인은 현세에서의 삶과 가족으로서의 의무를 중시했기 때문이
다. 불경 집필에 주로 사용된 산스크리트어와 팔리어는 중국
어와는 거의 관계가 없는 언어여서 불교의 기본 개념을 번역
하기가 무척 어려웠다. 불교적 실천과 중국적 가치 사이의 가

장 심각한 모순은 머리를 깎고 승려가 되는 것이 불교에 대한 가장 높은 수준의 헌신이라는 점이었다. 이는 유가의 효 사상에 정면으로 위배되는 것이었다. 자식의 가장 중요한 의무는 후손을 낳아 자신이 죽은 뒤에 죽은 부모에게 제사를 지내게 하는 것이었기 때문이다.

불교 전도자들과 중국의 초기 불교 개종자들은 환생의 개념과 업의 법칙을 바탕으로 불교적 수행을 하는 삶이야말로 효를 실천하는 것이라고 주장했다. 승려가 되는 것은 내세에 있는 조상에게도 좋은 일이며, 그러면 죽은 부모가 영적으로 더욱 성장한 채로 또는 사회 경제적으로 더 좋은 신분으로 환생할 수 있다는 것이다. 이와 비슷한 맥락에서 사찰과 도량의 건축이나 미술 작품 제작에 기부를 함으로써 이번 생과 다음 생에서 자신과 가족을 위해 좋은 업을 쌓을 수 있다고 주장했다.

불교의 전파를 가로막는 장애 요소가 많았음에도 불구하고, 불교가 지닌 또 다른 특성들 덕분에 중국은 인도에서 온 이 종교를 수용하여 성공적으로 발전시킬 수 있었다. 인도 용어를 중국어로 번역함으로써 많은 불교 개념이 중국인에게 익숙해졌다. 가르침dharma, 깨달음bodhi, 요가yoga와 같은 불교 용어들은 모두 중국어에서 길을 뜻하는 '도'道로 번역되어 거의 중국어처럼 보이게 되었다. 매우 추상적인 인도 용어 니르바나

nirvana◆는 중국인이 흔히 부정否定의 의미로 사용하는 '무'無로 번역되어 '무위'無爲와 같은 용법으로 사용되었다. 윤리를 뜻하는 인도 용어 실라sila는 중국어에서 효순孝順으로 번역되어 인도의 윤리가 매우 중국적으로 보일 뿐 아니라 유가 사상과도 조화를 잘 이루는 것처럼 느껴지게 되었다.

한나라가 멸망한 뒤 수많은 중국인이 유가 사상에 대한 개혁을 모색한 반면, 불교는 당시의 충격에 빠진 사회 분위기에서 새롭게 분출하고 있던 다양한 욕구와 잘 맞아떨어졌다. 한나라가 몰락하자 도가 사상의 일부 별난 추종자들은 이 엄청난 불확실성의 시대를 살아 내려면 정서적으로 거리를 두어야 한다고 강조했다. 많은 중국인에게 불교는 욕망을 억제하고 소소한 행복에서 만족을 찾는다는 도가의 주제가 변형된 것으로 받아들여졌다. 일부 지식인들은 유가 사상의 원리에 등을 돌리고 실재와 비실재의 본질에 대해 추상적인 논쟁을 벌이고 있었기 때문에 인도 불교에 있는 형이상학적 사색이라는 풍부한 지적 전통에 크게 매료되었다. 그리고 일부 전도자들과 중국의 초기 불교 개종자들은 불교를 유가 사상이나 도가 사상에서 등장하는 용어와 비슷한 용어로 표현하는 데

◆열반을 뜻한다.

대단히 능숙했다.

불교 문헌을 중국어로 옮긴 번역자 가운데 가장 위대했던 사람은 구마라습鳩摩羅什(311~413)이다. 그는 오늘날의 신장 위구르 자치구에 있었던 쿠차라는 오아시스 도시에 살았던 반半인도계 승려다. 구마라습의 인도인 아버지는 불교를 연구하기 위해 중앙아시아로 왔고, 쿠차의 공주 출신인 그의 부인은 아들 구마라습이 일곱 살 되던 해에 승려가 되기로 결심했다. 그녀는 남편이 반대하자 단식을 벌였고, 6일이 지난 뒤 남편이 마음을 누그러뜨리자 아들 구마라습과 함께 승려가 되었다. 젊은 구마라습은 어학 능력이 매우 뛰어났다. 두 사람은 불교를 배우기 위해 훌륭한 스승을 찾아 카슈미르로 여행을 떠났다. 이후 중앙아시아로 돌아온 구마라습은 상좌 불교와 대승 불교의 교리를 모두 공부한 뒤 대승 불교의 가르침이 더 우월하다고 확신하게 되었다. 같은 지역에 살던 한 중국인 지방 군벌이 불교 전도를 막기 위해 구마라습을 체포하여 수년 동안 감옥에 가두었는데, 그는 이때 중국어를 배워 금세 중국어에 능통하게 되었다. 401년 한 지역의 중국인 지배자가 구마라습에 대한 소문을 듣고 그를 감옥에 가두었던 군벌을 공격하여 승리했고, 구마라습을 창안으로 데려왔다. 그러고는 구마라습에게 1,000명이나 되는 많은 승려를 지휘하여 불교의 주요 경전을 중국어로 번역하도록 했다. 그 결과는 놀라우리만치 성공적이었다. 402년부터 413년 죽을 때까지, 구마라습은 총책임자로서 불경을 중국어로 정확히 번역하는 일을 감독했고 이전의 어느 번역자보다도 더 많은 불경을 번역했다.

불교도들과 불교 관련 조직들은 중국 내에서 끓어오르고 있는 다양한 사회적·정치적 욕구를 충족시켜 주기에 매우 알맞아 보였다. 내전이 자주 발발하고 약탈 행위가 전역으로 확산되던 남중국에서는, 사찰들이 절망에 빠진 백성을 보호해 주었고 그들에게 음식과 피난처를 제공해 주었다. 승려들은 길가에 거처를 마련하여 여행자들에게 음식과 잠자리를 마련해 주었다. 또한 승려들은 전당포를 운영하여 빈민들의 물건을 받고 돈을 빌려주었는데, 빈민들은 그 돈으로 가족의 먹을거리를 해결하거나 봄철 파종에 필요한 종자를 마련하여 어려운 시기를 넘길 수 있었다.

북중국에서는 정치적으로 중요한 요소들이 불교의 발전에 긍정적으로 작용했다. 북중국에 살고 있는 한족은 남쪽으로 쳐들어와 황허 강 유역을 차지한 유목 민족 침략자들을 반문명적이고 반문화적인 족속이라 여겼다. 침략자들은 불교에 매력을 느꼈는데, 불교가 중국 고유의 종교가 아니면서도 그들에게 '수준 높은 문화'와 세련된 종교를 제공해 주었기 때문이다. 4세기 초 유목 민족 중에서도 세력이 컸던 선비족鮮卑族의 일파인 탁발씨拓跋氏가 중국 서북부를 차지했다. 그들은 중국 어를 배우고 한족과 혼인을 하고 한족 관리를 등용하고 중국 식으로 정치 조직을 개편하기 시작했다. 386년 그들은 중국식 으로 북위北魏 왕조를 창업했다. 오늘날의 산시성山西省 북부에 위치한 평성平城을 수도로 삼은 북위 지배층은 중국식 법률을 채택하고 자신들이 지배하는 한족 농민들에게 세금을 부과했 다. 430년에 이르러 북위는 황허 강 유역의 전 지역을 차지함 으로써 중국에서 가장 크고 강력한 국가가 되었다.

425 - 494년 북위 황제와 정부는 황실 가문뿐 아니라 관료 와 승려의 은밀한 지지를 받으며 수도 평성 인근 지역이자 오 늘날의 산시성 다퉁大同과 가까운 윈강雲崗이라는 곳에 있는 사암 절벽과 동굴에 수천 개의 불상을 제작하는 일을 후원했 다. 이 동굴에는 7 - 18미터 높이의 대규모 불상이 다섯 개가 있다. 이는 아마도 북위 왕조의 첫 다섯 황제를 모델로 삼아 만들어졌을 것이다. 불상 대부분은 483 - 490년의 몇 년 동안 에 매우 빠른 속도로 완성되었는데, 조정이 초창기에 불교를 탄압하려 했던 일을 후회하고 있다는 사실을 어떻게 하면 만 천하에 알릴 수 있을까를 고민하던 끝에 한 승려의 제안으로 만들어진 것 같다. 이 짧은 시간 동안 53개의 주요 동굴 벽이

5만 개가 넘는 조각상으로 가득 찼다. 윈강에서 발견된 기부자의 명단에는 120명의 이름이 새겨져 있다.

493년 북위 지배층은 수도를 서남쪽의 뤄양으로 천도하고, 예전 후한의 수도일 때 파괴된 폐허 위에 번영의 도시를 재건했다. 그들은 예술가를 초빙하여 뤄양에서 약 16킬로미터 떨어진 룽먼龍門이라는 곳에 있는 순도 높은 석회암 동굴에 기념비적인 작품을 하나 더 남겼다. 이후에 등장한 당 왕조의 지배층 역시 북위에 이어 계속해서 후원을 했는데, 룽먼의 불상은 완성되는 데 약 400년이 걸렸다.

전현직 황제와 관련이 있는 석굴뿐 아니라 수많은 불교 예술품이 분열의 시대에 창조되어 오늘날까지 살아 숨 쉬고 있다. 20세기의 고고학자들이 오늘날의 간쑤성甘肅省에 있는 둔황敦煌의 서북쪽 끝에 위치한 마을에서 또 하나의 석굴을 발견했는데, 수많은 불교 사찰이 후원하여 만든 불교 조각품들로 장식되어 있다. 이 석굴은 4세기부터 수세기에 걸쳐 만들어진 일종의 대규모 불상 도서관이다. 둔황에서 서쪽으로 약 1,287킬로미터 떨어진 곳으로, 구마라습이 어린 시절을 보낸 쿠차의 인근 지역에 키질이라는 작은 도시가 있는데, 이곳에서도 석굴이 발견되었다. 이는 4세기부터 오늘날 키르기스스탄 부근의 중앙아시아에서 불교가 대중화되기 시작했음을 보

이 거대한 북위 왕조의 불상(460–493년 제작)은 윈강 제20굴에 조각되어 있으며, 오늘날의 다퉁大同(산시성) 인근에 있다. 현재는 동굴이 붕괴되어 비바람에 노출되어 있다. 북위를 건설한 유목 민족 탁발씨가 자신들의 종교적 헌신성과 문화적 세련미를 과시하기 위해 수천 개의 정교한 불상 제작을 후원했다. 폴 로프 소장.

여 준다. 이 석굴은 인도식으로 그린 생생한 다색 회화로 벽이 장식되어 있어 더 유명하다. 키질 석굴에 있는 어떤 그림은 길을 가는 상인을 위해 길을 밝혀 주고 있는 부처의 모습을 담고 있는데, 이는 불교가 중국에 전파되는 데 상인이 얼마나 밀접하게 관련되어 있었는지 잘 보여 준다. 지역 간 교역은 중국에서 불교가 발전하는 데 매우 중요하게 작용했다. 상인들은 여행길에 불교 전도자들과 동행했고 그들의 비용을 대 주었기 때문에 전도자들은 불교를 전하는 데 온 힘을 다할 수 있었다.

불교에 대한 관심이 증폭되었음에도 불구하고, 유가 사상은 여전히 사라지지 않았다. 북중국과 남중국을 하나의 거대한 제국으로 통합하기를 꿈꾸는 사람들 사이에서 유가 사상은 여전히 매력적이었다. 윈강과 룽먼의 불교 예술품 제작을 후원한 북위의 지배층 역시 유가 사상의 사회적·정치적 가치를 발전시켰으며, 안정된 조세 수입을 기반으로 한 강력한 중앙 집권적 관료제 국가를 건설하기 위해 많은 노력을 기울였다. 465년 풍馮 태후가 남편인 황제가 죽은 뒤 권력을 장악했다. 그녀는 새로 황제가 된 어린 아들을 좌지우지했고, 476년 그가 죽자 이번에는 어린 의붓 손자의 섭정으로서 북위 조정을 장악했다. 그녀는 490년 죽을 때까지 권력을 휘두르면서 선비족 정부의 반半부족적 조직을 중국식 관료제 정부로 탈바꿈시키는 등 전면적인 개혁에 착수했다. 그녀는 더 많은 한족 관료를 정부의 요직으로 승진시키고 절을 증축했다.

풍 태후의 개혁 가운데 가장 광범위한 영향을 끼친 것은 균전제均田制라는 토지 제도였다. 균전제에 따르면, 모든 토지는 국가에 귀속되지만 국가는 이 토지를 한 가구당 20무(1무는 1/3에이커)씩 할당하여 뽕나무 등 여러 종의 나무를 영구

이 거대한 수호신들은 바로 옆의 여성 보살 좌상을 지키는 역할을 하는 조각상으로, 오늘날 뤄양 인근의 룽먼 석굴 사원에 있는 봉선사奉先寺 중앙 부분에 위치해 있다. 측천무후가 조성한 것으로 알려져 있다. 북위 통치자들은 493년 뤄양으로 천도한 후 룽먼의 절벽에 더 많은 불상을 제작했다. 불상 제작은 당 왕조를 거치면서 400년 넘게 지속되었으며, 결국 이와 같은 자연주의적이고 우아한 조각상들을 탄생시켰다. 폴 로프 소장.

히 재배할 수 있도록 했다. 또한 모든 가구는 (노비를 포함하여) 신체 건강한 남성 1인당 40무, 가구가 소유한 소 1마리당 30무의 농경지를 평생 소유할 수 있었다. 다만 관료의 가구들만이 표준 할당 면적보다 더 많은 토지를 소유할 수 있었

3장. 혼돈의 시대(220-589)

다. 모든 가구는 토지를 충분히 할당받는 대가로 해마다 토지세를 내야 했다. 이 제도는 경작 가능한 모든 토지를 납세 농민들에게 할당함으로써 세금을 내지 않고 무제한으로 토지를 축적하는 행위를 막기 위해 마련된 것이었다. 이는 8세기를 거치면서 실행 가능한 조세 제도로 정착한다.

풍 태후의 의붓 손자 효문제孝文帝는 그녀의 정책을 계승했다. 그는 493년 북위의 수도를 평성에서 뤄양으로 천도하고, 중국의 문화적·정치적 가치를 계속 발전시키기 위해 개혁에 더욱 박차를 가했다. 효문제는 황실 가문의 성을 중국식으로 원元으로 바꾸고, 초기 유가 경전『효경』을 선비족의 언어로 번역했다. 다방면에 걸친 효문제의 개혁에 숨은 주요한 내적 동기는 북위 정권의 시스템 속에 내재되어 있는 전통적인 선비족 군사 귀족의 힘을 억제하는 데 있었는데, 여기에 놀란 장군들이 496년 효문제의 정책에 반발하여 반란을 일으켰다. 효문제는 가까스로 반란을 진압했지만 499년 죽고 말았다. 이때부터 북위는 선비족 장군들, 한족 관료들 그리고 어린 황제들과 그들의 섭정들 간의 음모와 권력 투쟁의 소용돌이에 휩싸이며 빠르게 내리막길을 걸었다. 뤄양은 파괴되었고 534년 북위 왕조는 몰락했다. 이후 일부 장군들이 여러 단명 '왕조들'을 창업했는데, 북제 왕조(552 - 577)와 북주 왕조(557 - 581) 등이 그것이다. 581년 중국식으로 양견楊堅이라는 이름을 가진 한 선비족 장군이 북주로부터 권력을 찬탈하고 수 왕조를 창업했다. 문제文帝(문화적 황제라는 의미)라는 중국식 칭호를 선택한 양견은 몇 년 뒤 남중국으로 군대를 파견했고 589년 북중국과 남중국을 다시 통일했다. 이는 한 왕조가 멸망하고 3세기 반이라는 시간이 지난 뒤의 일이었다.

220-589년의 오랜 분열의 시기는 엄청난 정치적 변화의 시대였다. 북중국에서는 한족과 비한족 유목 민족의 사람과 제도가 민족적·문화적으로 융합되었고, 남쪽에서는 창장 강 유역을 중심으로 한족이 주도하는 완전한 형태의 정치 통합체가 최초로 등장했다. 이 시기에 도교는 철학이자 종교로서 크게 유행했다. 불교는 북중국과 남중국에서 모두 우위를 차지하여 중국의 조각 예술을 최초로 발전시켰으며, 윈강, 룽먼, 둔황 석굴이라는 거대한 석굴을 창조했다. 당시의 역사 기록에 따르면, 5세기 후반 무렵 북중국에 절이 약 6,500곳, 승려가 7만 7,000명이 넘게 있었다. 그리고 6세기 초반 남중국에 절이 2,800곳 이상, 승려가 8만 3,000명이 넘게 있었다고 기록되어 있다.

이 시기에 지식인들은 관료 사회의 의무와 스트레스에서 벗어나 자유로운 은둔적 예술가의 새로운 이상을 발전시켰

3장. 혼돈의 시대(220-589)

다. 시인들은 시 창작의 주요 목적이 도덕적 교훈을 가르치는 것이라는 초기 유가의 이상에서 벗어나 자발성, 창조성 그리고 진술한 감정을 드러내는 표현력을 강조하기 시작했다. 이러한 새로운 예술적 이상은 시, 그림, 서예 분야에서 새로운 발전을 자극했다. 당시의 작가들이 단지 교훈적인 설교로서가 아니라 예술적 창조로서 문학적 이상을 바탕으로 한 중국 문학 선집을 최초로 창조해 낸 것은 결코 우연한 일이 아니다. 소설 분야 또한 새롭게 발전했다. 불교 전도자들이 자신들의 메시지를 전파하는 데에 도덕적인 가르침보다 스릴 넘치는 흥미진진한 이야기가 더 효과적이라는 사실을 깨달았기 때문이다.

이러한 변화의 모든 것은 589년의 중국이 한 왕조 때의 그것과 매우 다른 문명이었음을 의미한다. 당시 중국은 한나라 때보다 훨씬 더 부유하고, 도시적이었으며, 상업화된 나라였다. 한나라가 몰락한 뒤 3세기 반 동안 지속된 번영과 국제 교역 그리고 문화적 창조의 결과, 그 뒤를 이은 수당 시대는 중국 역사를 통틀어 문화적으로 가장 힘차고 풍성한 시기가 되었다.

4장

다시 통일된 제국:
수 왕조(581 - 618)와 당 왕조(618 - 907)

한나라가 멸망한 뒤 3세기 반에 걸친 분열의 시기를 지나는 동안, 남중국의 허약한 왕조들은 강력한 귀족 가문들이 지배하며 중국 문명의 참된 수호자이자 보호자임을 자처하고 있었다. 그들은 자신들보다 더 강력한 북중국의 북위 조정과 그 계승자들을 유가 사상에 무지하고 예의범절과 사회적 위계질서도 모르는 반＊문명적 야만인이라며 경멸했다. 특히 북쪽의 유목 문화권에 사는 여성이 남쪽의 유가적인 가족에 속한 여성보다 훨씬 더 거침없고 자립적이라는 점이 남쪽 사람들의 심기를 불편하게 했다. 그에 반해 북중국 통치자들은 남중국의 정치 제도가 퇴폐적이고 속물적이며 허위로 가득 차 있다고 경멸했다. 이러한 차이와 선입견 때문에 중국을 하나의 통일 제국으로 통합하기 위해서는 군사적 도전 못지않게 문화적 도전에도 맞서기 위한 각고의 노력이 필요했다.

남중국과 북중국을 통합하는 데 성공한 사람은 양견이다. 그는 541년 유목 민족과 한족의 혼혈 가문에서 중국 성을 가지고 태어났다. 북주 왕조의 강력한 무장이었던 양견은 568년 아버지의 수국공隋国公 작위를 물려받았다. 그는 용감하고 탁월한 군사 지도자로, 불교에 대한 신실한 믿음과 군사 지도자로서의 삶 사이에서 어떤 모순도 느끼지 않았다. 양견의 부인은 한족과 흉노 가문의 피가 섞인 매우 저명한 가문 출신의 여성이었다. 그녀는 남편 양견의 협력자 역할을 했다. 두 사람은 양견이 열여섯 살, 그녀가 열세 살 때 결혼했는데, 양견은 첩을 절대 두지 않겠다는 약속을 했고, 그의 부인은 곧이어 그의 가장 친한 친구이자 오른팔이 되었다.

양견은 권력을 장악하는 과정에서 뛰어난 능력을 발휘했지만 운도 따랐다. 그는 가장 훌륭한 장수와 문신을 발굴해 낼 만큼 능력이 뛰어났고, 북주의 타락한 조정의 무능한 친인척과 가신들을 적으로 두었다는 점에서 운이 따랐다. 589년 양견의 충성스러운 군대가 59명의 왕자와 그 가족 등 북주 통치 집단의 대부분을 제거했다. 같은 해에 그는 남중국 진陳 왕조의 수도 건강을 공격하여 창장 강 유역을 정복함으로써 220년 한나라가 몰락한 이후 최초로 남과 북을 하나의 중앙 정부인 수 왕조의 지배 아래 통일하는 데 성공했다.

남과 북을 하나로 묶는 성공적인 왕조를 건설하는 것은 결코 쉬운 일이 아니었다. 전국 시대를 통일한 진나라 때만큼이나 극적이었던 30년 동안 수나라 군대와 정부는 일찍이 전례 없는 고도의 군사적 통일과 정치적 통합을 이룩했다. 양견은 '문화적인 황제'라는 뜻의 문제文帝라는 칭호를 사용했는데, 남과 북을 통합하는 데에는 문화적 요소가 군사적 요소만큼이나 중요하다는 점을 그가 잘 이해하고 있었음을 암시한다. 그는 군대를 효율적으로 조직했을 뿐 아니라 자신의 모든 행위를 유교 경전과 도교와 불교의 신앙과 실천의 관점에서 판단해 줄 유능한 재상들을 곁에 두었다. 그들은 북주 왕조와 건강의 남중국 통치자들이 지은 죄를 낱낱이 밝혀냈고, 천명의 도움으로 이 땅이 평화와 안정, 번영으로 가득 찰 것이라는 확신을 심어 주었다.

수 문제는 북위 왕조 때 시행된 균전제를 제국 전체로 확대했다. 모든 신체 건강한 남성은 매년 한 달 동안 나라를 위해 일했는데, 당시 수나라는 수백만 명의 노동자를 동원하여 북쪽과 남쪽 국경에 장성을 증축하도록 했다. 제국의 미래를 위해 무엇보다도 중요한 것은 대운하 건설이었다. 수십만 명의 노동자를 동원하여 대운하를 건설했는데, 가장 먼저 뤄양과 양저우揚州를 연결하고, 그다음으로 남쪽으로는 항저우杭州, 북쪽으로는 오늘날의 베이징 근처까지 운하를 확장했다. 완공된 운하는 약 3,218킬로미터에 이르렀고, 폭과 깊이가 40보

정도여서 500~800톤의 사람과 짐을 실은 배가 다닐 수 있었다. 대운하는 곡창 지대인 남쪽에서 세금으로 징수되는 곡물을 건조 지대인 북방의 수도로 안정적으로 실어 날랐다.

수 문제는 또한 전한前漢의 수도였던 장안의 옛터에 대규모의 새로운 수도를 건설하라고 명령했다. 이 도시는 사각형의 격자 형태로 설계되었는데, 북쪽의 중심 지역에 황궁을 두었다. 이 U자형 도시의 나머지 부분은 108개의 공간으로 구획되었는데, 그중에서 106곳은 거주지, 2곳은 시장으로 정해져 정부의 엄격한 관리를 받았다. 도시 전체는 반죽된 흙으로 쌓은 5미터 높이의 성벽으로 둘러싸였는데, 동서로 거의 9킬로미터, 남북으로는 8킬로미터가 넘게 뻗어 있었다. 장안은 수 문제가 살아 있을 때까지만 해도 비교적 빈 공간이 많은 도시였지만, 이후 한 세기 만에 세계에서 가장 크고 위대한 도시가 되었다.

602년 부인이 죽자 문제는 급격히 유약해지더니 외로움에 빠져들었고, 결국 604년 병으로 죽고 말았다. 그의 후계자는 둘째 아들 양광楊廣이었다. 그의 어머니는 자식 중에서 양광을 가장 아꼈는데, 그가 형제 중에서 가장 독실한 불교 신자이며 성적으로도 덜 문란해 보였기 때문인 측면이 컸다. 그래서 훗날 수나라 양제煬帝가 된 양광이 유가 계열 역사가들에게 그의 아버지와는 정반대로 천명을 상실한 '최악의 황제'라는 평가를 받게 된 것은 무척이나 아이러니하다. 분명 속사정이야 이보다 더 복잡하겠지만, 양제가 권력을 잡은 지 10년 만에 수 왕조가 몰락한 것만은 부정할 수 없는 사실이다.

수 양제는 612년 육상과 해상에서 동시에 고구려에 대한 대대적인 군사 원정을 단행했지만 실패로 끝났다. 양제는 패배를 인정할 수 없었고 미련을 버리지 못했다. 613년과 614년 두 차례에 걸쳐 다시 고구려에 대한 대대적인 공격을 감행했지만, 이번에도 두 번 모두 패배하고 말았다. 수 왕조는 이 무익한 전쟁을 치르기 위해 백성에게 과도한 세금을 징수하다가 민심을 잃었고, 정부의 허약한 꼴만 드러내고 말았다. 고구려를 침략하기 전까지만 해도 수나라의 동맹국이었던 한 북방 유목 민족이 615년 수나라 군대에 반기를 들었고, 황제를 거의 사로잡았을 뻔했다가 놓쳤다. 많은 수나라 장군이 양제처럼 희망 없는 전쟁에만 몰두하는 군주를 따르는 것은 아무런 실익이 없다고 판단했고 결국 내전이 일어났다.

617년 북중국의 장군 가운데 한 사람(이자 수 양제의 사촌)인 이연李淵이 군대를 이끌고 수나라에 반란을 일으켜 단숨에 수도 창안을 점령했다. 이연은 반란을 일으킨 지 6개월 만에 새로운 왕조 당나라를 건국하고 북중국에 있는 여러 경쟁 세력을 정복해 나갔다. 그의 군대는 621년 수나라 제2의 수도 뤄양을 점령하고 624년 창장 강 유역의 주요 도시들을 차지했다. 626년 이연의 야심에 찬 아들 이세민李世民이 아버지를 투옥시키고 황태자를 포함한 두 명의 형제를 죽인 뒤 스스로 황위에 올랐는데, 그가 바로 당 태종이다. 628년 국내의 나머지 저항 세력이 모두 제거되었지만, 당 태종은 제국의 북쪽과 서북쪽 국경 너머에 있는 강력한 유목 민족인 거란과 동돌궐東突厥에 맞서 계속 싸워야 했다. 돌궐突厥에 군사적 승리를 거두고 전략적 동맹을 맺은 당 태종은 스스로에게 '천가한'天可汗이라는 칭호를 부여하고, 이어서 중국과 돌궐 사이에 맺은 동맹 관계를 중앙아시아의 여러 도시와 실크 로드의 오아시스 도시로 확대해 나갔다. 그리하여 7세기 중반 당나라의 세력권을 저 멀리 서쪽의 카불, 카슈가르, 사마르칸트까지 확대할 수 있었다.

당 태종의 치세는 626–649년이었다. 그는 한나라보다 더 넓은 영토를 차지하고 새로운 왕조를 반석 위에 올려놓음으로써 수 양제가 실패한 과업을 이룩하는 데 성공했다. 당 왕조는 한 왕조처럼 선행자들이 마련한 제도를 그대로 유지하는 한편, 더욱 탄력적이고 효과적으로 운영했다. 수나라 지배층은 남쪽에 있는 귀족 가문의 권력을 약화하기 위해 그들을 북

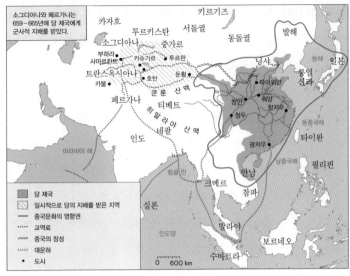

당 왕조 (618-907)

부의 수도 장안으로 강제 이주시킨 적이 있었다. 수나라는 당나라가 계승한 '회피제'回避制를 신설했는데, 이는 관료들이 고향에서 관직에 종사하지 못하도록 하는 제도였다. 이 제도가 시행되자 지역 엘리트들은 자신들의 관직을 남용하여 사사로이 자기 가족에게 이로운 행위를 할 수 없게 되었다. 북위 때 북중국에서 처음 시행하고 수나라 때 남중국까지 확대된 균전제 역시 당 왕조에서 계승했다. 그리고 당나라 조정은 수나

라와 마찬가지로 두 가지 군사 제도를 계속 유지했다. 즉 유사
시에 농민을 군대로 동원할 수 있는 병농 일치의 부병제와 급
여를 주고 직업 군인을 충당하는 모병제가 그것이었다.

당 태종은 황위를 빼앗는 과정에서는 매우 무자비했지만,
유능하고 충성스러운 관료를 선발하는 데에는 철두철미한 성
격의 소유자였다. 게다가 자신을 비판하는 사람들을 격려하
고 받아들였으며 그들에게 가르침을 구할 줄도 알았다. 그는
동북쪽의 한국과 만주에서부터 길고 긴 북쪽 국경을 거쳐, 타
림 분지에서 중앙아시아의 서쪽 끝 페르시아에 이르기까지
제국의 북쪽 국경을 안정시켰다. 그리고 동남쪽에 있는 오늘
날 베트남의 선조 안남에서 서남쪽에 있는 티베트에 이르기
까지 남쪽 국경도 안정시켰다. 군사적으로 승리한 지역과는
전략적 동맹을 맺어 잠재적인 적대 세력을 중립화할 수 있었
다. 당나라 지배층은 그 당시를 기준으로 세계에서 가장 큰 제
국을 창조해 냈다. 이는 당나라 초기 강력한 중앙 정부가 확
고한 조세 기반을 바탕으로 국고를 튼튼히 했고, 계속 번영을
누리던 창장 강 유역이 대운하를 통해 북쪽의 수도와 긴밀히
연결되었기에 가능했다.

당 태종은 제국 전체에 자신의 강력한 의지를 관철하기 위
해 653년 포괄적인 법률을 제정했다. 15년마다 개정하기로

되어 있었던 이 법률은 당나라의 법률, 즉 당률唐律이었다. 당률은 중국에서 가장 오랫동안 유지된 완정한 형태의 법률이다. 진나라와 한나라의 법률을 계승 발전시킨 당률은 일반 원칙과 처벌 항목을 명문화한 500개의 매우 세세한 조항으로 구성되어 있었다. 당률은 보편적으로 적용되었으나, 사회적 신분 질서에 대한 유가의 이상에 따라 처벌 수위는 범죄자의 사회적 신분과 지위에 따라 달라졌다. 가벼운 곤봉이나 채찍으로 열 대를 때리는 것에서부터 무거운 곤장으로 100대를 치는 것에 이르기까지, 그리고 변방으로의 유배에서 처형에 이르기까지 처벌 수위가 여러 단계였다. 유가의 가치를 유지한다는 차원에서 자식을 때린 아버지는 처벌을 받지 않았지만, 아버지를 때린 아들은 엄벌을 받았다. 당률은 당대부터 20세기에 이르기까지 모든 후속 왕조에 법 제정의 모델이 되었다.

20세기 초에 매우 극적인 고고학 발굴이 한 차례 이루어졌는데, 이를 통해 학자들은 당나라의 세력 범위가 제국의 중심에서 매우 멀리 떨어진 변방에까지 미쳤다는 사실을 밝혀냈다. 실크 로드가 시작되는 지점인 둔황에서 봉인된 동굴이 하나 발견되었는데, 여기에는 당대에 작성된 수백 장의 문서가 잘 보존되어 있었다. 문서의 상당수가 불경이었지만, 당시에는 종이가 귀했기 때문에 이미 다른 용도로 사용된 종이의 뒷

면에 필사된 경전도 있었다. 그 종이 중에는 계약서, 차용증, 노비 또는 토지의 매매 계약서, 이혼, 양자 또는 가족 상속 서류 등이 포함되어 있었다. 또한 둔황에서 발견된 수많은 정부 문서는 당나라 조정이 그렇게 멀리 떨어진 변방 지역의 물가를 어떻게 통제했는지, 그리고 모든 백성에게 토지를 할당하는 균전제를 시행하기 위해 토지 문서, 매매 증서, 양도 증서에 대해 얼마나 세심한 부분까지 신경 썼는지를 잘 보여 준다.

당나라는 중국의 왕조 가운데 가장 국제적인 나라였다. 당나라 창업 가문인 이씨는 수나라 창업 가문인 양씨처럼 선비족 등 북쪽과 서쪽의 여러 유목 민족 가문과 오랫동안 혼인 관계를 맺어 왔다. 당나라의 평화와 번영, 당나라 조정의 이국적 뿌리 그리고 당나라 군대가 중앙아시아에서 이룩한 안정 덕분에 당나라는 전례 없는 국제 교역의 시대를 열 수 있었다. 실크 로드는 당 왕조 때 전무후무한 번영을 누렸고, 남아시아와 동남아시아에서 온 아라비아의 바다 상인들의 활약으로 동쪽 해안에서 교역이 번성했다. 당나라 수도 장안은 세계에서 가장 거대한 전 지구적인 교차로였다. 인도, 일본, 한국, 티베트의 불교도들, 페르시아의 성직자, 네스토리우스 기독교도, 조로아스터교도 등 수많은 종교인은 물론이고, 유대인, 아라비아인, 인도인뿐 아니라 돌궐인, 위구르인, 소그드인까

대진경교유행중국비

지 세계 각지에서 온 상인들도 장안을 근거지로 삼아 활동했다. 타슈켄트에서 온 공연단과 한국과 동남아시아에서 온 악사들도 있었으며, 장안에서 가장 인기 있는 음악은 중앙아시아 음악이었다.[1]

불교에 관한 것이라면 무엇이든 성취하고야 말겠다는 강렬

춤추는 여성을 묘사한 인형

한 열정이 사회 전반에 널리 퍼져서 중국과 인도 간 교역이 당 나라 초기에 전례 없이 번성했다. 7 - 8세기경 인도 조공 사절 단이 40차례에 걸쳐 당 조정을 방문했는데, 황제에게 바칠 선 물을 가지고 와서는 진주, 강황, 사리(특별한 효능이 있다고 알려진 것 으로 불교 성인을 화장한 뒤에 나오는 물질), 향, 향로, 기타 불교 용품들을 중국산 비단, 자기, 모피, 복숭아, 장뇌 등과 교역할 수 있는 권리를 보장받았다. 반대로 중국인 순례자와 상인들은 인도에 가서 인도인 사이에서 도교의 원리를 선전하거나 불경, 아유르베다 의학◆에 대한 정보를 얻거나 인도의 불사약을 구하기도 했다.

당나라는 중국사에서 불교가 가장 발전한 시대로 알려져 있다. 수나라와 당나라의 통치 가문 모두 자신들은 불교의 전파에 헌신한 보살이며, 두 왕조 모두 사찰과 도량의 토지에 아낌없는 선물과 면세 혜택을 부여함으로써 불교를 후원했다고 주장했다. 두 왕조의 통치 가문은 북위 왕조의 뒤를 이어 뤄양 외곽 지역의 룽먼에 있는 석회암 절벽과 동굴에 기념비적인 불상을 계속 조각했다. 불교는 엘리트층과 일반 백성 사이에 비록 신앙의 방식에는 차이가 있었지만 널리 대중화되었기 때문에 수나라와 당나라의 지배층이 모든 사회 계층을 포섭하는 데 대단히 유용한 통치 수단이었다.

당 태종의 치세 동안, 가장 유명한 중국인 불교 순례자는 현장玄奘이었다. 그는 17년 동안 중앙아시아의 사막과 히말라야 산맥을 거쳐 인도를 여행하고 돌아왔다. 그는 귀중한 불경들을 무사히 가져왔으며, 중국인에게 불교의 주요 종파에 대해 명쾌하게 설명해 주었다. 현장의 여행은 중국 소설 『서유기』

◆인도의 전통적인 생명 의학. 아유르는 '장수', 베다는 '지식'이라는 뜻이다.

현장이 불경 보관을 위해 세운 대안탑　　　　　현장취경도

를 통해 영원한 생명력을 얻었다. 16세기에 등장한 이 소설에는 민간전승, 시 그리고 상상력 가득한 이야기가 중국 정부, 사회, 종교에 대한 가볍고 재미있는 풍자 속에 담겨 있다. 『서유기』는 중국에서 매우 유명한 소설 가운데 하나다. 현장의 재미있는 모험담은 지난 수세기 동안 오페라와 연극으로 만들어졌으며 오늘날에는 만화와 TV 드라마 등 다양한 장르로 인기를 끌고 있다.

8세기 무렵 불교는 중국인의 일상생활에서 거의 모든 요소와 융합되었고, 주요한 종파와 교리, 가르침을 자체적으로 갖춘 완전히 중국적인 종교로 탈바꿈했다. 실크 로드의 출발점 둔황에는 13곳의 도량이 있었는데, 이 지역 전체 인구 중 거의 열에 한 명 꼴로 도량에서 거주했다. 북위부터 시작하여 당 왕조 전반기에 거쳐 불교 장인들은 둔황에서 천불동千佛洞을 창조했다. 천불동에는 500개의 석굴 사원이 있는데, 회반죽으로 바른 벽이 조각상과 그림으로 가득 채워져 있다.

글을 모르는 대중 사이에서는 정토종淨土宗이 유행했다. 정토종은 아미타불(무량수불)에게 아마타불이 살고 있는 서방 정토에서 다시 태어나게 해 달라고 간절하게 빌면 아미타불이 소원을 들어줄 것이라고 신도들에게 약속했다. 엘리트층은 천태종天台宗에 훨씬 더 경도되어 있었다. 천태종은 6세기 천태종의 개창자 지의智顗가 거주하면서 저술 활동을 벌인 천태산의 이름을 딴 종파다. 중국인이 지닌 보편성과 질서에 대한 전형적인 관심을 전제로 하여 지의는 모든 종파가 다양한, 하지만 상이한 의미와 의도를 지니고 있다는 전제 아래, 당시까지 알려진 모든 종파의 불교 이론과 실천을 하나의 복합적인 전체로 통합하여 체계적인 이론을 완성했다.

지식인 엘리트층 사이에서 가장 유행한 불교 운동은 선불교로 발전했다. 참선을 의미하는 선禪은 서양에서는 일본어 발음을 따라 '젠'Zen으로 알려졌다. 선불교는 깨달음의 가르침을 뜻하는 달마라는 인도의 괴짜 승려에 의해 6세기 중국에 소개되었다. 그의 주장에 따르면 모든 사람은 부처의 본성, 즉 불성을 지니고 있으며, 자신이 지니고 있는 불성을 완전히 깨달을 수 있는 유일한 효과적인 방법은 참선을 하는 것이다. 선불교는 중국에서 빠르게 자리 잡았고, 다양한 측면에서 철학적 도교의 요소를 불교와 결합시켰다. 선불교 사찰은 보통 아름다운 산속에 세워졌으며, 자연의 평화로움이 참선에 도움이 될 수 있도록 격조 높은 정원이 꾸며졌다. 달마를 추종하는 선불교 스승들은 "도는 나무를 하고 물을 나르는 데 있다"라고 강조했다. 이는 종교적 삶의 진실은 의례적이고 호화로운 상징물이나 예술품에 있는 것이 아니라 나날이 반복되는 일상에 있음을 의미하는 것이다. 선불교는 자연스러움과 자연에 대한 사랑을 강조함으로써 당대 이후 중국에 위대한 시와 그림 작품이 더 많이 창조되는 데 크게 기여했다.

불교의 경제적 영향력 역시 종교적, 예술적 영향력에 못지않았다. 절은 기금 모금, 대금업, 전당포 경영, 밀가루 제분, 기름 짜기 그리고 여행자들이 적정한 이용료를 내고 따뜻한 음식과 잠자리를 제공받을 수 있는 세계 최초의 호텔 경영에 이르기까지 다양한 경제 활동을 벌였다. 불교는 또한 종교 용품을 매매하는 시장을 활성화했고, 불교 순례 여행과 축제는 관광업의 발전을 촉진했다. 경매, 복리複利를 보장하는 예금, 주식 지분과 채권 매매 등은 모두 사찰과 도량의 경영에서 유래했다.[2]

당대 외국의 영향이 얼마나 컸는지를 보여 주는 하나의 중요한 지표가 불교의 유행이라면, 또 하나의 지표는 여성의 사회적 지위가 비교적 향상되었다는 점이다. 북중국의 유목 사회에서 여성은 남성만큼이나 말을 많이 탔고, 남성이 멀리 떨어진 목초지에 가서 가축을 기르는 동안, 여성은 자연스럽게 가정의 살림살이를 맡았다. 당나라 그림에 보면, 강건하고 심지어는 오동통하며 뺨이 불그스레하고 풍채가 당당한 여성들을 볼 수 있는데, 이는 중국 여성이 정장 차림을 한 점을 제외하면 유럽의 르네상스 당시 여성의 아름다움을 묘사한 그림을 떠올리게 한다. 또한 우리는 말을 타거나 심지어는 마구馬球(polo)를 즐기는 상류층 여성을 그린 그림도 볼 수 있다.

당나라 엘리트 사회에서 여성의 지위가 비교적 높았다는 것은, 중국 역사상 가장 강력한 여성이 (이름은 조曌이며 무측천武則天으로 잘 알려져 있는) 당나라의 측천무후則天武后였다는 사실과도 무관하지 않다. 그녀는 열세 살이던 640년경 당 태

8세기 회화 작품을 20세기에 모사한 것으로, 당나라 궁정 여성이 '나방 모양 눈썹'을 바르고 꽃으로
만든 머리 장식을 한 채 애완견과 노닐고 있다. 당나라 중기에서 말기까지의 궁중 회화는 여성을
풍만하고 활동적으로 묘사한다. 이 점은 송나라 이후에 여성적인 아름다움을 지닌 마르고 연약하고
다소곳한 모델을 그린 것과 대조적이다.

4장. 다시 통일된 제국: 수 왕조(581-618)와 당 왕조(618-907)

종의 후궁으로 황궁에 들어왔다. 649년 당 태종이 죽자 그의 후궁들은 모두 머리를 깎고 비구니가 되어야 했다. 하지만 무조武曌는 자신에게 주어진 운명을 거부하고 황궁으로 돌아와 어린 황제 고종高宗의 낮은 신분의 후궁이 되었다.

652년 말 무조는 황제의 아들을 낳고 높은 신분의 후궁이 되었다. 그러고 나서 몇 년 만에 고종은 왕王 황후를 내쫓고 무조를 황후로 삼았다. 무조를 비난하는 이들에 따르면, 무조는 왕 황후가 자신(무조)의 딸을 죽였다고 무고했으며, 황제를 죽이려 했다고 다시 한 번 무고했다고 한다. 어쨌든 656년 무조는 황후가 되었고, 660년 고종이 첫 번째 발작을 일으킨 뒤 조정의 실권을 장악하기 시작했다.

측천무후는 자신의 측근으로 일할 학자들을 등용했고, 666년 궁녀들과 함께 천제天際를 지냈다. 여성이 조정의 제의에 참여한 것은 전례가 없는 일이었다. 674년 황제와 황후는 제국의 통치에서 동등한 지위를 지닌다는 점을 암시하는 새로운 칭호, 즉 천황天皇과 천후天后를 채택했다. 이에 대해 조정 내에서 반대 움직임이 가시화되자 그녀는 자기 아들 둘을 포함하여 수많은 관료를 처형하는 등 반대 세력을 가차 없이 숙청했다. 683년 고종이 죽자 무조의 열일곱 살 난 아들이 중종中宗 황제가 되었고, 그녀는 황제의 섭정으로서 조정의 실권을 장악했다. 그러나 젊은 황제 중종이 황위에 오른 지 6주 만에 어머니의 권력에 도전하자 그녀는 중종을 내쫓고 그의 아우인 예종睿宗 황제를 즉위시켰고, 예종이 국가의 정책 결정에 관여하지 못하도록 별궁에 감금해 버렸다.

무조는 황자들의 반란을 신속하게 진압한 뒤 690년 자신이 직접 권력을 장악하고 천명을 받들어 새로이 주周 왕조를 창업했다.

측천무후의 주 왕조는 그녀가 80세가 넘어 몸이 쇠약해질 때까지 15년 동안 지속되었다. 705년 그녀는 권력을 아들 중종에게 다시 물려주어야 했고, 그로부터 몇 달 뒤 세상을 떠났다. 그녀의 성적 일탈 행위와 그녀가 정적에게 가한 잔혹한 처벌에 대한 끔찍한 이야기들이 나돌았음에도 불구하고, 무조를 비판한 사람들조차도 그녀가 용좌를 차지했던 다른 수많은 남성보다 더 유능한 통치자였음을 인정하지 않을 수 없었다. 무조는 관료 선발 제도를 활성화하여 조정에 새롭고 더 유능한 인재를 등용했고, 당나라 귀족 사회에 깊이 뿌리내리고 있었던 일부 가문의 권력을 제거함으로써 황제 권력을 강화시켰다. 유가 계열의 남성 역사가들이 측천무후의 중대한 경력에서 도출해 낸 주요한 교훈은, 한 아름다운 여성이 잔혹한 권력을 행사하여 나약한 남성들을 조종했고, 여성이 남성

건릉(무측천의 무덤) 무자비

에게 복종해야 하고 그 반대가 되어서는 안 되는 '자연스러운' 사회 질서를 파괴했다는 사실을 남성 통치자들이 결코 잊어서는 안 된다는 것이었다. 그녀는 하나의 부정적인 사례로 간주되었음에도 불구하고, 고종의 옆에 묻힌 채 오늘날에도 관광객들을 맞이하고 있다.

당 왕조의 치세는 705년 공식적으로 재개되었다. 그러나 712년 측천무후의 손자 현종玄宗이 황위에 올라 조정을 안정시킬 때까지 당파 간 권력 투쟁으로 혼란 양상이 지속되었다. 712년에서 756년에 이르는 현종의 긴 치세는 당나라의 국력과 문화가 최고 정점을 찍었을 뿐 아니라 기나긴 고통의 내리막길이 극적으로 시작된 시기였다. 현종은 위대한 중국 황제라면 지녀야 하는 미덕을 모두 갖추고 있는 것 같았다. 그는 성실한 통치자와 훌륭한 지식인의 풍모를 동시에 지닌 성인 군주였다.

현종의 조정은 당 중기에 고급문화의 중심지가 되었다. 그는 학교와 도서관을 세우고, 정교하고 아름다운 국가 의례를 주관했으며 시인과 예술가들을 후원했다. 그러면서도 공정한 조세 제도를 마련하고 조정의 지출을 억제하며 변경 지역의 사회 질서와 평화를 유지하는 일 또한 결코 소홀히 하지 않았다.

그러나 현종의 조정 내에서 국가 의례가 치러지고 지적인 토론이 전개되고 화려한 연회가 베풀어지는 와중에 몇 가지 위험 징후가 수면 위로 떠오르고 있다는 사실을 눈치채기란 결코 쉽지 않았다. 현종이 저지른 더 큰 과오는, 그가 치세의 후반에 양귀비楊貴妃라는 아름다운 후궁을 너무나도 사랑한 나머지, 나라가 맞닥뜨린 문제들을 경시한 채 그녀의 친인척에게 온갖 특권과 권력을 부여하기 시작했다는 것이다. 현종은 자신이 좋아하는 시, 그림, 음악, 춤을 함께 나눈 이 젊은 후궁을 기쁘게 하기 위해서라면 무엇이든 다 했다. 그녀는 비한족 계(투르크계 소그드인) 장군 안녹산에게 매혹되었다. 안녹산 은 오늘날의 베이징 인근 지역에서 대규모 군대를 보유하고 있었다. 양귀비는 안녹산이 16만 군대의 수장이 될 수 있도록 도와주었는데, 이는 한 사람의 장군이 제국 내에서 보유할 수 있는 가장 큰 규모의 군대였다. 왕조가 점차 허약해져 가고 있 다는 사실이 극적으로 드러난 것은 751년이었다. 당나라 군대 는 그해에 오늘날 윈난성雲南省이 있는 중국 서남부♦와 중앙 아시아 서쪽 끝의 전초 기지♦♦, 한국과 접한 동북쪽 국경 지 대에서 동시에 군사적 패배를 맛보았다.♦♦♦

설상가상으로 장시간 동안 현종을 보좌하며 10년이 넘게 조정을 쥐락펴락했던 재상♦♦♦♦이 752년에 죽자 수도의 다 양한 파벌 사이에서 새로운 긴장이 조성되었다. 양귀비의 수 많은 친인척은 황제와의 관계를 내세워 권력을 장악하고 조 정에 영향력을 행사해 왔지만, 안녹산의 군사력이 두려웠던 나머지 그를 숙청하기 위해 음모를 꾸몄다. 755년 황제가 안 녹산에게 수도에서 열리는 혼례식에 참석하라고 했지만, 그

♦남조南詔를 공격했다가 패한 사건을 말한다. ♦♦고선지가 참여한 탈라스 전투의 패배를 말한다. ♦♦♦당나라의 안녹산이 거란과 전투를 벌여 패한 사건을 말한다. ♦♦♦♦이임 보李林甫를 말한다.

당 현종과 양귀비가 온천을 즐기던 화청지

는 함정임을 깨닫고 응하지 않았다.

4개월 뒤 안녹산은 자신의 군대를 이끌고 반란을 일으켰다. 그는 '동도'東道 뤄양을 신속하게 점령한 뒤 그곳에서 스스로 황제임을 선언했다. 756년 7월 반란군은 수도 장안의 턱밑까지 이르렀고, 현종과 그의 '귀한 아내' 양귀비는 몸을 피하기 위해 장안을 떠나야 했다. 그들은 소수 부대를 이끌고 남쪽으로 향했지만, 피난 이틀째 장안에서 약 64킬로미터 떨어진 곳에 도달했을 무렵, 부대의 군사들이 하극상을 일으켜 황제가 양귀비를 처형하지 않으면 한 발자국도 움직이지 않겠다고 위협했다. 군사들은 자신들의 요청이 정당하다고 주장한 뒤, 안녹산의 반란으로 이토록 위험을 무릅쓴 피란을 하게 된 것은 양귀비와 그녀 가문 때문이라고 비난했다. 황제는 슬픔에 잠긴 목소리로 자신의 아름다운 후궁을 교살하라고 환관에게 명령했다. 비탄에 잠긴 황제의 행렬은 남쪽으로 여정을 계속해 나갔고 반란군의 위험에서 벗어날 수 있었다.

757년 안녹산이 부하에게 암살을 당하자 그의 군대는 두 개의 파벌로 분열되어 자기들끼리 싸우기 시작했다. 당 조정은 당시 현종의 아들 숙종肅宗이 이끌고 있었는데, 대부분 중앙아시아에서 온 아라비아인과 위구르인 용병들로 군사를 보강했다. 757년 중반 숙종의 당나라 부대는 장안을 탈환하는 데 성공했다. 그럼에도 불구하고 반란군의 잔여 세력은 계속 저항했고, 763년 최후까지 살아남은 반란군의 장수가 자결하고서야 완전히 소멸했다. 당 조정은 평화를 되찾은 대신 일정한 대가를 치러야 했다. 반란에 가담한 이들을 사면하고, 반란을 일으킨 장군들에게는 일부 지역을 넘겨주었던 것이다.

안녹산의 반란은 당 조정의 지배력이 자국과 이웃 나라에 더는 미치지 못하게 되었음을 의미한다. 많은 농민이 전투 지역에서 도망쳐 나오는 바람에 세금 납부자 명단이 삼분의 이

양귀비 묘

만큼 줄어들었다. 국고는 바닥이 났고 균전제는 무용지물이 되었다. 지방 군벌◆들은 점차 독립하여 자신들이 거둔 조세 수입을 중앙 정부에 보내지 않았고, 수도에서 하달하는 명령에도 복종하지 않았다. 8세기 강력한 제국으로 성장한 티베트는 763년 가을 당나라에 쳐들어와서 창안을 약탈했다. 이는 당나라 후기의 전형적인 패턴이었다. 북쪽과 서쪽 변경의 유목 민족은 중국이 자기 방어를 위해 구입하려는 말에 대해 터

◆번진藩鎭이라고 한다.

무니없이 비싼 값을 요구하기 시작했다. 그들은 침략하지 않는 대가로 당 조정에 보상금을 요구했고, 자신들의 요구가 받아들여지지 않으면 보복에 대한 아무런 두려움도 없이 중국의 도시들을 약탈했다.

당 왕조의 정치적·군사적 힘이 오랜 시간 동안 서서히 약화되었음에도 불구하고, 당나라의 사회와 경제는 계속 번영을 누렸다. 8세기 중반의 전쟁으로 조세 체계에 구멍이 생기자, 조정은 조세 수입을 늘리기 위해 소금에 세금을 매기기 시작했다. 하지만 다른 분야의 상업에 대해서는 세금을 부과하지 않았고, 그 결과 상업은 발 빠르게 성장했다. 특히 남아시아, 동남아시아와의 국제 교역과 해상 교역의 성장세가 두드러졌다. 당나라 후기에는 중앙아시아의 유목 민족들이 중국 비단이나 자기를 가지고 서쪽으로 가는 실크 로드의 상인이나 보석, 향신료, 말, 직물을 가지고 중국으로 향하는 상인들을 대놓고 습격하는 일이 잦아졌다. 그러나 중국과 인도 간 교역은 중국 동남 해안에서 동남아시아 여러 섬을 돌아 버마를 거쳐 인도로 가는 해상 교역이 발전함에 따라 계속해서 번영을 누렸다. 중국 남쪽의 항구 도시 광저우는 인도, 페르시아, 자바, 말레이, 참족, 크메르, 아라비아 상인으로 넘쳐났다. 그들은 향기 좋은 열대산 목재, 약품, 향료, 향을 가지고 와서 비단,

자기, 심지어는 노예를 사 가지고 돌아갔다.[3] 이와 같이 교역이 번성한 결과, 인도에서 온 후추는 당시 중국의 식탁에 흔히 오르는 향신료가 되었고, 많은 중국인이 남아시아와 동남아시아에서 생산된 정향, 알로에, 벤조인, 사프란, 백단향 등의 향신료를 조미료나 의약품으로 사용했다.

인도, 동남아시아와 해상 교역이 번성하자 8세기와 9세기에 중국 중부와 남부가 점차 번영을 누렸다. 742년 정부의 인구 통계에 따르면, 당시 전체 인구(6,000만 명 정도로 추정)의 절반이 남중국에 거주했다. 대운하는 중국 대륙의 상업 경제를 통합하는 데 기여했다. 그 덕분에 장안과 뤄양에 있는 당 조정은 남중국의 풍부한 부를, 주로 곡물과 비단의 형태로 공급받을 수 있었다. 차 역시 국내 상업의 주요 대상 품목이었다. 저 멀리 서남쪽 지방에서 생산되기 시작한 차의 음용은 중국 전역으로 퍼져 나갔고, 당나라 중기에는 누구나 즐기는 대중 음료가 되었다. 차는 끓인 물을 사용했기 때문에 차의 사용은 대중 건강에도 도움이 되었고, 당나라와 그 후의 급속한 인구 증가에도 기여했다.

당대를 거치는 동안 사찰은 부의 중심지가 되었다. 면세 혜택을 받는 토지를 대규모로 소유했고, 값나가는 종교 예술품을 많이 보유하고 있었기 때문이다. 이렇게 면세 혜택을 받는 토지를 기반으로 삼은 승려는 26만 명에 이르렀던 것으로 추산되며, 노비도 10만 명 정도가 있었다. 845년 무종武宗 황제는 절과 사당의 재산을 몰수하라고 명령했다. 각 현마다 절을 하나씩만 남겨두고, 수도 두 곳(장안과 뤄양)에는 각각 네 개의 절만 남겨두었다. 이렇게 해서 살아남은 절도 승려를 각각 30명까지만 둘 수 있었고, 나머지 인원은 모두 환속하여 종교 시설의 지원을 받을 수 없도록 했다. 무종은 폐사된 사찰에 있는 청동 종과 청동 불상을 거둬들여 동전을 주조하게 하고, 철조 불상은 녹여서 농기구를 만들라고 명령했다. 금, 은, 옥으로 만든 값나가는 물품들은 호부戶部로 귀속시켰다. 846년 무종이 죽자 그 뒤를 이은 황제가 불교 탄압을 중단시켰지만, 일 년도 채 안 되는 시간에 수많은 불교도의 재산이 이미 국가에 몰수된 상태였고, 불교는 당나라 초기와 중기에 누렸던 권세를 결코 다시는 회복하지 못했다.

당 왕조는 860년경부터 내리막길을 걷기 시작했다. 지방 군벌들이 중앙 정부로부터 점차 독립했고 도적들이 온 나라를 활보했기 때문이다. 가장 큰 반란은 황소黃巢의 난이었다. 황소는 과거 시험에 낙방하고 실직한 학자였다. 879년 황소의 군대는 남중국의 항구 도시 광저우를 장악하고, 881년 수도 창안을 향해 곧바로 진격했다. 그의 군대는 잔학무도하고 규율이 엉망이어서 883년 결국 정부군에 패하여 수도 밖으로 내몰렸다. 황소는 많은 이들을 휘하로 포섭함으로써 당 조정이 얼마나 허약한지를 증명해 보였다. 당나라는 결국 907년에 멸망하고 말았지만, 사실 그것은 적어도 30년 전 당 왕조가 모든 통제력을 상실했을 때부터 이미 예고된 결말이었다.

당 왕조는 비록 명예롭지 못한 최후를 맞이했지만, 오랜 시간 동안 중국사에서 가장 위대한 시대로 평가받고 있다. 700년대 장안은 인구가 200만 가까이 되는 세계에서 가장 규모가 큰 도시였다. 장안은 아시아 각지의 상인, 외교관, 종교 순례자를 끌어당기는 자석과 같았다. 정치 조직, 경제적 번영, 문화적 화려함의 측면에서 보면, 8세기 초의 당 왕조는 세계 최고의 제국이었다. 6세기의 유스티니아누스 황제와 800년대의 샤를마뉴 대제가 로마 제국의 영토와 경계를 회복하려 했으나 실패한 유럽과 대조적으로, 당나라는 영토, 중앙의 통제력, 번영, 문화적 화려함 등의 측면에서 대제국 한나라를 가볍게 뛰어넘었다. 한국, 일본, 베트남은 나라마다 정도의 차이는 있지만, 수도의 건설, 유가의 정치 철학, 불교의 종파, 불교 예술과 건축, 의학적 전통, 한자 등 여러 방면에서 당 제국으로부터 직접적인 자극을 받았다. 신라 유학생들은 장안에 머물면서 중국 문화를 최대한 많이 흡수하기 위해 노력했다. 8세기 일본은 당나라 수도 창안을 모델 삼아 정부 조직을 개혁하고 교토에 영구적인 수도를 건설했다.

당나라 하면 딱 떠오르는 예술 장르가 하나 있는데 바로 시다. 시는 중국의 문화 장르 중에서 진실한 감정을 가장 솔직하게 드러내는 것으로 알려져 있다. 저녁 식사나 연회 자리에서 주인과 손님이 멋진 시를 주고받곤 했다. 남성은 '작업을 걸기' 위해 글을 아는 기생 또는 정부情婦와 경박한 내용의 시를 주고받았는데, 그 결과에 따라 작업의 성공 여부가 결정되었다. 사람들은 시의 형태로 일상을 기록하거나 편지를 썼고, 눈물 어린 시로 벗과 작별 인사를 나누기도 했다.

『전당시』全唐詩는 8세기 초에 나온 시 모음집으로, 당나라 때 2,200여 명의 시인이 쓴 4만 8,900여 수의 당시唐詩가 수록되어 있다. 당나라 이래로 교육받은 사람이라면 누구나 글을 쓰고 읽고 시를 감상할 수 있어야 했다. 과거 시험을 준비하는 젊은 남성은 가장 먼저 시를 공부했는데, 『당시 300수』를 모두 암송했다. 『당시 300수』는 당나라의 위대한 시인들의 작품을 엄선하여 엮은 책이다.

중국 역대 시인들 가운데 비평가 대다수가 가장 위대한 시인으로 인정하는 두 사람은 이백李白과 두보杜甫다. 두 사람은 중국 시의 음과 양 또는 중국적 정신세계의 도가적 측면과 유

이백 초상 　　　　　 두보 초상

가적 측면을 대표한다. 이와 같은 성격 규정은 지나친 단순화
이긴 하지만, 비평가들은 두 위대한 시인 사이의 대척점을 포
착한다. 이백은 인위적인 노력 없이도 훌륭한 시들을 단숨에
짓는 태평한 천재라는 자기 이미지를 의도적으로 창조해 냈
다. 그는 자유로운 영감을 지나치게 구속한다며 시의 규칙성
을 모두 파괴했다. 그는 자신이 명성이나 관료적 지위에 아무
런 관심도 없으며, 훌륭한 시를 후대 사람들에게 글로 남기는
것도 좋지만 그보다는 차라리 급류에 처넣어 버리고 싶어 한
다는 인상을 사람들에게 심어 주고 싶었다. 이백은 유가적 사
고방식으로 사회적 병폐와 부조리를 비판할 수도 있었을 것
이다. 하지만 자연의 미와 벗과 나누는 술 한 잔의 즐거움을

두보 초당

찬미하는 쪽을 더 선호했다. 이백의 시는 중국 역대의 다른 어떤 중국 시인보다도 자기 자신을 찬미했다.

이백과 대조적으로 두보는 성실한 유학자 관료로서 여러 관직을 두루 거쳤고, 시 분야에서는 신중한 장인이었으며 결코 시의 정해진 형식을 깨지 않았다. 그는 중국 시인 가운데 누구보다도 다재다능했다. 그는 재치 있고, 농담을 잘하며, 매우 온정적이고, 고집이 셌을 뿐 아니라 박학다식하고, 대단히 정치적이며, 부정부패와 불평등에 비판적인 사람이었을 것이

백거이 초상

다. 두보는 아내와 자녀, 친구, 소소한 일상을 사랑스러운 시로 표현함으로써 폭넓은 인간애를 드러냈다.

중국 문화사에서 영원불멸의 존재로 평가받는 또 한 사람의 시인으로 백거이白居易를 들 수 있다. 그는 자신이 살았던 8세기 후반-9세기 초반은 물론이고, 현재에 이르기까지 대중의 인기를 가장 많이 누린 시인 가운데 한 사람이다. 그는 간결하고 직접적인 스타일로 시를 써서 지식 교양층뿐 아니라 대중의 사랑을 받았다. 「장한가」長恨歌라는 시에서 그는 현종과 그의 사랑하는 아내 양귀비의 비극을 묘사했는데, 양귀비가 중국 역사상 가장 유명한 후궁이 된 것은 이 시 덕분이다. 온갖 계층의 사람들이 도시의 시장에서 그의 시를 구입했고, 기생들은 그의 시를 노래로 불렀다. 그는 중국 최초의 월드 스타이기도 했다. 10세기의 가장 위대한 일본 소설 『겐지 모노가타리』源氏物語에는 백거이와 그의 친구들이 지은 수십 편의 시가 인용되어 있다.

황제가 다스린 모든 왕조가 그랬듯이 당 조정 역시 많은 예술가를 후원했다. 창안은 중국 최고의 화가들을 끌어당기는 자석과도 같았다. 엘리트층은 당나라 때에도 여전히 세밀한 벽화가 그려진 무덤에 묻혔지만, 당나라 화가들은 수직으로 거는 두루마리나 옆으로 펼치는 두루마리에 무덤 주인이 아니라 살아 있는 개인 소장자를 위한 그림을 그렸다. 비록 전쟁과 세월 때문에 당나라 그림은 거의 남아 있지 않지만, 현재 학자들은 당나라를 중국 산수화가 최초로 만개한 시대로 평가한다. 창안이라는 국제적 환경 속에서 살았던 예술가들은 페르시아의 금속 세공 기술을 익혀 금과 은으로 섬세한 작품을 만들었다. 당시에는 서쪽에서 온 무역 상인이 무척 흔했기 때문에 사람들은 서쪽에서 온 상인과 악공, 그들이 타고 온 낙타를 표면에 그림이나 유약으로 표현한 값싼 자기들을 무덤 속에 껴묻기 시작했다. 중앙아시아에서 전해진 음악 역시 중국에서 큰 인기를 끌었고 중국 대중의 음악적 취향과 양식을 변모시켰다. 비파는 페르시아에서 기원한 네 줄로 된 현악기

인데, 당나라 때 중국에서 가장 인기를 끈 악기였으며 이후에도 계속 유행했다.

여러 이유 때문에, 당 왕조는 중국 역사에서 전무후무할 정도로 외국에 대한 개방성이 두드러졌다. 당나라 황실은 장시간에 걸쳐 서북쪽 유목 민족과 피를 섞었으며 국제결혼을 해왔다. 외국으로부터의 영향으로 불교가 전례 없이 대중화했

낙타를 타고 있는 서역인   삼채, 낙타와 사람들

낙타에 짐을 실은 중앙아시아 교역 상인을 표현한 것이다. 유광의 테라코타로 만든 장례용
조각상으로, 당나라 무덤에서 발견되었다. 당나라 때는 실크 로드가 널리 이용되었기 때문에 이와
같은 자기로 만든 낙타가 '야만인' 교역 상인과 함께 관료와 왕실의 무덤에 묻히는 경우가 흔했다.
이는 내세에 있는 당나라 귀족들의 죽은 영혼에게도 극서 지방의 이국적인 선물을 계속 보내기 위한
것이었다.

기원전 500   기원   500   1000   1500   2000

고 더불어 중국 사회가 크게 변모되었다. 당 제국은 중국의 세력과 영향력을 중앙아시아로 크게 확대함으로써 실크 로드 교역에서 번영을 이룩할 수 있었다. 당시 세계에서 가장 강력하고 번성하고 창조적인 문명이었던 당 왕조는 중국인에게 엄청난 문화적 자부심의 원천이다. 오늘날에도 여전히 '중국인의 거리'를 뜻하는 광둥어는 '당인가'唐人街이다. 아마도 당 왕조가 제국을 건설하는 과정에서 거둔 성공이 어느 정도였는지를 짐작케 하는 가장 분명한 지표는, 907년 당나라가 멸망한 뒤 새로운 왕조가 중국을 하나의 통합체로 다시 통일하는 데 약 반세기의 시간밖에 걸리지 않았다는 사실이다. 이는 한나라가 멸망한 뒤와 극명한 대조를 이룬다.

5장

축소된 제국과 유목 민족 도전자들:
송 왕조(960-1279)와 원 왕조(1279-1368)

당 왕조가 멸망하고 송 왕조가 들어설 때까지 반세기의 시간은 오대십국五代十國 시대로 알려져 있다. 오대십국이란 북중국의 단명한 다섯 왕조와 같은 시기 남중국에서 경쟁하던 열 개의 작은 나라를 말한다. 당 왕조의 두 중심지 창안과 뤄양은 당나라를 무너뜨린 내전의 여파로 폐허로 변했고, 대운하의 입구이자 남중국의 곡창 지대로 약 482킬로미터 더 근접한 카이펑이 북중국의 여러 군사 세력 사이에서 경쟁의 중심지가 되었다. 960년 군사령관 조광윤趙匡胤은 카이펑을 장악하고 새로운 왕조 송나라를 창업했다.

　조광윤은 역사 기록을 통해 송 태조로 알려진 인물이다. 송 태조는 일찍이 전례가 없는 대단히 중앙 집권적인 국가를 창조했기 때문에 중국사에서 중추적 역할을 한 황제라고 볼 수 있다. 960년부터 사망한 976년까지 그는 남중국을 정복하고, 수도를 방어하기 위해 제국 내의 최정예 부대를 자신의 직접 관할 아래 두었다. 그는 막강한 군사력을 보유한 장군들에게

송 태조

신하들과 축구를 하는 송 태조

5장. 축소된 제국과 유목 민족 도전자들: 송 왕조(960-1279)와 원 왕조(1279-1368)

연금을 받고 은퇴하라고 종용하고, 그들의 부대를 변경에 배치하여 문인 관료가 직접 통솔하도록 했다. 당 왕조의 유력 귀족 가문은 대부분 숙청을 당하거나 당 왕조를 멸망시킨 내전의 여파로 세력이 크게 약해졌다. 그래서 송나라 황제들은 선대의 당나라 지배층보다 경쟁자 수가 훨씬 적었다. 송 왕조의 관료들은 다른 관료들과의 혈연적 친연성보다 과거 시험에서의 경쟁을 통해 관료가 되는 경향이 훨씬 컸다.

송나라의 중국은 황제가 유가 경전을 깊이 공부한 문인 관료들의 간언과 보좌를 바탕으로 통치하는 중앙 집권적 관료제 국가의 건설이라는 유가적 이상을 거의 실현할 수 있었는데, 이는 중국 역사상 전무후무한 일이었다. 당나라의 측천무후에 대해 과도하게 반감을 가졌던 탓인지, 송나라 황제들은 부인이나 친인척이 자신의 권력을 위협하지 못하게 철저히 막고자 했다. 한나라와 당나라의 통치자들과 달리, 그들은 황실에서 일하는 환관들로부터 권력을 위협받지도 않았다.

그러나 송나라는 태조와 그를 계승한 그의 아우가 무인 관료보다 유학자 관료를 우대했기 때문에 이웃한 나라들에게 결코 한나라나 당나라 때만큼 군사적으로 강한 모습을 보여주지는 못했다. 거란이라는 강력한 유목 민족이 몽골과 만주 일대를 포함하는 동북 지역 전체를 장악하고, 강력한 부족 지

도자 야율아보기耶律阿保機의 지배 아
래 중국식 통치 제도를 채택했다. 야
율아보기는 당 왕조가 무너지자마자
실력자로 부상한 인물이다. 926년 야
율아보기가 죽자 한족 출신 유학자
관료들은 그의 부인 역시 순장해야
한다고 주장했다. 그녀는 야율아보기
의 뒤를 이을 단 하나뿐인 어린 아들
과 함께 남편의 대업을 완수하기 위
해 살아 있어야 한다고 대답했다. 그
녀는 비록 야율아보기와 함께 묻히기
를 거부했지만, 남편에 대한 충성심
을 입증하기 위해 손 하나를 잘라 죽
은 황제의 무덤에 껴묻어 주위를 놀

송나라 문신상

라게 했다. 이후 원정에 나선 그녀는 오늘날의 베이징 주변 지
역에 있는 16주◆를 차지하고, 새로운 거란 왕조 요遼나라를
건국했다.

송 왕조 초기의 수십 년 동안, 거란의 요나라는 한족 사회는

◆연운십육주燕雲十六州라고 한다.

요 수도 상경터

한족의 통치 방식으로, 거란 유목 사회는 자신들의 전통적인 통치 방식으로 다스렸다. 요나라는 북중국의 한족 사회를 끊임없이 위협했는데, 심지어 979년에는 송 황제에게 직접 부상을 입히기도 했다. 1004년 요나라가 황허 강 유역의 상당 지역을 차지하자 송나라와 요나라 조정은 국가 간 대등한 협정의 형식으로 조약을 맺었다. 요나라가 얼마 전에 점령한 영토에서 철수하기로 한 대신, 송나라는 요나라 조정에 매년 20만 필의 비단과 10만 량의 은을 지불하기로 약속했다. 이는 사실

거란족의 전형적인 모습

상 허약한 송나라가 강력한 요나라에게 무릎을 꿇은 것과 같
았다. 하지만 이렇게 하는 것이 전쟁을 치르는 것보다 비용이
적게 들었는데, 전체 지출의 80퍼센트 이상을 차지했던 송나
라의 군사 부문 지출 중에서 극히 일부에 지나지 않았다.

송 왕조를 위협한 세력은 거란의 요나라만이 아니었다. 서

서하 문자가 새겨진 파편

북쪽에 있는 탕구트는 티베트 계통의 또 다른 유목 민족인데, 자신들이 세운 서하西夏라는 나라를 통치하고 있었다. 탕구트는 거란처럼 한족 통치 방식과 유목민 통치 방식을 결합하여 백성을 다스렸다. 그들 역시 거란처럼 당 왕조가 한때 차지했던 북쪽 영토를 장악하고 신생국 송 왕조를 군사적으로 계속 위협했다. 1040년 송 조정은 탕구트의 서하에 대해서도 서북 변경의 평화를 유지하기 위하여 매년 막대한 양의 세폐를 지불하기로 약속했다.

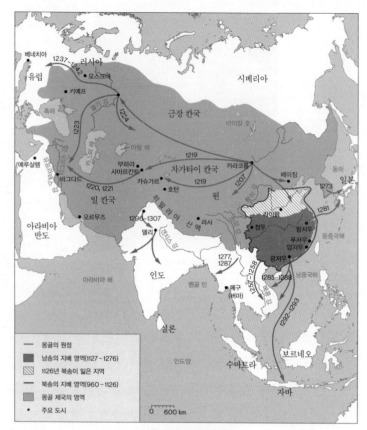

베네치아
1237~1242 러시아
유럽
모스크바
키예프
흑해
금장 칸국
시베리아
바이칼 호
1223
1224
예루살렘
부하라
사마르칸트
1219
차가타이 칸국
카라코룸
베이징
동해
일본
1273
바그다드
1220, 1221
카슈가르
1219
호탄
1207
원
카이펑
1281
일 칸국
오르무즈
1296~1307
델리
라사
청두
항저우
푸저우
양쯔우
동중국해
아라비아
반도
히말라야 산맥
광저우
남중국해
1285~1288
1277,
1287
인도
벵골 만
페구
(버마)
1257~1258
1292~1293
실론
인도양
수마트라
보르네오
자바
0   600 km

몽골의 원정
남송의 지배 영역(1127~1276)
1126년 북송이 잃은 지역
북송의 지배 영역(960~1126)
몽골 제국의 영역
주요 도시

송 왕조와 몽골 제국의 판도

국경이 계속 위협을 받자 송 조정으로서는 군사력 보강이 불가피했다. 975년 38만 7,000명이던 송나라 군사의 수는 1045년에 125만 9,000명으로 팽창했다. 이와 같은 대규모 군사를 훈련시키고 무기를 갖추는 데 드는 비용이 요나라와 서하의 통치자들에게 매년 '배상금으로' 지불하는 금액보다 더 많았고, 결국 11세기에 들어 송나라의 국가 재정은 파탄 지경에 이르렀다. 이러한 위기를 극복하기 위해 송나라 관료들은 전국 시대 이후로 가장 심도 있는 논쟁을 벌였다. '훌륭한 조정'이란 무엇인가? 그것이 다스리는 국가와 사회의 적절한 관계는 무엇인가? 논쟁 과정에서 관료들은 제각기 당파를 형성하여 경쟁을 벌였는데, 이는 한 세대를 지속했으며 이후로도 줄곧 한족 조정에 반향을 일으켰다.

논쟁의 중심에는 괴팍한 이상주의자 왕안석王安石(1021-1086)이 있었다. 그는 국가가 백성에게 봉사해야 한다는 고전적인 유가의 의무를 이행하기 위해서는 급진적인 개혁이 필요하다고 주장했다. 왕안석은 대부분의 유학자 관료가 고전의 진의를 망각하고, 국가가 직면하고 있는 위기를 지나치게 안이하게 여기는 경향이 점차 커지고 있다고 생각했다. 1069년 왕안석은 젊고 야심에 찬 신종神宗 황제의 지지를 받아 재상에 해당하는 참지정사參知政事로 승진한 뒤 즉각 일련의 개혁을 단행

왕안석 초상

했다. 우선 고리대금업자의 전횡을 막고 국가 재정 수입을 늘리기 위해 조정이 직접 가난한 농민에게 낮은 이자로 돈을 빌려주는 정책을 실시했다. 그리고 토지 조사를 실시하여 토지의 실질 생산성에 따라 세율을 다시 정하도록 했다. 그는 세금은 돈의 형태로 거두어야지 노동력의 형태로 거두어서는 안된다고 주장했는데, 이는 특히 돈 많은 사람들을 겨냥한 개혁 정책이었다. 그는 지나치게 많은 직업 군인의 수를 줄이고 지방 백성을 훈련시켜 자위 군대를 양성해야 한다고 주장했다. 서민을 교육시키기 위해 전국 단위의 학교 제도를 구축해야 한다고 제안하고, 과거 시험 과목을 시와 고전의 암송에서 현실의 정치적·경제적 문제에 대한 책문策問으로 바꾸어야 한다고 주장했다. 왕안석이 주도하는 조정은 더욱 적극적으로 경제 활동에 참여하여 개인 상인들과 경쟁을 벌였으며, 국영 전당포를 전국에 설치하고, 지방 특산물을 구매하여 다른 지방에서 판매하기도 했다. 이러한 정책은 국가 재정 수입을 늘리고 상인 계층의 과도한 이윤을 줄이는 데 기여했을 것이다.

관료들이 왕안석의 정책에 반대하자 왕안석은 즉시 그들을 파면시켰다. 그는 부자들, 기득권 세력들, 조정의 권력을 장악한 자들을 깜짝 놀라게 했다. 그는 한꺼번에 너무 많은 개혁을 추진하려 했다. 결국 그의 대부 정책은 오히려 역효과를 낳고 말았다. 지방 관료들이 고리대금업자들만큼이나 높은 이자율을 책정함으로써 이 정책을 무력화했기 때문이다. 강력한 반발에 직면한 왕안석은 1076년 공직에서 물러나야 했다. 1085년 신종이 죽자 왕안석의 개혁 정책은 모두 철회되었고, 송 왕조는 앞으로 어떤 재앙이 닥칠지 깨닫지 못한 채 계속 재정적으로 삐걱거렸다.

왕안석의 정책을 가장 신랄하게 비판한 사람은 우리에게 소동파蘇東坡로 더 잘 알려져 있는 뛰어난 학자 관료 소식蘇軾 (1037-1101)이었다. 독설가였던 소식은 왕안석의 개혁을 반대하다가 두 차례나 유배를 가야 했지만, 그가 왕안석과 우호적인 관계를 유지했다는 사실을 통해 우리는 송나라 당시 정치

소식 초상

논쟁의 성격이 어떠했는지 짐작할 수 있다. 그들은 만년에 서로 시를 주고받기도 했다. 이러한 점에서 송 왕조는 중국 역사에서 관료 간의 정치 논쟁이 가장 고급한 수준에 도달한 시대였다고 볼 수 있다. 송나라 이전이나 이후에는 당쟁이 강압적인 수단(정적의 체포, 유배 또는 처형)으로 해소되는 경우가 더 많았기 때문이다.

소동파는 정치적으로 박해를 받았지만 모든 중국 지식인 사이에서 흠모의 대상이 되었다. 그는 『역경』과 『논어』는 물론이고 도교의 연금술이나 선불교의 참선도 공부했다. 백성을 사랑했던 그는 홍수를 막고 기근을 구제하고 고아원과 의원을 세우고 수감자의 병을 치료하는 일에 언제나 앞장섰다.

그는 중국 문화사에 시, 서예, 예술 비평 등을 유산으로 남겼다. 그는 시를 그림의 한 방법으로, 그림을 문자 없는 시로 여겼고, 시와 그림 모두 자신을 드러낼 수 있는 귀중한 장르로 여겼다. 그는 2,400여 편의 주옥같은 시와 300여 편의 송사宋詞(그가 대중화에 기여한 시의 한 장르)를 남겼다. 다양한 장르의 시는 물론이고 그림과 서예에도 능통했던 소동파는 송 왕조에서 20세기에 이르기까지 중국의 학자들에게 이상적 지식인의 모범이 되었다. 그는 뛰어난 학자, 재능 있는 예술가, 성실한 관료로서 옳은 일을 위해 정치적 생명을 걸었으며, 권력에서 밀려났을 때는 자연의 아름다움과 예술품을 위안 삼아 즐기기도 했다.

소동파가 죽은 1101년, 새로운 황제 휘종徽宗이 즉위하여 왕안석의 개혁을 부활시키겠노라고 공언했다. 하지만 이는 관료들 사이에서 경쟁심과 긴장감만 한층 더 고조시켰을 뿐이고, 송나라의 재정적·군사적 허약성이라는 근본적인 문제에 대해서는 아무도 신경 쓰지 않았다. 휘종은 정부의 당면 과제들보다는 예술과 문학에 훨씬 더 관심이 많았다. 그는 뛰어난 화가이자 서예가였고, 그림, 고대 청동기, 자기, 보석의 열성적인 수집광이었다. 그는 특히 섬세한 화조화花鳥畵 분야에서 탁월했으며, '수금체'瘦金體라는 정묘한 서체를 완벽하게 구사했다. 그는 수많은 화가를 조정으로 끌어모아 관리하고 교육했다. 마치 제국의 사활이 그들의 예술적 재능에 달려 있기라도 한 것처럼 말이다. 하지만 불운하게도 현실은 그렇지가 않았다.

12세기 초 또 다른 유목 민족 여진이 새로운 지도자 아골타의 지도 아래 요나라의 동북쪽에서 강력한 부족 연맹체를 형성했다. 아골타는 자신의 왕조를 건설하겠다는 야심을 가지고 있었고, 스스로 금金 왕조의 황제임을 선언했다. 아골타의 군대가 송나라의 위험한 이웃 요나라를 공격하자 휘종의 조정은 당시 가장 강력했던 유목 민족을 제거할 절호의 기회라고 판단하고 금나라와 동맹을 맺었다. 그러나 이 전략은 예상외의 결과를 초래했다. 금나라는 송나라의 지원으로 요나라를 격퇴했지만, 곧이어 1127년 송나라의 수도 카이펑으로 진격했다. 휘종과 그의 아들은 금나라에 체포되어 감금된 채 최후를 맞이했다.◆ 수많은 조정 관료와 황제의 다른 자식들이 남쪽으로 도망쳤다. 그들은 창장 강 남쪽의 항저우에 새로운 수도를 건설했다. 항저우는 강과 수로가 많고 무논이 많은 벼농사 지역이어서 말 탄 유목 민족 군사들의 침입을 막기에 안

◆'정강의 변'이라고 한다.

성맞춤이었기 때문이다. 송 왕조는 이 시기를 기점으로 북송 시대(960 - 1127)와 남송 시대(1127 - 1279)로 구분된다.

돌이켜 보면, 자기 세계에게만 빠져 지낸 황제 화가 휘종이 '카이펑이 불타고 있는 동안에도 그림을 그렸다'며 비난하기가 쉽다. 그러나 송나라는 휘종이나 그의 예술적 열정과는 무관하게 이미 허약해져 가고 있었다. 북송은 한나라와 당나라

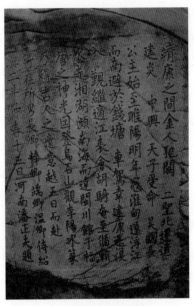

정강의 변을 언급한 석각

가 차지했던 북쪽과 서북쪽 변경 지역을 장악하지 못했으며, 강력한 유목 민족들을 막기 위해서는 엄청나게 많은 말이 필요했지만 말을 육성할 역량이 전혀 없었다. 남송 시대에 유학자 관료들이 벌였던 주요한 논쟁은 북중국을 차지한 금나라에 맞서 싸우며 저항할 것이냐 아니면 남중국으로 축소된 제국을 유지하는 데 만족할 것이냐 하는 것이었다.

1139년 재상 진회秦檜가 이끄는 남송 조정은 금나라와 화친을 맺었다. 노기충천한 남송 장군 악비岳飛는 북중국을 오랑캐에게 내주겠다는 발상은 나라의 가장 큰 이익을 저버리는 짓이라며 비난했다. 1140년 금나라가 조약을 파기하고 남쪽으로 군대를 파병하자 악비는 송나라 군대를 이끌고 금나라 군대를 격퇴했다. 그러나 악비는 조정에서 위험하고 무모한 인물로 간주되었으며, 금나라나 다른 유목 민족들에게 더 큰 침입을 허용하여 송 왕조의 통치 가문 자체를 위협하게 될 것이라고 여겨졌다. 악비는 자신이 차지하고 있던 북쪽 영토로부터 철수하라는 명령을 받았다. 그는 남송의 수도 항저우로 소환되어 가택 연금을 당했고, 1141년 초 황제에게 반역을 꾀했다는 죄목으로 옥사하고 말았다. 진회는 금나라와 다시 평화 조약을 체결했는데, 남송에게 불리한 조항들뿐이었다. 송 왕조 이래로 중국인은 악비를 위대하고 영웅적인 애국자로, 진

악묘의 악비상

악비묘

기원전 500   기원   500   1000   1500   2000

회를 나라를 팔아먹은 매국노로 여기고 있다.

악비 장군의 비참한 최후는 당시 송나라가 지녔던 두 가지 모습을 반영한다. 하나는 송 왕조가 문인 관료를 통해 군대를 통제하려 했다는 점이고, 또 하나는 당시 송나라의 문화적 추이 변화가 북방의 금 왕조에 대한 군사 원정을 가로막았을 것이라는 점이다. 일부 유학자 관료들은 유목 민족에 대해 당나라 선조보다 훨씬 더 의식적으로 거들먹거리는 태도를 보였다. 많은 사람이 유목 민족에게 잠재된 호전성을 경멸했다. 말 타기와 궁술은 당나라 귀족들에게 대단히 훌륭한 오락거리였던 반면, 송나라의 학자 관료층은 유학, 문학, 예술에 훨씬 더 관심이 많았다.

이처럼 문화적 추이가 변화한 한 가지 이유는 송나라 때 일어난 중국 사회의 변화와 관련이 있다. 당나라 때는 강력한 귀족층이 관료의 지위를 이어받는 경우가 많았지만, 송나라 때에는 지식인층이 과거 시험을 통해 조정 관료로 진출하는 경향이 뚜렷해졌다. 결과적으로 엘리트층으로서의 지위를 유지하기를 원하는 가문은 자손에게 폭넓은 고전 교육을 시켜야 했다. 과거 시험은 매우 어려웠고 철저히 준비하려면 긴 시간이 필요했으며, 극소수의 수험생만이 시험에 통과하여 관료가 될 수 있었다. 당나라 때 발명된 인쇄술이 송나라에 접어들어 더욱 확산되었는데, 이는 더 많은 가문에 더 많은 책이 필요해졌으며 과거 시험 합격과 관료 임용을 위한 경쟁이 더욱 치열해졌음을 의미했다. 유학자 관료들은 지적이고 문화적인 활동을 자신들의 주요한 과업으로 인식했고, 그리하여 예술, 문학, 철학 분야에서 중국 문화사상 최고의 성과를 거둘 수 있었다.

관료들은 중국은 북방의 문명화되지 않은 '오랑캐'와 근본적으로 다르다는 자의식을 가지고 있었으며, 중국 문화가 훨씬 우월하다는 점을 재확인하기 위해 소동파와 같은 천재에게 기대를 걸었다. 왕안석의 개혁 시도에 거세게 반발한 송나라의 유학자 관료들은 강력한 국가를 건설하고자 하는 그의 공격적인 활동을 부정하는 쪽으로 결단을 내렸다. 그 대신 유가 사상이 지닌 좀 더 이상적인 방식을 선호했는데, 그것은 국가의 법과 제도보다는 중국의 도덕적·정신적 재정립 따위를 더욱 강조하는 방향으로 나타났다.

신유가新儒家 학자들은 도덕적 선이 궁극적으로 세상에서 가장 강한 힘을 지닌다는 맹자의 사상에 확신을 가지고 있었다. 그래서 유가 경전에 대한 연구와 불교에서 영향을 받은 참선과 자아 성찰을 통해 개인적인 자기 수양에 매진하고 도덕적 과오를 교정해 나가야 한다고 주장했다. 가장 영향력 있는 신유가 학자는 주희(1130~1200)였다. 그는 수많은 신유가 사상가들의 업적을 하나의 위대한 철학적 체계로 종합했다. 그는 주석서를 집필하고 초기 유가 경전들을 모두 편집했다. 그의 주석은 1905년 과거 시험이 폐지될 때까지 유일한 정답으로 인정되었다.

송나라 때 중국을 유목 민족과 차별화하는 과정에서 또 다른 변화가 일어났다. 성별과 성에 대한 인식이 달라진 것이다. 기록에 따르면, 당나라 왕실의 여성들은 무척 활발하게 활동했고 때로는 측천무후처럼 정치 활동에 적극적으로 나서기도 했다. 송 왕조에 접어들어 남성 유학자 관료들은 유목 민족이 여성에게 활동의 자유를 지나치게 많이 줄 뿐 아니라 과부가 죽은 남편의 형제와 결혼을 하는 수혼媤婚의 풍습까지 있다는 점을 들어 그들의 부도덕성을 공격했다. 송나라의 남성 유가 사상가들은 수혼을 근친상간의 일종으로 간주하고 법으로 금지했다. 수혼을 혐오한 일부 관료들은 재혼을 피하기 위해 자살을 선택하는 과부를 현창하는 지경에 이르렀다. 중국 지식인들은 여성이 머물러야 할 장소는 집이며 다른 곳은 절대 안 된다고 강조함으로써 '문명화되지 못한' 유목 민족에 대한 반감을 드러냈다.

송나라 때 처음 유행하기 시작한 전족纏足은 아마도 궁궐 무희들이 발이 작아야 더 매력적으로 보인다는 생각으로 자기 발을 묶으면서 시작된 것 같다. 당시 어머니와 할머니 들은 딸이 네 살에서 여섯 살 무렵이 되면 딸의 발을 묶기 시작했다. 그들은 발가락 네 개를 발바닥 쪽으로 구부리고 엄지는 남겨둔 채 기다란 헝겊으로 발이 꽉 조이도록 둘둘 감아 발의 앞과 뒤가 팽팽해지도록 꽉 묶었다. 발이 묶어둔 헝겊에 갇힌 채점점 커지면서 헝겊을 밀면 밀수록 발이 활처럼 구부러져 뼈가 상하고, 발뒤꿈치는 발 아래로 당겨져 '자연스러운 하이힐' 모양이 되었다. 이 꽉 말린 발가락들은 말라 죽었고, 혈액 순환이 되지 않아 패혈증에 걸릴 위험도 컸다. 그 고통은 약 2년 동안 지속되었고, 그 결과 약 7 - 15센티미터 길이의 작고 갑갑한 발이 만들어졌다.

어머니와 할머니 들은 왜 딸에게 이런 무자비한 고통을 가했던 걸까? 학자들은 이 문제에 대해 여전히 논쟁을 벌이고 있지만, 아마도 그들이 사회적 신분 상승을 추구했기 때문일 것이다. 송나라 사회는 이전의 중국보다 더 유동적인 사회였고, 이름난 가문들은 딸을 자기 가문과 동등하거나 명망이 좀 더 높은 가문에 시집보내고 싶어 했다. 혼인은 가문의 이익을 위하여 부모가 결정하는 일이었고, 결혼을 통한 신분 상승은 딸과 가문 모두에게 매우 바람직한 것으로 여겨졌다. 경쟁이 치열했기 때문에 딸이 더욱 매력적이고 우아하고 정숙하게 보여 좋은 곳에 시집을 갈 수만 있다면 사람들은 무슨 짓이든 했을 것이다. 전족은 정조와도 관련이 깊었다. 발을 묶은 소녀란 곧 '밖으로 마구 쏘다니지' 않은 사람임을 의미하는 것이었으며, 그녀가 집 안에만 틀어박혀 '좋은 여성'으로 성장할 수 있도록 잘 키워 낸 훌륭한 가문의 출신임을 증명해 주었기 때문이다.

아이러니하게도 전족은 성적인 무언가를 연상시켰다. 발은 항상 덮여 있었는데, 어떤 남성들은 여성의 전족을 벗기고, 애무하고, 심지어는 입으로 핥는 것에서 성적인 흥분을 느꼈다. 또한 여성들은 전족된 발을 아름답게 꾸민 헝겊신으로 감싸기도 했는데, 이 역시 남성들의 흥분을 자극했다. 그래서 여성의 전족은 부, 여가, 교양, 예술적 재능, 아름다움, 미덕, 남녀 간의 적극적 결합을 이끄는 성적 흥분을 상징하게 되었다.

다른 측면에서 보면, 송나라의 혼인 제도는 여성의 문화적 소양을 향상시킨 측면도 있었다. 부유한 가문은 딸에게 예전보다 많은 것을 가르쳤다. 딸이 결혼한 뒤에 낳은 아들에게 기초 문자를 가르침으로써 아들이 남들보다 빨리 기나긴 과거 시험 준비에 돌입할 수 있도록 하기 위해서였다. 그래서 경쟁이 치열한 혼인 시장에서 여성의 교양이 매우 중요한 자질 가운데 하나로 부각되었다. 이러한 경향은 20세기까지 지속된다.

중국의 위대한 여성 시인 이청조李淸照(1084~1151?)는 송나라 때의 인물이다. 그녀는 남편 조명성趙明誠과 무척 사이가 좋았다. 그들은 함께 시를 창작하고 고대의 인장, 그림, 청동 명문을 열성적으로 수집했으며, 초기 청동기 명문과 석각에 관한 광범위한 목록을 담은 책을 편찬했다. 그녀는 두 사람의 사랑을 시로 찬미하기도 했다.

낭군님이 나보다 예쁘다 할까 근심되어 말하길	怕郎猜道
용모야 꽃보다 못하고	奴貌不如花貌好
귀밑머리 이미 세고 비녀 꼽기 힘들지만	雲鬢斜簪
그래도 낭군님께 비교해 보시라고 해야지[1]	却要教郎比竝看

1127년 금나라의 침입으로 두 사람의 집이 불타는 바람에 진귀한 수집품을 대부분 잃고 말았다. 그들은 남쪽으로 피란했고, 2년 뒤 조명성은 마흔다섯 살 아내를 과부로 남겨둔 채 세상을 떠났다. 그녀의 남은 22년 생애에 대해서는 알려진 바가 거의 없다. 그녀가 학대를 일삼는 한 남성과 재혼하여 3개월 만에 이혼했다는 사실을 제외하고는 말이다. 그러한 행위

는 이후 중국의 학자들에게 수치스러운 일로 여겨졌다. 과부가 된 '교양 있는' 여성이 해야 할 유일하게 올바른 행위는 정절을 지키는 것뿐이라고 여기던 시대였기 때문이다.

송나라는 문관의 지위가 무관보다 더 높았고, 군사 영역보다 민간 영역의 가치가 더 중요했으며, 유목 민족의 힘이 계속 커져 가던 시대였다. 그럼에도 불구하고 이 왕조가 이렇게 오랫동안 유지될 수 있었다는 사실이 놀랍게 느껴질지도 모르겠다. 그것을 가능하게 한 것은 바로 송나라를 지구상에서 가장 번성하고 고도로 발전된 사회로 만든 경제 혁명이었다. 농업 생산성은 송 왕조 때 매우 가파른 상승 곡선을 그렸다. 남쪽으로의 이주가 증가하여 더 많은 토지가 개간되었기 때문인 측면이 컸다. 조생종 벼가 개량되어 남중국에서 벼의 이모작이 가능해졌다. 조정은 농업 기술에 관한 책을 출간하여 작물의 생산성을 향상시킬 수 있는 최신 기술을 보급했다. 농민들은 누에에 먹일 뽕나무, 차, 사탕수수, 담배, 대마, 의류용 섬유를 생산하는 모시 그리고 무엇보다 중요한 (당나라 때 인도에서 들어온) 면화를 생산했는데, 이 작물들은 송나라 말기까지 주요한 환금 작물로 자리 잡았다. 지역 간 상업과 국제 교역이 늘어났고, 이와 함께 화폐 경제가 발달했다. 여진에게 북중국을 잃기 몇 해 전인 1120년, 송 조정은 약 510톤의 은을 세금으로 거두기도 했다.

송나라 초기에 철 제련 기술이 진보했다. 폭약을 사용하여 철광석을 캘 수 있게 되었고, 철과 강철을 제련하기 위해 온도를 더욱 높일 수 있는 굉음을 내는 수압 기계를 사용했기 때문이다. 송 조정은 당시 세계 최고 규모로 철 제련업을 육성했고, 그 결과 1078년 12만 5,000톤(이후의 800년 동안 유럽이 미치지 못한 생산량)의 철을 생산했다. 철은 쟁기를 비롯한 각종 농기구, 자물쇠, 못, 악기, 소금 생산을 위한 냄비를 만드는 데 매우 중요한 재료였다. 송나라의 중국 농민들은 20세기 초만큼이나 많은 철을 사용했던 것 같다.

대부분의 철은 방어용 무기와 한창 성장하고 있던 화폐 경제에 필요한 동전을 만드는 데 사용되었다. 중국 동전은 둥글며, 가운데에 네모난 구멍이 나 있다. 그래서 1,000개의 동전을 한 줄의 실에 꿰어 꾸러미로 만들 수 있다. 1041년 송나라 정부는 산시성陝西省에서 서북 국경의 서하와 맞서고 있는 부대에게 동전 300만 꾸러미(무게로 따지면 철 2만 9,000톤)를 지원하라고 명령했다. 정부의 화폐 주조소는 1000년 무렵 매년 8억 개의 동전을 생산했고, 1085년 무렵에는 매년 60억 개의 동전을 생산했다. 정부는 또한 다량의 철제 무기 제조를 지원했다. 1084년 조정은 서북 국경의 한 부대에 3만 5,000개의

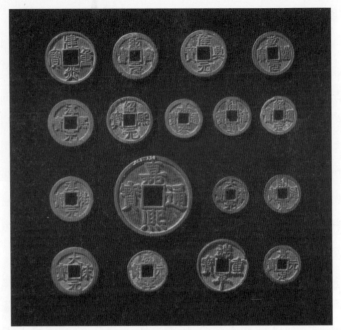

남송 시대 동전들

검과 8,000개의 방패, 1만 개의 창, 100만 개의 화살을 보냈는
데, 모두 철로 만든 무기였다.

농업이 더욱 전문화되고 국제 교역이 팽창함에 따라, 송 조
정은 건국 초기에 한 도시에서 일부 상인들에게 종이로 된 현
금 예금 증명서 발행을 허가했다. 이 증명서는 다른 도시로 가

져가면 그곳에서 현금으로 교환할 수 있었기 때문에 장거리 교역을 하는 상인들에게 무척 편리했다. 12세기 초 정부는 이러한 증명서를 직접 발행했는데, 이것이 바로 세계 최초의 지폐. 일부 상인들은 상인 조합을 결성하고 협력 관계를 맺었으며, 자기 기업의 주식을 판매하여 돈을 벌었다. 송나라 때 농업 경제와 상업 경제가 번영했다는 사실은 수천 건에 이르는 당시의 계약 문서를 통해서도 확인할 수 있다. 여기에는 산 자의 세계와 죽은 자의 세계에서 모두 사용할 수 있도록 고안된 묘지 문서도 포함되어 있었다.

송나라의 수도 카이펑과 항저우는 당나라의 수도 창안이나 뤄양보다 훨씬 더 상업의 중심지로 기능했다. 1127년 금나라에 함락되기 전, 카이펑은 인구가 약 100만 명에 달하는 세계 최대의 도시였다. 카이펑이 함락된 뒤 남송의 수도가 된 항저우 역시 카이펑처럼 교역과 오락으로 번영의 중심지가 되었다. 1235년에 출간된 한 항저우 소개 책자에는 온갖 종류의 일상 용품을 파는 상점, 장인들의 작업장, 찻집◆, 여관, 술집, 음식점, 전문 연회 진행자, 국영 및 사영 정원은 물론이고 사육된 곰과 곤충을 비롯한 온갖 종류의 오락 그리고 음악, 체

◆다관茶館

5장. 축소된 제국과 유목 민족 도전자들: 송 왕조(960 – 1279)와 원 왕조(1279 – 1368)

이 그림은 「청명상하도」清明上河圖로
1127년 금나라에게 정복당하기
직전 북송 수도 카이펑의 청명절을
묘사한 작품이다. 12세기에 그린
두루마리 형태의 작품인데, 18세기에
11미터 길이로 다시 모사한 것이다.

벤허汴河 강에 걸쳐 있는 이 유명한
무지개다리는 상품과 용역을 파는
상점과 가판대, 엄청나게 많은 노점상,
구매자 그리고 다리를 오가며 상품을
운반하는 자들로 가득 들어차 있다.
타이완 국립고궁박물원 소장

기원전 500   기원   500   1000   1500   2000

육, 이국적인 음식, 골동품 등 각자의 취미를 가지고 자발적으로 모여 함께 즐기는 사람들(이 리스트는 여기에서 끝나지 않고 계속 이어진다)에 대해 서술하고 있다.

송나라의 번영은 국제 교역을 촉진했다. 특히 동남 해안을 따라 교역이 발달했는데, 아라비아 무슬림 상인들은 방수 칸막이가 설치된 거대한 중국산 선박을 타고 다녔고, 중국, 동남아시아, 인도양 사이를 오가는 장거리 교역을 원활히 하기 위해 중국이 발명한 나침반을 사용했다. 12세기 초 남부의 푸젠성福建省에 있는 해안 도시 취안저우泉州는 인구 100만의 도시였다. 이와 같은 전반적인 송나라의 번영은 인구 증가를 통해서도 확인할 수 있다. 오늘날 학자들은 750년에 7,000만 명이었던 중국의 인구가 남송과 금나라의 인구를 모두 합하여 1100년에 약 1억 명으로, 1200년에는 1억 1,000만 명으로 늘어난 것으로 추산한다. 이러한 인구 성장률은 세계사에서 그 유례를 찾아볼 수 없는 것이다.

이 시기의 번영을 반영하기라도 하듯이 중국 비단, 칠기, 자기는 송나라 때 기술적으로 가장 높은 수준에 도달했다. 당나라 말기에 이미 중국 장인들은 순수한 자기를 완성했는데, 정제된 찰흙으로 모양을 잡고 1,300도의 온도에서 구운 뒤, 윤이 나고 반투명한 상태가 되도록 몸체에 유약을 발랐다. 송나

자기(정부 납품용)

라 자기는 아름다운 단색 유약과 단아한 형체를 뽐내며 세계 여러 나라의 수집가로부터 특히 사랑을 받고 있다. 송 조정은 최고급 자기의 대량 생산을 후원했고, 고도로 숙련된 장인들은 자기와 칠기로 된 물품들을 대규모 시장 판매를 위해 생산하기 시작했는데, 이는 송나라 때 처음 나타난 현상이다. 송나라 자기는 중국 최고의 수출품이었던 비단을 능가하여 서쪽으로 저 멀리 페르시아 만과 아프리카 서해안까지 시장을 넓혀 나갔다.

10세기의 불교 승려 화가 거연巨然이 우아한 인상주의 스타일로 그린 작품이다. 창장 강 유역의 산, 토지, 나무, 구름 등 목가적이고 변화무쌍한 풍광을 묘사했다. 송대의 전반적인 도시화 속에서 중국의 학자 관료들은 관료 생활의 스트레스를 풀기 위해 그림을 그리기도 하고 풍경을 조망하기도 하고, 우뚝 솟은 산, 나무, 돌, 물 사이의 여백을 이용해 자연의 아름다움과 위대함, 평화로운 조화를 묘사한 산수화를 감상하기도 했다.

  송나라 하면 떠오르는 문화적 상징 가운데 산수화만 한 것도 없을 것이다. 송나라 화가들은 아름다움, 조화, 자연 세계의 장엄함, 특히 강과 계곡으로 둘러싸인 숲으로 우거진 산들을 강조했다. 많은 그림 속에서 인간은 자연의 조화로움에 녹아든 채 아예 등장하지 않거나 거의 보일 듯 말 듯하게 그려졌다. 오두막이나 집이 그려져 있다면, 그것은 자연의 풍광 속에 녹아들도록 표현된 것일 뿐, 두드러지게 하거나 보이지 않게 하려는 것은 결코 아니다. 바쁜 도시에 사는 관료들은 아무도 살지 않는 산과 강의 고요함 속으로 도피할 수 있는 자기만의

시간을 소중하게 여겼다. 그래서 벽에 걸려 있거나 서랍 속에 말려 있는 산수화를 보면서 즐거움과 위안을 얻기도 하고, 산수화를 내놓고 친구들과 함께 감상하며 술을 마시거나 시를 짓기도 했다. 화가와 서예가들은 정기적으로 모여 풍경화를 보면서 시를 지었기 때문에 시와 그림은 동일시되기도 했다.

경제적 번영을 누리고 지적·예술적 발전을 이룩했음에도 불구하고, 송나라는 북쪽과 서쪽의 유목 민족들로부터 끊임없는 군사적 압박에 시달렸고, 13세기에 접어들어 중앙아시아의 몽골이라는 새롭게 대두된 유목 민족 군대에게 굴복하고 말았다.

남송을 멸망시키기 전에 몽골은 이미 가장 효율적인 군사력과 가장 넓은 영토를 보유한 대제국을 건설했는데, 이는 세계사에서 유례를 찾아볼 수 없는 것이었다. 제국 건설 과정은 1203년 테무진의 홍기로부터 시작되었다. 그는 뛰어난 전사로, 몽골과 다른 유목 부족들로 구성된 거대한 연맹체를 하나의 거대한 군대로 통합했다. 1206년 테무진은 세계의 지배자라는 뜻의 칭기즈 칸이라는 칭호를 받았다. 전투력이 뛰어나고 잔인한 전사였던 몽골인은 칭기즈 칸과 그의 아들 우구데이의 지휘 아래 오늘날 몽골 고원에 있는 오아시스 도시 카라코룸에 수도를 건설했다. 1227년 칭기즈 칸이 죽을 무렵, 몽골군은 100명, 1,000명, 1만 명 단위의 부대로 편성되어 있었는데, 여기에 모두 12만 9,000명의 군사가 배속되어 있었다. 부대는 군사 한 명당 3–5마리의 말을 가지고 이동했다. 그래서 군량미와 무기를 싣고, 도중에 수시로 말을 갈아타며, 며칠 동안 쉬지 않고 빠른 속도를 유지하며 행군할 수 있었다. 부대장들은 깃발, 횃불, 전령을 이용하여 부대 간 연락을 효율적으로 관리했다. 군사들은 금속 미늘이 달린 가벼운 가죽 갑

칭기즈 칸 초상

몽골 기병의 모습

옷과 가죽 또는 철로 만든 투구를 착용했고, 고리버들로 세공된 가죽 방패를 손에 들었다. 각 군사는 복합 소재로 된 두 개의 강력한 활과 적어도 60개 이상의 철촉 화살이 든 커다란 화살 통을 가지고 다녔다. 군사들은 전력으로 질주하는 말 위에서도 철제 등자를 딛고 서서 화살을 적중시킬 수 있었다. 경무장 기병은 짧은 검 하나와 두세 개의 가벼운 창을 들었고, 중무장 기병은 철퇴나 뾰족한 못이 박힌 곤봉, 기다랗게 휘어진 검, 금속 날이 달린 약 3미터 길이의 나무창을 들었다. 몽골군

기원전 500   기원   500   1000   1500   2000

우구데이 초상   사신을 맞는 우구데이

은 충성을 다하면 풍부한 전리품을 보상받고 복종하지 않으면 처형된다고 생각했기 때문에 전투에 나가서도 두려워하지 않았고 장수의 지휘를 잘 따랐다.

세계사에 유례가 없는 잔인성과 군사적 효율성을 지녔던 몽골은 이후 50년 동안 송나라의 북방 라이벌 금나라와 서하는 물론이고, 고려, 중앙아시아 전역, 서북쪽의 모스크바와 키예프 등 러시아의 도시들, 저 멀리 서쪽의 헝가리와 폴란드 그리고 서남쪽의 바그다드, 알레포, 다마스쿠스, 호르무즈 등을 점령했다.

군사가 15만 명에 불과했던 몽골은 세계 최대 제국을 건설하기 위해 다른 세력들을 자신들의 군대와 정부 조직으로 신속하게 편입시켰다. 영토 내 지역 간 거리가 엄청났고 칭기즈 칸의 후예 사이에서 필연적으로 일어날 수밖에 없었던 대립으로 팽팽한 긴장감이 감돌았던 점을 감안할 때, 네 개의 칸국으로 분열되어 그 지역들이 중앙의 통제를 받지 않게 된 것도 그리 놀라운 일은 아니다. 이러한 분열보다 더 놀라운 것은 칭기즈 칸의 손자 쿠빌라이 칸이 중국을 정복하여 한족의 방식으로 중국을 통치하는 데 성공했다는 점이다.

1264년 쿠빌라이는 수도를 몽골 고원에서 대도大都(오늘날의 베이징)로 옮기고, 1271년 스스로 원元 왕조의 황제이자 천명을 받은 후계자라고 선언했다. 쿠빌라이는 원 왕조의 세조世祖로서 많은 한족 관료를 등용했으며 곧이어 남송 정복에 착수했다. 그는 투석기와 폭약에 전문성이 있는 한족 기술자를 등용하고 남송 해군을 꺾기 위해 한족으로 구성된 선단과 선원을 징발했다. 몽골은 한족, 거란족, 여진족, 고려인, 위구르족, 페르시아 군대를 잘 활용함으로써 1276년까지 남송의 대부분을 차지할 수 있었고, 1279년 남송의 마지막 황제는 남쪽 먼 바다에서 벌어진 해상 전투에서 죽고 말았다.

몽골이 군사적으로 성공을 거둘 수 있었던 여러 가지 이유

쿠빌라이 초상

가운데 하나는 공포를 하나의 무기로 효율적으로 사용했다는 점이다. 만약 한 도시가 저항하거나 항복을 거부하면, 몽골군은 불태우고 약탈하고 살육하고 무차별적으로 강간하고 생존자들을 노예로 삼았다. 반면 그 도시가 항복을 하면 주민들이 별다른 피해를 입지 않고 원래대로 살 수 있도록 허락했다. 중국과 같은 복잡다단한 사회를 통치하는 것은 정복하는 것보다 더 어려운 일이었다. 몽골의 인구는 기껏해야 200만 정도였는데 8,000만 명의 중국 인구를 통치해야 했다. 그나마 이 인구수도 남송 때 1억 1,500만 명으로 정점을 찍었다가 정복 전쟁으로 확 줄어든 수치였다.

쿠빌라이는 한족 왕조의 제도를 계승하여 원 조정의 제도를 확립했다. 몽골과 중앙아시아 동맹국 사람들의 신분이 가장 높았고, 한족은 그들보다 낮은, 중간 또는 최하층 신분이 되었다. 한족이 무기를 지니는 것을 금지했으며, 몽골의 정복에 저항한 한족 지식인을 응징하는 차원에서 1315년까지 과거 시험을 중단했다. 남중국은 몽골에 훨씬 더 격렬하게 저항했기 때문에 몽골 통치자들은 남중국 출신의 과거 합격자 수를 제한하여 그들이 대거 합격하는 것을 막았다. 몽골은 대개 모든 종교에 관용적이었지만, 쿠빌라이 칸은 특히 티베트 불교를 좋아하고 후원했다. 티베트 불교는 불교의 한 종파로, 예배 의식이 많고 승려 한 사람 한 사람이 모두 라마 또는 부처의 현신이라는 믿음을 지닌 불교였다. 쿠빌라이와 그의 계승자들은 티베트 라마에게 특권을 부여했다. 라마들은 송나라 황궁의 일부를 사찰로 바꾸었으며, 심지어는 송나라 황제의 무덤을 파헤쳐 거기에서 나오는 귀중품을 팔아 더 많은 사원을 짓기도 했다.

몽골의 정복으로 중국은 엄청난 경제적 대가를 치러야 했다. 송나라의 제철 공업은 황폐해졌고, 이후 다시는 송나라 때만큼의 생산성을 회복하지 못했다. 치열한 전쟁으로 인구가 크게 감소했으며, 선페스트와 같은 끔찍한 전염병이 중앙아시아에서 중국으로 확산되어 14세기 중반에 수백만 명의 목

파스파 라마의 초상

숨을 앗아갔다(그리고 유럽 인구의 사분의 일을 죽음으로 몰아넣었다). 전쟁은 농토와 관개 수로를 파괴했고, 몽골의 왕자와 장군 들은 벼농사용 토지를 정원이나 목초지로 바꾸기도 했다. 전쟁과 질병이 중첩된 결과 조세 기반이 엄청나게 감소했다. 원 조정은 더 많은 돈을 발행함으로써 이 문제를 해결하려 했지만, 오히려 인플레이션을 부추기고 왕조의 재정 건전성을 더욱 해치는 결과를 초래하고 말았다.

몽골은 남중국을 정복한 데 이어, 1274년과 1281년에 일본, 1292 – 1293년에 남태평양의 자바 왕국에 대한 해상 원정에 나섰다. 몽골은 또한 베트남과 미얀마도 공격했지만 둘 다 실패하고, 두 나라로부터 '천자'인 쿠빌라이 칸에 대한 상징적 '복종'을 이끌어 내는 데 만족해야 했다. 이 전쟁들은 국고의 엄청난 낭비를 초래했고, 원나라는 건국 초기의 혼란으로부터 경제적으로 회복하는 데 더 오랜 시간이 걸릴 수밖에 없었다.

원 왕조 치세에 한족이 고난을 겪은 것은 사실이지만, 그렇다고 해서 그들의 삶이 크게 달라진 것은 아니다. 몽골은 한족의 관습이나 종교에 관여하지 않았다. 베네치아 상인 마르코 폴로는 20년 동안(1275–1295) 몽골 통치하의 중국에서 머물렀다고 주장하며 여행담을 글로 남겼는데, 이 글은 책으로 출간되어 베스트셀러가 되었다. 어떤 학자들은 그의 이야기의 진실성을 의심하고 있지만, 그가 목격한 것 중 다른 사료와 일치하는 내용도 적지 않다. 예를 들어 그는 한족과 몽골 지배층의 관계가 긴장 상태에 놓여 있긴 했지만, 남중국은 동시대의 유럽 어느 나라와 비교해도 경제적으로 훨씬 발전해 있었다고 날카롭게 기록했다.

원 조정이 남중국 한족 지식인을 차별했기 때문에 많은 남중국 사람들은 조정의 통치권 밖에서 살아가야 했다. 어떤 이들은 오랜 시간에 걸친 한의학의 발전에 힘입어 의사가 되기도 했다. 또 어떤 이들은 급여가 적은 말단 서기에 머물며 신분 상승의 기회를 얻지 못했다. 또 어떤 이들은 송나라 지식인의 생활 방식과 전통을 고수하며 학자, 화가, 시인으로 살아갔다.

한족 지식인 중에는 몽골 정복자의 편에서 일하는 것을 거부한 이들도 있었다. 문천상文天祥이라는 한 유명한 학자 출신 장군은 몽골에 대한 저항 운동이 모두 실패한 뒤에도 오랫동안 몽골군에게 항복하기를 거부하여 후대 사람들로부터 존경을 받았다. 그는 1275년 체포되었지만 탈출에 성공하여 군대를 계속 지휘했다. 그러나 다시 패하여 수많은 가문 사람이 체포당하는 것을 지켜봐야 했다. 그럼에도 불구하고 그는 계속 항복을 거부하다가 남쪽 끝에 있는 광둥으로 도망을 쳤다. 그곳에서 전염병이 도는 바람에 어머니와 한 아들뿐 아니라 자신의 군사마저 잃고 말았다. 결국 그는 체포되어 쿠빌라이 칸에게 끌려갔는데, 자기 밑에서 일해 달라는 쿠빌라이의 제안을 거부하고 자신을 처형해 줄 것을 요구했고, 1283년 결국 자신의 바람대로 처형되었다.

또 어떤 한족 지식인은 평범한 삶을 살았지만 정치 영역과는 거리를 유지했다. 1315년 과거 시험이 재개되었는데, 시험 내용은 유가 경전에 대한 주희의 해석에 기반을 둔 것이었다. 그림, 자기 공예, 심지어는 철학과 시 분야에서의 문화적 패턴 역시 송나라 때와 별 다름없이 계속 이어졌다. 공개龔開라는 화가는 원나라의 통치에 대한 저항 의식을 미묘한 방식으로 표현했는데, 그의 표현 방식은 제국의 통설에 반대하고자 하는 후대인에게 하나의 전범이 되었다. 송 왕조의 하급 관료로 일한 공개는 원나라를 위해 일하는 것을 거부한 채 극한의 가난 속에 살았으며, 그림과 서예 작품을 팔거나 음식과 교환하여 가족을 부양했다. 그의 그림은 딱 두 작품만 남아 있는데, 그중 하나는 굶주린 말을 그린 충격적인 그림으로◆ 몽골 치하 한족의 운명을 상징한다.

원나라가 중국 문화에 기여한 것 가운데 지금까지 남아 있는 것은 잡극雜劇이라 불리는 4막 혹은 5막으로 구성된 극 오페라다. 잡극은 '원곡'元曲으로도 번역된다. 원곡은 대중가요와 중앙아시아 예술 장르를 결합한 것으로, 양식화된 의상과 정교한 얼굴 분장이 특징이다. 원곡은 무언극, 노래, 춤, 세밀하게 연출된 곡예를 결합시켜 범죄, 사랑, 전쟁, 정치 등을 소재로 한 멜로드라마를 상연했다. 그리하여 원나라 이래 모든 계층의 중국 관객으로부터 사랑을 받았다.

중국의 문화적 패턴이 몽골 치하에서 지속성을 보였음에

◆「수마도」瘦馬圖를 가리킨다.

도 불구하고, 한족은 비한족계 황제의 신민이라는 자신의 처지를 결코 받아들이지 않았다. 그들은 인플레이션, 과도한 세금, 한족이 고위 관료가 되는 것을 일정 비율로 제한하는 제도로 억압받고 있다고 느꼈다. 14세기 중반 전염병이 중국 전역을 휩쓰는 동안, 1344년 황허 강을 따라 큰 홍수가 일어나 수년 동안 지속되었다. 정부는 15만 명의 한족을 동원하여 황허 강의 둑을 수리하고, 휴지 조각과 다를 바 없는 지폐를 급여로 지급했다. 1351년 대중적 불교 분파인 백련교白蓮敎의 깃발 아래 반정부의 기치를 든 반란이 시작되었다. 백련교는 역사의 종말이 다가오고 있으며, 미래불 미륵이 악한 자들(원나라 통치자)을 처벌하고 선한 자들(한족 백성)을 구원할 것이라고 주장했다. 1368년 한 반란군 집단이 세력을 확장하여 베이징으로 쳐들어갔고 새로운 왕조 명明나라를 세웠다. 몽골의 마지막 황제와 그의 무리는 장성을 넘어 자신들의 고향 몽골 초원으로 돌아갔다.

아이러니하게도 '외국인의 통치' 기간 동안 몽골 조정은 남송을 몰락과 피정복으로부터 보호하지 못한 송나라 신유가의 사상을 후원했다. 몽골은 한나라와 당나라보다 더 넓고 북송보다 훨씬 더 광활한 제국을 창조해 냈는데, 이러한 점은 아마도 중국의 미래에 매우 중요하게 작용했을 것이다. 몽골은 거

「수마도」

란인, 탕구트인, 위구르인, 티베트인과 전략적 동맹을 맺고 이들에게서 선발한 인재들을 정부 관료로 통합해 냄으로써 한족이 이전에 결코 해 내지 못한 방식으로 각 민족을 하나의 거대한 제국으로 융합시켰다. 그 결과 14세기 원 왕조가 몰락한 뒤 송나라 황제가 꿈꾼 것보다 훨씬 큰 규모의 한족 왕조가 그 자리를 대신하게 되었다.

6장

근대 초기의 중국:
명 왕조(1368–1644)와
청 왕조 전반기(1644–1800)

명나라의 창업자 주원장은 찢어지게 가난한 집안에서 태어났다. 그는 어린 시절 잔병치레가 많았다. 그의 부모는 부처가 보살펴 줄 거라 생각하고는 주원장을 잠깐 절에 보낸 적도 있었다. 1344년 주원장이 열여섯 살 되던 해에 큰 홍수가 일어났는데, 그의 부모와 두 형이 주원장과 그의 형 하나만 남겨놓은 채 전염병으로 죽고 말았다. 그들에게는 의지할 곳이 없었고, 주원장은 하는 수 없이 절에 들어갔다. 그는 탁발승이되어 먹을 것을 구걸하러 다니면서 승려들에게 틈틈이 글을 배웠다. 그런데 1352년 주원장이 머물던 절이 원나라 군대의 공격을 받아 불에 타고 말았다. 홍건적紅巾賊의 일당인 백련교의 근거지로 보였기 때문이다. 백련교는 원 조정에 반란을 일으킨 비밀 결사였다.

절이 잿더미로 변하자 스물네 살 청년 주원장은 홍건적에 가담했다. 체격이 건장하고 머리도 좋았으며 전투에 나가는 것을 두려워하지 않았던 주원장은 얼마 지나지 않아 홍건적 수령의 총애를 받게 되었다. 홍건적 수령은 주원장을 일급 참모로 임명하고 그에게 군 통수권을 주었으며 그를 자신의 수양딸과 결혼시켰다. 1355년 수령이 전사하자 주원장은 그의 자리를 이어받았다. 1356년 주원장의 군대는 당시 가장 중요한 도시였던 난징南京을 차지했다. 난징은 남중국에 건국한 여러 왕조가 수도로 삼은 도시였다. 주원장은 지식과 경험이 풍부한 인재들을 자기 휘하로 끌어안았다. 그와 그의 군대는 난징 일대의 영토를 약탈하는 대신 직접 통치함으로써 10년 넘게 혼돈에 빠져 있던 여러 지역에서 평화와 질서를 회복시켰다.

성공을 거듭할수록 주원장의 야심은 커져만 갔고, 주원장은 곧 홍건적의 한계를 깨달았다. 홍건적의 군대는 걸핏하면 분열되었고 훈련도 제대로 받지 못했기 때문이다. 1366년 주원장은 홍건적과 공식적으로 결별을 선언했고, 2년 만에 홍건적 내부의 경쟁자를 모두 제거했다. 그러고 나서 새로운 왕조 명나라의 창업을 선언하고, 1368년 군대의 대부분을 원나라의 수도 대도大都(오늘날의 베이징)로 진격시켰다. 주원장은 열여섯 살에는 절망적인 고아이자 가난뱅이이자 중이었지만, 마흔살에는 천자이자 중국의 황제가 되었다. 이것은 아마도 중국역사에서 가장 극적인 성공 스토리일 것이다. 하지만 그의 황제 등극은 주원장이 주연을 맡은 드라마의 시작에 불과했다.

주원장 초상

주원장은 이후 30년 동안 강철 같은 의지로 나라와 백성을 다스렸다. 만약 셰익스피어가 중국인이었다면 그의 가장 위대한 비극의 주인공은 아마 주원장이었을지도 모른다.

하지만 1368년 당시만 해도 앞으로 어떤 고난이 닥쳐올지 그 누구도 예견하지 못했을 것이다. 몽골족을 몰아내고 250년 만에 다시 한족이 지배하는 왕조를 건설하자 주원장과 휘하의 장군들 그리고 관료들은 엄청난 자신감을 갖게 되었고 장밋빛 미래를 꿈꾸었다. 새로운 황제 주원장은 연호를 '엄청난 무력을 지닌'이라는 뜻의 홍무洪武로 정했고, 훗날 명 태조로 불린다. 활력 넘치고 현명했으며 헌신적이고 단호한 의지를 지녔던 주원장은 백성에게 자기 가족이 겪었던 고통을 다시는 겪게 하지 않겠노라고 다짐했다. 중국 황제 가운데 가난한 사람의 고통을 보며 이렇게 가슴 아파한 황제는 없었다. 주원장은 전국을 대상으로 토지 조사와 인구 조사를 실시하고, 중앙 정부의 지출을 줄였으며, 왕조의 재정 기반을 튼튼하게 다졌다. 주원장은 난징을 수도로 정하고 13개의 아름다운 성문이 있는 황궁을 건설했다. 황궁의 성벽은 둘레 길이 총 38킬로미터에 높이 약 12미터, 폭 7미터로 대단히 웅장한 규모를 자랑했다. 주원장은 황궁 내에 지나치게 많은 환관을 두는 것을 반대했고, 후궁 수도 제한하겠다고 약속했다(주원장은 환관에 대한 약속은 지켰지만 후궁은 40명을 두었다). 그리고 각 마을을 110개의 호를 하나의 단위로 하여 다스리게 하고, 마을 지도자들에게 세금 수취와 문서 관리를 맡겼다. 또한 자신의 유가적 훈시와 가르침을 한 달에 한 번씩 전국의 모든 마을에 공포하라고 명령했다. 모든 백성이 부모에게 효도하고 황제에게 충성을 다할 수 있도록 하기 위해서였다.

주원장은 이렇게 많은 노력을 기울였음에도 불구하고, 나중에 가서는 자신의 힘과 권위를 무지막지하게 이용했고 신하들을 완벽히 통제하려는 피해망상증 황제가 되고 말았다.

성격에 지나치게 문제가 있었기 때문인지, 젊은 시절 끔찍한 고통을 겪었기 때문인지, 아니면 권력 자체의 타락하기 쉬운 속성 때문인지는 그 이유를 명확히 알 수 없지만 말이다. 주원장은 1368년과 그 이후 몇 년 동안만 해도 재능 있고 헌신적인 인재들에게 정부의 위대한 사업을 맡아 달라고 간청했다. 하지만 나라를 손아귀에 거의 다 거머쥐자 신하들을 신뢰하기 어렵다는 사실을 점차 깨달았다. 1376년 주원장은 정부의 조세 문서가 작성되기도 전에 '이미 도장이 찍혔다'는 죄목을 씌워 1,000명에 이르는 신하를 처형하라고 명령했다. 하지만 이는 홍무제가 타락했음을 보여 주는 하나의 예에 불과했다.

1380년 주원장은 최측근이자 최고위층 관료인 호유용胡惟庸이 모반을 꾀하고 있다는 정보를 입수하고, 호유용은 물론이고 모반에 가담한 사람들을 포함해서 약 1만 5,000명의 신하를 처형했다. 그리고 승상 제도를 폐지하고 관료 집단을 직접 통제하기로 결심했다.

홍무제가 믿는 유일한 사람은 부인 마馬 황후뿐이었다. 하지만 1382년 마 황후가 죽자 주원장의 피해망상증은 더욱 심해졌다. 홍무제는 분노에 가득 찬 어조로 이런 글을 남겼다. "아침에 어떤 자들을 처형하면, 저녁에 다른 자들이 똑같은 죄를 저지른다. 내가 저녁에 이 자들을 처형하면, 다음 날 아침 또다시 위법 행위가 발생한다. 앞서 처형한 시체들을 다 치우기도 전에 다른 시체들이 그 뒤를 줄줄이 잇는다. 처벌이 가혹하면 가혹할수록 위법 행위는 더 심해진다."[1] 불운하게도 주원장은 평정심을 유지하지 못했고, 이와 같은 치명적인 통치 방식을 포기하지 않았다. 이 '엄청난 무력을 지닌(홍무)' 황제는 권좌에 있는 30년 동안 아마도 약 10만 명의 신하를 처형했을 것이다.

1398년 명나라의 창업자 주원장이 죽자 관료 집단 전체에서 안도의 한숨이 흘러나왔다. 하지만 더 많은 피를 흘릴 사건이 곧이어 발생했다. 홍무제는 제위를 자기보다 먼저 세상을 떠난 장자의 아들인 스물한 살짜리 손자에게 물려주었다. 그런데 당시 홍무제의 넷째 아들 연왕燕王은 과거 몽골의 수도였던 베이핑北平(몽골 지배 당시에는 대도)에서 상당한 규모의 군대를 보유한 채 북쪽 국경을 지키고 있었다. 명나라 초대 황제의 살아 있는 아들 가운데 가장 나이가 많던 연왕은 당연히 자신이 용좌를 차지해야 한다고 생각했다. 그래서 1399년 8월 부패한 신하들로부터 조카를 '보호한다'는 명분을 내세워 군대를 이끌고 수도 난징으로 진격했다.

젊은 황제는 전쟁터에서 잔뼈가 굵은 숙부의 적수가 못 되었다. 연왕의 군대는 1402년 난징을 점령하고, 젊은 황제와 그의 어머니가 살고 있는 황궁을 불태워 버렸다. 연왕은 스스로 연호를 영락제永樂帝(영원히 행복한 황제)로 정하고 조카의 장례를 치렀으며 조카의 이름을 왕조의 공식 기록에서 삭제해 버렸다. 영락제는 조카 밑에서 일했던 일부 신하들을 포섭하려했지만, 그들은 완강히 거부하고 영예로운 죽음을 선택했다.

영락제는 재위 기간 내내 자신의 정통성이 도전받을까 봐두려워했다. 그러나 제위를 찬탈하여 황제가 되었음에도 불구하고, 조카의 충신들을 제거한 뒤에는 아버지가 자행한 끔찍하고 파괴적인 숙청을 되풀이하지는 않았다. 그는 활달하고 힘이 넘치는 황제였다. 22년의 재위 기간 동안 명 왕조의 기반을 굳건히 다졌고, 유가 사상에서 말하는 위대한 군주의 모범을 따르기 위해 의식적으로 노력했다. 그는 과거 시험에 사용하기 위해 학자들에게 주희가 주석을 단 사서四書(『논어』, 『맹자』孟子, 『중용』中庸, 『대학』大學)의 결정판을 만들게 했다. 또한 중국어로 된 문헌을 모두 모아 방대한 규모의 『영락대전』永樂大典을 편찬했다. 이는 총 2만 2,000개의 장과 5,500만 자로 되어 있는 15세기 최대의 작품이었다.

영락제는 몽골 초원에 대해 다섯 차례에 걸쳐 친정을 단행했다. 몽골의 어느 강력한 연맹체가 중국을 위협하는 것을 막기 위해서였다. 그는 대운하를 수리했고, 재위 말년에는 베이핑에 세 겹의 거대한 성벽으로 둘러싸인 장대한 규모의 수도를 새로 건설했는데, 당시 '북쪽의 수도'라는 뜻으로 베이징北京이라고 불렀다. 그는 베이징의 심장부에 위엄을 갖춘 황궁을 건설했다. 우뚝 솟은 거대한 대리석 기단 위에 세워진 궁전들 사이에 조성된 황궁의 넓은 안뜰은 외조外朝를 포함하고 있었는데, 외조는 황제가 신하와 만나거나 공적인 업무를 수행하는 공간이었다. 그 북쪽으로는 더 작은 건물들과 안뜰들이 있는 내조內朝가 있었는데, 내조는 황제가 수많은 수행원, 부인들과 함께 사는 공간이었다. 약 9,000칸에 이르는 이 흠잡을 데 없는 복합 공간은 남북으로 961미터, 동서로 753미터에 이르렀다. 명나라와 청나라 황제들은 자금성紫禁城이라는 이 거대한 복합 공간에서 1421년부터 1911년까지 거주했다.

영락제가 착수한 것 가운데 가장 독특한 사업은 정화鄭和의 원정이었다. 정화는 무슬림 출신의 환관 제독으로, 세계에서 그동안 유례가 없었던 그리고 이후 500년 동안에도 유례가 없었던 대규모 선단을 조직했다. 1405년 정화는 62척의 거대한 '보선' 함대와 225척의 소규모 선박, 2만 8,000명의 수행원을 이끌고 남쪽 바다로 항해하여 베트남에서 인도네시아의 다도해를 지나 인도양의 실론 그리고 인도의 남쪽 해안에 이르렀다. 보선들 가운데 어떤 것은 길이가 121미터, 너비가 48미터었는데, 이는 약 1세기 뒤 콜럼버스가 신대륙을 발견할 때 탔던 배보다 열 배가량 큰 규모였다. 1405년에서 1433년까지 정화 제독은 모두 일곱 차례에 걸쳐 원정을 했는데, 모두 비슷한 규모였고 어떤 선단은 아라비아 반도와 아프리카 동해안에 이르렀다. 영락제는 정화의 임무가 자신이 제위를 찬탈한 젊은 황제를 찾기 위한 것이라고 주장했다. 1402년 영락제가 난징의 황궁을 불태웠을 때 그가 죽지 않고 살아서 도망을 쳤다는 소문이 끊이지 않았기 때문이다. 그러나 원정의 주요한 목적은 새로 창업한 명 왕조의 권위를 대외적으로 과시하여 더 많은 나라를 조공국으로 회유함으로써 명 조정에 조공을 바치게 하는 것이었다.

정화 제독은 국외의 통치자들에게 비단, 자기와 같은 중국의 사치품은 물론이고 의복, 달력, 서책, 중국 화폐 등 일상 용품을 선물했다. 외국 통치자들은 보답으로 정화에게 자기네 나라의 사치품을 선물했고, 아프리카의 경우, 기린, 얼룩말, 사자, 호랑이, 코뿔소, 타조 등 희귀 동물을 선물하기도 했다. 중국인은 기린을 중국의 민간전승에 등장하는 신화적인 동물로 여겼다. 민간전승에 따르면, 기린은 현명한 군주의 출현을 알리는 것으로 역사 속에서 거의 등장한 적이 없는 동물이었다. 정화 함대 파견의 주요한 목적이 명나라의 권위와 위엄

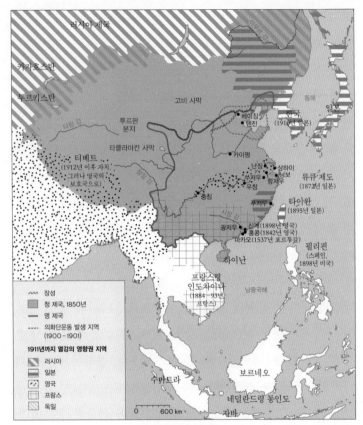

러시아 제국

카자흐스탄

투르키스탄

고비 사막

티베트
(1912년 이후 자치,
그러나 영국의
보호국으로)

투르판
분지

타클라마칸 사막

타림 강

베이징
톈진

카이펑

난징
쑤저우
우창
항저우
상하이
닝보

충칭

한국
(1910년 일본)

동해

일본

류큐 제도
(1872년 일본)

푸저우

타이완
(1895년 일본)

광저우
신계(1898년 영국)
홍콩(1842년 영국)
마카오(1537년 포르투갈)

시장 강

하이난

필리핀
(스페인,
1898년 미국)

남중국해

프랑스령
인도차이나
(1884–93년
프랑스)

수마트라

보르네오

네덜란드령 동인도

자바

アムール 강

황허 강

창장 강

동해

∿∿∿	장성
▨	청 제국, 1850년
—	명 제국
⌐⌐⌐	의화단운동 발생 지역 (1900–1901)

1911년까지 열강의 영향권 지역

▨	러시아
▤	일본
⋰	영국
▥	프랑스
▧	독일

0　　600 km

명나라와 청나라의 판도

을 드러내는 것이었기 때문에 경제적 이득은 거의 없었다. 정화가 죽자마자 조정은 함대의 파견을 중단했다. 만약 유럽인이 2-3세기 뒤에 사람과 영토를 정복하고 국제 교역을 장악하기 위해 사용했던 것처럼, 15세기의 중국인이 자신의 우수한 해군력을 같은 방식으로 활용했다면 이후 근대 세계는 어떻게 달라졌을까 하고 우리는 단지 추측만 해 볼 따름이다.

불운하게도 이후에 등장한 명나라 황제들은 그 누구도 그

정화가 가져온 기린

기원전 500   기원   500   1000   1500   2000

다지 효율적인 정치적·군사적 지도자가 되지 못했다. 잘 알려진 예로, 만력제萬曆帝는 1572년에서 1620년까지 거의 50년에 이르는 재위 기간의 상당 부분을 유학자 관료들과 정신적·정치적 줄다리기를 하는 데 소모했다. 그는 자신이 사랑하는 배우자를 황후의 지위로 승격시키고자 했지만, 신하들은 이미 황후가 있다는 이유로 반대했다. 이후 그는 20년 동안 신하들을 만나거나 공식 문서를 읽거나 정부 정책을 결정하는 등의 업무를 모두 거부했다. 황제가 궁정의 쾌락에 빠져 있는 동안, 그의 신하와 환관들은 모든 나랏일이 정상적으로 돌아가고 있는 것처럼 행동해야 했다. 그러는 동안 관료 집단 내부에서 파벌주의가 만연하여 유학자 관료와 환관 사이에 치명적인 권력 투쟁이 뒤따랐다. 환관이 명나라 중기와 말기에 수적으로나 영향력 면에서 크게 성장했기 때문이다. 왕조 말기에 조정은 아마도 10만 명의 환관과 10만 명으로 늘어난 황실 구성원을 먹여 살렸을 것이다.

송나라 때와 마찬가지로 명나라의 정치 문제들 역시 두 번째 상업 혁명이 중국 사회를 변화시키는 것을 막지는 못했다. 명나라 때는 서남부 지방에서 더 많은 토지가 개간되었고, 16세기 말엽, 담배, 옥수수, 땅콩, 토마토, 고추, 감자, 고구마 등 아메리카산 작물이 중국으로 유입되었다. 이 작물들은 예전에는 경작지로 사용한 적이 없는 구릉이나 모래흙에서도 잘 자랐고, 명나라 말기와 청나라 전 시기에 걸쳐 인구의 폭발적인 증가에 기여했다. 국제 교역이 꾸준히 성장했으며, 상인들은 엄청난 부를 축적함에 따라 아직 이론적으로는 아니더라도 실질적으로 유가의 상인에 대한 전통적 선입견에 도전하기 시작했다.

난징, 쑤저우, 항저우 등 남중국의 창장 강 하류 일대는 중국에서 가장 번영하는 지역이었다. 면화 생산이 명나라 때 급격히 증가했다. 농민들은 과일, 채소, 쌀, 밀, 설탕, 면화, 차, 담배와 같은 작물을 상품 작물로 특화시켰다. 은은 주요 교환 수단이 되었다. 엄청나게 많은 양의 은이 일본에서 중국으로 유입되었고, 1570년대 이후에는 에스파냐인이 페루와 멕시코에서 생산한 은이 유입되기 시작했다. 에스파냐인은 마닐라로 은을 가지고 와서 그곳에서 중국 상품, 특히 비단과 자기를 구입했다. 세계가 중국 비단, 차, 자기의 매력에 빠져들기 시작하자 수출량이 가파른 성장세를 보였다. 남방 도시 징더전景德鎭의 국영 가마는 명나라 때 1만 명 이상의 노동자를 고용할 정도였다. 그 지역의 좋은 진흙으로 1,300도가 넘는 높은 온도에서 구워 냄으로써 세계적으로 이름난 아름다운 청자와 백자를 생산했다.

은으로 만든 화폐

명나라 청화자기

6장. 근대 초기의 중국: 명 왕조(1368-1644)와 청 왕조 전반기(1644-1800)

명나라 말기에 중국은 지구상에서 가장 번영하는 나라였던 것으로 보인다. 일부 경제사가들은 1500 – 1800년에 신대륙에서 생산된 은의 사분의 삼 정도가 중국으로 흘러 들어갔을 것으로 추산한다. 중국 경제가 세계에서 가장 고도로 성장했고, 중국의 생산품 역시 세계 어느 나라보다도 저렴하면서도 품질이 우수했기 때문이다.[2] 특히 포르투갈 상인들은 1540년대에 이미 중국 남해안의 작은 반도 마카오를 거점으로 삼아 중국과의 교역에 뛰어들었다. 1619년 그들은 타이완의 남해안에 요새와 교역 거점을 건설했다. 16세기부터 중국 상인들은 동남아시아로 이주하기 시작했고, 19세기 말에 이르면 동남아시아의 거의 모든 나라에서 부유층을 형성한다. 이러한 번영의 결과 중국의 인구는 명나라 때 두 배 이상 증가했다.[3]

16세기 중국에서 일어난 미증유의 번영으로 사회적·문화적으로도 큰 변화가 일어났다. 16 – 17세기의 중국 지식인은 자신들의 삶에 모순이 증폭되고 있다는 사실을 깨달았고, 송나라 신유학이 부활한 이래 가장 창조적인 철학적 해석을 내놓기 시작했다. 학자들은 유가 사상에서 공적 활동을 중시하는 측면을 선호했지만, 관료가 되는 유일한 방법은 과거 시험에 합격하는 것뿐이었다. 그러나 과거 시험은 기계적인 암기가 필수였고, 팔고문八股文이라는 정형화된 문장 틀에 숙달되어야만 치를 수 있었다. 좋은 신하는 황제가 잘못을 저질렀을 때 반드시 비판해야 할 의무가 있었다. 황제에게 간언을 하다가 거의 죽기 직전까지 매를 맞고 유배를 가거나 심지어는 처형되기도 했지만, 명대에는 신하가 그런 행위를 하는 경우가 많았다. 이에 대해 두 가지 반향이 일어났다. 하나는 공직에 나가지 않는 것이었고, 또 하나는 유가 사상의 전통을 전체적으로 다시 한 번 재고하는 것이었다.

주희와 견줄 만한 유일한 후대의 유가 사상가로는 명나라의 학자 관료이자 선견지명이 있는 왕양명王陽明을 들 수 있다. 왕양명은 젊은 시절부터 유가의 성인이 되겠다는 포부를 갖고 있었다. 그는 과거 시험에 합격하여 관료 사회에서 두각을 나타냈지만, 그 정도로는 성에 차지 않았다. 서른네 살이 되던 1506년 그는 상소를 올려 황제가 부패한 환관을 비호하고 있다고 비판했다. 황제는 왕양명에게 곤장 40대의 태형을 내린 후 남중국의 외딴 곳으로 유배를 보냈다. 왕양명은 유배 기간 동안 어떤 돌파구가 될 만한 경험을 하게 되는데, 마치 불교도들이 깨달음이라고 부르는 것과 매우 흡사한 것이었다.

왕양명은 인간의 본성은 선하다는 맹자의 관념과 모든 사람은 불성을 지니고 있다는 선불교의 가르침으로부터 영향을 받았다. 왕양명은 도덕적 진리를 추구하기 위해서는 무엇보

왕양명 초상

다도 자신의 마음을 깊이 들여다보아야 한다고 주장했다. 왕
양명이 보기에 주희의 후계자들은 유가 사상을 고대 문헌에
대한 치밀한 연구를 중시하는 추상적인 철학으로 여기고 있
었다. 그는 아는 것(知)과 행하는 것(行)은 하나이며 같은 것
(지행합일知行合一)이라고 논증했다.

"앎이란 행위의 주된 의도이고, 행위란 앎의 공부이다. 앎
이란 행위의 시작이며, 행위는 앎의 완성이다."⁴⁾

왕양명의 새로운 견해에 담긴 뜻은 무척 심오하다. 선한 본
성의 씨앗을 지니고 있다면, 굳이 훌륭한 학자가 되지 않더라

도 선함, 심지어는 고귀함을 함양할 수 있다는 것이다. 왕양명의 제자들 가운데 어떤 이들은 이러한 원칙이 남성뿐 아니라 여성에게도 적용된다며, 남성을 우위에 두는 전통적인 유가적 사고방식에 도전장을 내밀었다. 어떤 추종자들은 왕양명의 생각을 백성에게 전했고, 비단으로 만든 관복이나 관모를 착용하기를 거부하기도 했다. 왕양명의 철학은 당대의 현실을 반영한 것이었다. 점점 더 많은 사람이 글을 알게 되었고, 굳이 과거 시험에 합격하여 공직 생활을 하지 않더라도 사회 전반의 부와 번영이 창조성을 발산할 수 있는 새로운 출구를 마련해 주었던 것이다.

명나라 때는 출판업이 전례 없는 호황을 누렸다. 도시를 소개하는 책자, 과거 시험 수험서, 남녀를 위한 설교 서적, 달력, 어려운 문어체가 아니라 구어체 중국어로 된 소설, 유행가, 시 그리고 상연뿐 아니라 읽기 위한 목적으로 만든 희곡 작품도 출간되었다. 장편 소설인 4대 기서도 16세기에 출간되었다. 4대 기서란 『삼국지연의』, 로빈 후드와 같은 송나라 유협들의 이야기를 다룬 『수호지』水湖志, 『서유기』, 돈 많고 쾌락을 쫓는 도시 상인과 그의 아내 그리고 다섯 후실의 성애를 통해 중국 사회를 풍자한 『금병매』金瓶梅를 말한다.

명나라 말기에 신분 간 경쟁이 치열해짐에 따라 회화, 서예,

고대 청동기, 괴석, 고서, 고가의 신간 수집을 비롯하여 다양한 모습의 예술품 감정 붐이 일어났다. 도시 상인과 학자 관료들은 조경 예술가와 건축가를 고용하여 연못, 바위, 나무, 대나무 숲, 정자, 다리, 산책로로 이루어진 우아한 정원을 만들었다. 작은 공간에 산과 숲의 아름다움과 장엄함을 드러내 보이기 위해서였다. 이러한 정원은 시 낭송, 서예 모임, 연극 공연, 철학적 토론이 끊임없이 이어지는 무대였다. 예술품 감식가들은 누가 문화적 품격이 가장 높은 벗들을 회합시킬 수 있는지를 놓고 경쟁을 벌이기까지 했다.

중국사에서 가장 창조적인 산수화 화가 가운데에는 명나라 사람도 있다. 명 조정 역시 이전의 왕조처럼 많은 화가를 고용하여 황제의 초상화, 궁궐과 사원의 벽화, 공식 행사를 기념하기 위한 그림을 그리도록 했다. 명나라 때 가장 잘 알려진 화가는 문인 화가들이었다. 이들은 창장 강 하류 지역, 특히 운하가 아름답게 수놓인 쑤저우蘇州 출신이었는데, 쑤저우 지식인 중에는 사유지와 정원을 소유한 이가 많았다. 명 왕조의 평화와 번영으로, 예술 애호가는 여러 지방을 자유롭게 여행할 수 있었고 이전의 대가가 그린 작품을 직접 볼 수 있었다. 당시 대가의 작품은 공적인 방식보다는 사적인 방식으로 수집되었다. 명나라의 산수화 화가들은 송나라와 원나라의 전통을 매우 중시했고, 종종 이전 대가들의 작품을 참고하여 그림을 그리기도 했다. 그와 동시에 어떤 명나라 예술가는 그림을 자신의 예술적 창조성을 드러내는 수단으로 사용하기 위해 이전부터 내려온 전통을 의도적으로 변형시키기도 했다.

명나라 여성들은 무척 흥미로운 역설을 보여 준다. 한편으로는 홍무제에 의해 여성이 따라야 할 '삼종지도'三從之道, 즉 여성은 아버지, 남편, 아들을 따라야 한다는 점을 강조한 유가 사상의 정통적인 이념이 널리 보급되었다. 명 조정은 과부가 자결하거나 독신으로 살아가는 가문에 상을 내렸다. 학자들은 덕망을 갖춘 과부들의 전기를 수집해 책으로 펴냈으며, 성적인 순결을 모든 여성이 지켜야 할 가장 중요한 덕목으로 강조했다. 어떤 학자들은 아직 혼례도 치르지 않았는데 배우자가 죽어 '과부'가 된 젊은 여성에게까지도 오래오래 순결을 지키거나 자결을 하도록 권장했다.

그러나 다른 한편으로는 출판업의 호황으로 예전보다 더 많은 여성이 글을 알게 되었다. 학자, 지주, 상인 계층의 여성은 남성 지식인 못지않게 예술과 문학에 대한 열정을 불태웠다. 명나라 말기, 소설과 희곡, 연애 소설이 매우 인기 있는 문학 장르가 되었다. 유명한 지식인 중에는 기생(정부情婦)과 대놓고 연애를 즐긴 사람도 있었다. 일류 기생은 신분상의 속박을 받았지만 위대한 시인, 화가, 서예가, 음악가만큼이나 유명세를 탔다.

이들 가운데 가장 유명한 기생으로 유여시柳如是를 들 수 있다. 그녀는 어린 시절 기방妓房(좀 고상하지 못한 표현으로는 기생집)에 팔렸다. 이는 가난한 집 여성에게 종종 있는 일이었다. 기방에 팔려온 여성은 처음에는 여종으로 일한다. 나이가 어느 정도 차면 기방에 온 남성 고객에게 '봉사'하는 법을 배운다. 열네 살의 유여시는 한 정부 고관의 집에 첩으로 팔려갔다. 그녀는 얼마 안 가서 그 고관의 총애를 받게 되었고, 그는 많은 시간을 들여 그녀에게 시, 그림, 서예를 가르쳤다. 유여시가 집안사람들로부터 질투를 받자 그 고관은 그녀를 예전의 기방에 다시 팔았다.

그녀는 저명한 정부 고관의 첩 출신으로서 수많은 정부 관료가 살았던 창장 강 남쪽의 도시 쑹장松江 지역에서 가장 잘 나가는 기생이 되었다. 이후 몇 년 동안 유여시는 명나라의 저명한 시인이자 학자 관료였던 진자룡陳子龍, 전겸익錢謙益 등 여러 유명 인사와 사랑을 나누었다. 전겸익은 여러 달 동안 유여시와 함께 배로 여행했고 그녀와 정식으로 혼인했다. 비록 정실부인이 있었음에도 불구하고 말이다. 이 사건은 당시 엄청난 스캔들이었지만, 전겸익은 워낙 유명 인사였던 터라 명성에 해를 입지 않았다.

1644년 명 왕조가 무너지자 유여시는 전겸익에게 자결을
하라고 설득했다. 이런 상황에서 충신은 마땅히 자결해야 한
다고 생각했기 때문이다. 그녀의 설득을 받아들일 수 없었던
전겸익은 청나라에 투항하여 관료 생활을 이어나가다가 2년
뒤에 사직했다. 그는 이렇게 우유부단한 판단을 했다는 이유
로 비난을 받아야 했다. 그와 유여시는 말년에 이르러 점차 불
교에 빠져들었다. 명 왕조가 사라진 데 대한 위안을 받음으로
써 분노의 감정을 떨쳐 내기 위해서였다. 그녀의 딸이 혼인을
하고 2년이 흐른 뒤인 1663년 유여시는 머리를 깎고 비구니
가 되었다. 전겸익은 그 이듬해에 죽었다. 친인척이 남편의 토
지로 몰려와 그의 재산을 내놓으라고 요구하자 유여시는 스
스로 목을 매 자살했다. 전겸익의 아들은 그녀를 전겸익의 둘
째 부인 자격으로 그의 곁에 묻었다.

유여시는 기생과 첩을 천한 신분으로 여기는 문화적 풍토
속에서 살았음에도 불구하고, 시와 회화 분야에서 훌륭한 재
능을 발휘하여 이후로도 줄곧 폭넓은 사랑을 받았다. 그녀가
많은 사람으로부터 사랑을 받을 수 있었던 것은 명 왕조에 대
한 확고부동한 충성심과 남편 친인척의 탐욕과 오만, 악의를
막기 위해 자결을 선택한 그녀의 행위를 통해서도 알 수 있듯

이, 그녀가 매우 용기 있고 강직한 성격의 소유자였기 때문이다. 그녀는 한 사람의 평범한 기생도 중국 남성 지식인의 위대한 예술적 교양 그리고 중국 문명의 가장 높은 수준의 이상과 경쟁할 수 있다는 사실을 모든 이들에게 보여 주었다.

문학 장르에서 연애라는 주제는 명나라 때 기생 문화가 유행한 데서 비롯된 것이긴 하지만, 학자 관료의 부인 역시 남편과 함께 연애 소설을 읽었고, 어떤 이들은 우호적인 부부 관계를 유지하면서 남편과 아내가 동일한 지적·문화적 취미를 즐기기도 했으며, 감성적으로 연인이자 친구 사이가 되기도 했다.

문화적으로 위대한 시기였던 명나라 말기는 정치적·경제적 문제들로도 부글부글 끓은 시대였다. 16세기 번영의 파도는 남중국의 창장 강 하류 유역에 국한되었을 뿐, 북부나 서남부 지방으로는 흘러가지 못했다. 부자들은 세금을 회피하기 위해 온갖 편법을 다 동원했고, 늘어난 세금 부담은 고스란히 빈민에게 전가되었다. 빈곤이 만연하면서 수많은 농민이 부유한 지주에게 높은 지대를 지불하는 소작농으로 전락했다. 16세기의 주요 조세 개혁을 일조편법一條鞭法이라고 하는데, 일조편법은 토지세와 인두세를 하나로 통합해 일 년에 한 번 은으로 납부하는 제도로, 조세의 효율성을 높이기 위한 것이긴 했지만 높아만 가는 빈민의 세금 부담을 낮추기에는 역부족이었다.

설상가상으로 17세기 초 강력한 환관 세력과 개혁 성향의 학자 관료 사이에 벌어진 치명적인 당파 싸움으로 명 조정은 마비 상태였다. 명나라 말기 가장 악명 높은 환관이었던 위충현魏忠賢은 1625년 조정의 실권을 장악했다. 그는 (도덕적이고 개혁 성향이 강한 학자들이 모여 공부하던 동림당東林黨의 운동을 뜻하는) 동림운동東林運動을 강하게 탄압하여 수천 명의 학자 관료를 투옥, 고문하고 처형했다. 1627년 열여섯 살짜리 황제는 새로 등극하자마자 위충현을 체포했는데, 그는 감옥에서 스스로 목을 매 자살했다. 그러자 관료들은 왕조가 다시 부흥할 수 있을 것이라는 희망을 갖게 되었지만, 명나라의 몰락은 상황을 반전시키기에는 이미 너무 멀리 와 있었다. 국가 재정은 1590년대 일본의 침략을 받은 조선을 구원하느라 거의 파산 상태였고, 1620년대가 되자 명 조정은 국내의 평화를 유지할 수 있는 힘을 상실하고 말았다.

1628년 중국 서북부의 기근으로 농민 반란이 일어났고, 1634년에는 영토의 상당 부분이 이자성李自成과 장헌충張獻忠이 각각 이끄는 농민 반란 세력의 수중에 떨어졌다. 1639년 일본과 에스파냐 상인이 중국으로 은 공급을 중단하자 은 가격이 폭등했고, 농민들이 높은 지대와 세금에 저항하여 항조 운동 抗租運動을 일으켰다. 1642년 반명反明 세력은 황허 강의 둑을 무너뜨렸고, 홍수, 기근, 천연두가 전국으로 퍼져 나갔다.

전 지역에 걸친 반란은 1644년 최고조에 이르렀다. 이자성의 군대는 베이징을 장악했고, 명나라의 마지막 황제는 자금성이 내려다보이는 언덕◆에서 자결했다. 규율이 엉망이었던 이자성의 군대는 베이징과 주변 지역 백성을 공포로 몰아넣었다. 명나라 최고의 장군 오삼계吳三桂는 베이징 북쪽의 장성을 지키고 있었다. 자세한 사정은 아직 밝혀지지 않았지만, 오삼계는 엄청난 군사력을 지닌 만주족 군대를 장성 이남으로 끌어들여 그들과 함께 반란군으로부터 베이징을 탈환했다. 만주족은 송나라 때 북중국을 차지했던 여진족이 세운 금 왕조 지배층의 후예였다. 1616년 이미 다른 한족 왕조처럼 후금後金을 건국했던 만주족은 1636년 왕조의 이름을 청淸으로 바꾸었다.[5]

오삼계는 만주족의 역량과 야심을 분명히 간파하고 있었다. 비록 그가 만주족이 장성을 뚫고 남하하도록 불러들인 것은 명 조정을 지켜 주는 대가로 만주족에게 단지 전리품만 챙

◆지금의 징산공원景山公園.

누르하치 초상

겨 주기로 한 것이라는 측면에서 설명되긴 하지만 말이다. 어쨌든 만주족 군대가 매우 강력하며 훈련이 잘되어 있다는 사실은 얼마 안 되어 분명하게 드러났다. 만주족 군대는 네 개는 전체가 색이 칠해져 있고, 네 개는 테두리에만 색이 칠해져 있는 여덟 개의 다른 색 깃발, 즉 팔기八旗 제도로 조직되었다. 만주 팔기와 한인 팔기, 몽골 팔기가 있었는데, 기병과 궁수를 비롯한 모든 군사는 만주족의 지휘를 받았다. 그들은 단시간에 베이징을 장악하여 질서를 회복시켰고, 천명이 청 왕조로 돌아섰음을 선언했다.

한족은 만주족에게 항복하긴 했지만, 평화와 번영 속에 자신들의 일상과 문화를 계속 영위해 나갈 수 있도록 보장을 받

팔기군의 여덟 깃발

았다. 하지만 만주족은 저항하는 한족은 용서하지 않았다. 남
중국 도시 양저우揚州가 항복을 거부했을 때 어떤 최후를 맞
았는지를 보면 짐작할 수 있다. 만주족 군대는 양저우를 점령
한 뒤 10여 일 동안 무자비하게 강간과 약탈을 자행하고 백성
을 닥치는 대로 살육했다. 어떤 중국 관료는 목숨을 걸고 끝까

이 만주 팔기군은 황제 친위대 소속으로, 웅크린 자세로 활을 당기고 있다. 만주족 군대는 강력한 활과 화살이 가득 든 화살통을 지닌 채 전속력으로 말을 달리며 목표물을 정확히 명중시킬 수 있었다. 최고의 그리고 가장 믿음직한 군사만이 최정예 황제 친위대에 들어갈 수 있었다.

지 저항했고, 침략자의 군대에게 능욕을 당하기 전에 가족을 자기 손으로 죽이기도 했다. 그러나 오삼계를 비롯한 다른 수많은 한족은 만주족 침략자에게 긴밀히 협력했다. 그들은 명

나라는 더는 희망이 없으며 만주족의 규율 잡힌 통치가 평화
로운 미래를 열어 줄 것이라고 기대했다. 한족 엘리트의 입장
에서 볼 때, 명나라 말기의 농민 반란과 항조 운동은 만주족의
통치를 받는 것보다 훨씬 더 끔찍한 일이었음이 틀림없다.

만주족이 한족의 생활에 개입한 것 가운데 가장 눈여겨볼
만한 것은 모든 한족 남성에게 만주족의 헤어스타일, 즉 변발
辮髮을 강요했다는 사실이다. 변발은 머리의 앞부분을 깎고 나
머지 부분을 한 줄로 땋아 뒤로 늘어뜨리는 것이다. 헤어스타
일은 강한 상징적 의미를 지니는 것이었고, 한족 남성은 (오
늘날 일본의 스모 선수처럼) 긴 머리를 상투로 틀어 올리는
것을 늘 자랑스럽게 여겨 왔다. 만주족은 한족 남성에게 변발
을 강요함으로써 한족 사이에서 거센 반발을 불러일으켰지만,
어쨌든 변발은 만주족 권력에 대한 한족의 복종을 가시적으
로 보여 주는 상징으로 작용했다.

만주족과 한족 협력자들이 효과적으로 운영했음에도 불
구하고, 청 왕조를 반석 위에 올려놓는 데에는 한 세대 정도
의 시간이 필요했다. 1669년 열다섯 살의 강희제康熙帝는 권력
을 쥐고 있던 섭정 오보이가 반역을 꾀하고 있다는 확신이 들
자 그를 체포한 뒤 실권을 장악했다. 그리고 4년이 흘러 황제
가 열아홉 살이 되었을 때, 명나라 출신의 세 장군이 청 왕조

1865년 촬영한 베이징의 떠돌이 이발사. 머리의 앞과 옆 부분은 깎고 한 줄로 땋아 뒤로 늘어뜨리는 만주족 헤어스타일(변발)로 한 손님의 머리를 깎아 주고 있다. 변발은 1644년 만주족 통치에 대한 한족의 복종을 뜻하는 의미로 모든 한족 남성에게 강제 시행되었다. 떠돌이 이발사는 장대에 이발 도구를 매달고 어깨에 맨 채 돌아다녔다. 장대의 한쪽에는 손님용 의자로도 사용할 수 있는 상자를 매달았는데 여기에 주발, 면도기, 솔이 들어 있었고, 다른 한쪽에는 물통, 사발, 숯가마가 달려 있었다.

에 반란을 일으켰다. 여기에는 남중국의 번왕으로 임명되었던 오삼계도 포함되어 있었다. 1681년 강희제는 이들의 반란을 진압하는 데 성공했다. 2년 뒤 청나라 군대는 타이완을 점

6장. 근대 초기의 중국: 명 왕조(1368-1644)와 청 왕조 전반기(1644-1800)

령함으로써 명나라에 계속 충성하며 만주족의 통치에 저항하던 잔여 세력을 완전히 일소했다.

동시대 러시아의 표트르 대제와 비교되기도 하는 강희제는 중국 역사상 가장 뛰어난 황제로 손꼽힌다. 그는 1722년 세상을 떠날 때까지 60년 동안 재위했는데, 이 재위 기간은 중국의 역대 황제 가운데 최고 기록이다. 강희제는 1712년 이후에 추가된 인정人丁에게 인두세를 면제해 주는 제도를 시행했다. 그는 북쪽으로 제국의 영토를 확장하여 조선, 러시아와의 국경을 오늘날의 모습으로 획정했다(일부는 영토 분쟁 지역으로 남아 있다). 그리고 중앙아시아의 몽골족에 대한 원정을 성공적으로 수행했으며, 군대를 파견하여 티베트를 점령했다. 그리하여 한나라나 당나라보다 훨씬 더 서쪽으로 국경을 확장했다.

강희제가 위대한 황제가 될 수 있었던 것은 단지 정복 전쟁에 탁월한 역량을 발휘했기 때문만은 아니다. 우수하면서도 헌신적인 한족 인재를 관료로 선발하는 능력 때문이기도 했다. 그는 근면하고 성실했으며 신하들의 간언을 귀담아들을 줄 아는 황제였다. 그런 황제였기에 신하들은 더욱 충성하고 헌신했다. 강희제는 명나라의 충신들이 청 왕조에 대놓고 저항하지만 않는다면, 청나라에 복종하기를 거부한다 해도 높

기원전 500   기원   500   1000   1500   2000

267

강희제 초상

이 평가했다. 그는 명 왕조의 정사正史를 편찬하기 위해 특별
시험으로 저명한 한족 학자들을 선발했다. 이는 자존심 강한
한족을 만주족의 통치 영역으로 끌어들일 수 있는 매우 효과
적인 방법이었다. 그는 만주족의 통치에 대한 저항이 가장 심

했던 남중국의 한족에게 과거 시험을 개방했다. 그는 한족의 예술, 철학, 시를 보존하기 위해 노력했다. 학자와 관료들을 선발하여 방대한 규모의 백과사전, 여러 종류의 중국어 사전, 철학 분야에서 중요한 저작의 정본, 당나라 때의 시를 엮은 시집 등을 편찬했다.

강희제는 16세기 무렵부터 예수회 선교사들이 중국에 가져온 서양의 지식에 관심이 많았다. 명나라 말기 조정에서 일한 몇몇 예수회 선교사들은 서양의 천문학, 역법, 수학, 지리학, 군사학 이론을 소개했다. 예수회 선교사들은 중국의 조상 숭배가 단지 조상에 대한 존경을 드러내는 의식일 뿐 우상 숭배는 아니라고 여겼다. 그래서 중국인 개종자들이 중국적인 신조와 관습에 따라 사회적 의무를 이행하는 것에 반대하지 않았다. 그러나 18세기 초 교황의 사절단은 청 조정에 도착해서 중국인 기독교도가 조상 숭배 의식을 행해서는 안 된다고 선언했다. 이러한 불관용적인 모습이 드러난 데다 국적이 다른 서양 기독교 선교사들 사이에 질투와 경쟁이 심화되자 강희제는 선교사의 활동을 더욱 제한했고, 중국 황제를 개종시키려는 예수회의 꿈은 물거품이 되고 말았다.

1722년 강희제가 죽자 또 한 사람의 강력하고 유능한 통치자 옹정제雍正帝가 뒤를 이었다. 어떤 사람들은 옹정제가 아버

지를 독약으로 살해하고 권좌를 차지했다며 비난했다. 그것
이 사실이든 아니든, 그는 아버지보다 훨씬 더 신중했고 의심
이 많은 성격의 소유자였다. 그는 한족 관료들의 힘을 약화시
키고 조정 내에서 자신의 의지를 더욱 강하게 관철하기 위해
하나하나씩 조치를 취해 나갔다. 옹정제는 아버지가 마련한
비밀 상소 제도◆의 시행 범위를 더욱 넓혔다. 고위 관료들이
제국 전역에 설치된 역참을 이용하여 자신에게 은밀한 상소
를 신속히 보내도록 했다. 그는 또한 철저한 조세 개혁을 단행
하여 부자와 특권층 사이에 만연한 탈세 관행을 뿌리 뽑으려
했다.

　1735년 옹정제가 죽자 건륭제乾隆帝가 즉위했다. 그는 할아
버지 강희제처럼 60년 동안 재위했다. 그는 여러 면에서 할아
버지에 필적하려고 노력했다. 건륭제는 강희제처럼 제국의
남부 지방을 순행했다. 티베트에 대한 내정 간섭을 강화했는
데, 18세기 말 티베트가 네팔의 구르카족으로부터 공격을 받
자 티베트를 구원했다. 그는 또한 서쪽으로 더욱 진출하여 청
나라의 통치 범위를 중국령 투르키스탄(오늘날의 신장 위구르 자치구)
에 있는 몽골 지역으로 확대했다. 오늘날 중국의 국경선은 건

◆주접 奏摺.　◆◆문연각文淵閣. 건륭제가 『사고전서』를 수장하기 위해 만든 장서각.

건륭제 초상

륭제 치세에 획정된 청나라 국경선과 거의 흡사하다.

건륭제는 또한 할아버지처럼 예술, 철학, 시 등 중국 문화의 후원자 역할을 했다. 그는 매우 열성적인 예술품 수집가였으며, 중국 역사상 가장 큰 도서관을 만들었다.♦♦6)『사고전서』四庫全書는 그때까지 중국에서 출간된 중요 문헌을 집대성한 것이다. 건륭제가『사고전서』를 편찬한 이유 중 하나는 당시까지 알려진 모든 문헌을 수집하고 조사함으로써 청 왕조나 사회 질서에 해롭다고 판단되는 것을 가려내어 금서 조치를 하기 위한 것이었다. 그러므로 일부 군사 관련 문헌, 만주족을

문연각

비난하는 문헌, 외설적이거나 반유가적이어서 이단적인 것으로 판단되는 문헌은 모두 소각되었다. 반정부적인 문헌을 몰래 소장한 사람은 사형을 당했지만, 그런 문헌을 신고하는 사람은 처벌받지 않았다.

청나라의 위대한 세 황제인 강희제, 옹정제, 건륭제는 중국 황제의 이상적인 모범을 중국어가 통용되는 세계의 범위 너머로 확장함으로써 성군으로 자처했다. 그들은 만주족을 비롯하여 한족, 몽골족, 위구르족, 티베트인 그리고 중국 남부와 서남부에 있는 수많은 소수 민족을 아우르는 다민족 국가를 이룩했다. 그들은 매우 성실했고, 유가 사상과 불교의 전통에 깊이 정통했지만, 자신들의 통치에 대한 비판은 용납하지 않았다.

만주족 황제들과 한족 관료들은 18세기를 중국 역사상 가장 평화롭고 번영을 누린 위대한 시기라고 생각했다. 이 시기는 문화적으로 그리고 정치적으로 보수적인 시기였다. 여기에는 황제들의 강력한 의지가 작용한 측면도 있었고, 한족 학자 관료들이 그러한 시대적 흐름을 수용한 측면도 있었다. 한족 학자 관료들은 명나라 말기에 유행한 개인주의와 철학과 예술 분야에서의 창조성을 부정했다. 이러한 경향이 명나라의 몰락과 청나라의 정복에 어느 정도는 영향을 끼쳤다고 여겼기 때문이다. 왕양명 학파는 청 왕조 초기에 푸대접을 받았지만, 예술과 철학 분야에서 창조적 발전도 있었다. 비록 명나라 말기만큼 활기가 넘치지는 않았지만 말이다. 일부 화가와 저자들은 만주족의 통치나 중국 사회에 대한 불만을 표출하기 위해 미묘한 방식을 사용하기도 했다.

18세기 중반 중국 역사상 위대한 작품으로 평가받는 두 편의 소설이 탄생했다. 과거 시험에 실패한 오경재吳敬梓는 뛰어난 사회 풍자 소설 『유림외사』儒林外史를 지었다. 이 책은 오로지 과거 시험의 합격, 부의 축적, 신분 상승에만 관심이 있는 무식하고 오만한 학자들을 조롱하는 소설이다. 조설근曹雪芹은 조부가 강희제의 최측근이었던 사람인데, 『홍루몽』紅樓夢(『석두기』石頭記라고도 불린다)을 지었다. 이 책은 중국의 가장 위대한 소설로 널리 알려져 있다. 불교의 환생이라는 구조를 통해 물질적 삶의 환영적인 속성을 고발한 『홍루몽』은 어느 권세 있는 가문이 점차 가난과 치욕의 상태로 전락해 가는 과정을 흥미진진한 심리 묘사를 통해 보여 주는 작품이다.

이 두 소설은 건륭제의 치세가 겉보기에는 영광으로 가득차 보이지만, 결론적으로는 왕조 쇠퇴의 확실한 징후를 보여 주었다는 점에서 예언적인 작품이다. 조정의 정책과 재정은 18세기의 가파른 인구 증가 속도를 따라잡지 못했다. 건륭제는 마지막 20년 동안 만주족 수행원 화신和珅을 무척 총애했는데, 화신은 특권적 지위를 이용해 수십만 톤의 은을 사적으로 횡령했다. 화신의 부정부패는 건륭제 말년에 지속된 군사 원정과 더불어 건륭제 치세 말기에 국가 재정을 거의 파산 직전으로 몰아넣은 계기가 되었다.

1799년 건륭제가 죽자 관료들은 마침내 화신을 탄핵했다. 건륭제의 아들 가경제嘉慶帝는 화신을 투옥하고 부정부패 혐의로 자결을 명했다. 그의 재산을 모두 환산해 보니 지난 20년

홍루몽에 나오는 대관원

홍루몽 63회를 묘사한 그림

동안의 국가 수입의 약 절반에 맞먹을 정도였다고 한다. 화신은 건륭제 말기에 청나라가 쇠퇴하기 시작했음을 보여 주는 하나의 징조였다. 하지만 그보다 더 불길한 징조는 5개 지방에 걸쳐 10년 동안 지속되면서 왕조를 혼란에 빠뜨린 농민 반란이었다. 이 농민 반란은 명 왕조의 운명을 결정지은 것과 똑같은 백련교 세력이 이끌었다. 이 반란은 1804년 진압되었지만, 청나라 군대는 반란을 진압하는 과정에서 엄청난 난관에 봉착해야 했다. 비교적 평화로웠던 한 세기가 지나는 동안 만주 팔기 군대의 전투력이 급격히 떨어져 있었기 때문이다.

7장

청 제국의 쇠퇴와 몰락, 그 후(1800 – 1920)

청나라가 쇠퇴할 무렵 유럽에서는 산업 혁명이 진행되었다. 호전적인 서유럽 국가들은 무역과 전쟁이라는 두 가지 사업을 통해 세계를 지배하려 했다. 청나라가 기울기 시작한 때가 유럽에서 이 두 가지 변화가 일어난 시점과 정확히 일치한다는 것은 역사의 잔혹한 우연이었다. 15－16세기에 에스파냐와 포르투갈이 처음으로 아시아 교역을 독점했고, 그다음으로 17세기에는 네덜란드가 교역을 독점했으며, 18세기에는 영국이 유럽의 새로운 강자로 떠올랐다. 서유럽 국가들은 이 기간 동안 교역과 전쟁에서 우위를 점하면서 수백만 명의 아프리카인을 노예로 삼았으며, 신대륙, 아프리카, 인도 등지를 정복하여 식민지로 삼기 시작했다. 하지만 청 조정은 이러한 상황에 대해 거의 알지 못했다.

18세기 말 영국 무역업자들은 중국과의 교역에서 발생하는 여러 난관 때문에 좌절을 맛보고 있었다. 중국 비단, 자기, 차에 대한 영국인의 수요가 날로 증가했고, 영국은 중국과의 무역에서 매년 은 수십만 톤의 무역 적자를 기록하고 있었다. 중국의 유가적 사고방식으로 볼 때 상인은 천한 신분으로 여겨졌다. 청 조정은 국제 교역을 새로운 부를 창출하기 위한 것이 아니라 문명이 덜 발달한 '야만인'이 천자와 그 조정에 존경을 표시하는 대가로 그들에게 호의를 베푸는 것쯤으로 여겼다. 영국 상인들은 서양에서는 칸톤Canton으로 알려진 광저우의 동남쪽 항구에서만 교역을 허락받았다. 그곳에서 그들은 일부 제한된 지역에서만 활동할 수 있었으며, 잠시 배를 대고 짐을 싣고 내리는 일 말고는 할 수 있는 일이 거의 없었다.

좌절에 빠진 영국 정부는 1793년과 1816년 두 차례에 걸쳐 베이징의 청 조정에 외교 사절단을 파견했다. 영국 상인들에게 새로운 무역항을 개항해 주고 영국 정부가 파견한 외교관이 베이징에 상주할 수 있도록 허가해 줄 것을 요구하기 위해서였다. 1793년 건륭제는 영국의 요구를 모두 거부했다. 그리고 만약 영국 상인이 광저우가 아닌 다른 지역에 상륙한다면 모두 추방하겠다고 경고하면서 마치 신하에게 명령을 내리는 것과 같은 어조로 이렇게 말을 끝맺었다. "내 명령에 벌벌 떨며 복종하라. 여기에 한 치의 어긋남도 있어서는 아니 될 것이다."[1]

황제의 오만한 태도를 보면, 그가 18세기 말 당시 세계의 권력 지형이 어떻게 바뀌어 가고 있었는지를 거의 깨닫지 못하고 있었음을 알 수 있다. 1793년 건륭제가 다스리고 있는 청나라에 사신으로 파견된 매카트니 경Lord Macartney은 청 조정의 무능함과 허약함에 큰 충격을 받았다. 그는 중국이라는 배가 이미 치명적인 손상을 입고 가라앉기 시작했음을 예리한 통찰력으로 꿰뚫어 보았다. "이 배는 아마도 당장 가라앉지는 않을 것이다. 한동안은 난파된 채 표류하겠지만, 얼마 못 가서 산산조각이 난 채로 해안으로 떠밀려 올 것이다. 하지만 이 배는 결코 근본적으로 수리될 수는 없을 것이다."[2]

대對중국 교역으로 발생한 여러 문제는 19세기 초 세계로 팽창하고 있던 대영 제국에게 그리 대수롭지 않은 것이었을지도 모른다. 그러나 이후 수십 년 사이에 하나의 새로운 변수가 등장하여 두 나라의 관계를 크게 악화시켰다. 바로 아편이었다. 1800 - 1810년에 중국은 서양(대다수는 영국) 상인과의 교역을 통해 약 7톤의 은을 축적했다. 중국인이 영국 상품에 거의 무관심했던 반면, 영국은 중국 차 소비국이 되었기 때문이다. 영국 상인들은 무역 적자를 해소하기 위해 아편을 재배하여 중국에 수출하는 방법을 궁리해 냈다. 영국 상인들은 계속 증가하는 중국 차, 비단, 자기 수입에 대한 대가를 지불하기 위해 영국이 통제하고 있는 인도의 플랜테이션 농장에서 중독성 있는 아편을 재배하여 중국에 수출하기 시작했다.

양귀비 재배를 통해 생산되는 아편은 오랫동안 중국에서 설사 치료제로 알려져 왔으며, 아편 중독은 그리 심각한 사회 문제로 인식되지 않았다. 그런데 18세기가 되자 양귀비로부터 수액을 기화시켜 긴 줄기의 관을 통해 흡입하면 이것이 혈관에 공급되어 강력한 쾌감을 불러일으킨다는 사실이 알려졌다. 아편 흡입은 신체적·정신적 고통을 해소하고 권태감을 달래 주었다. 이는 중독성이 대단히 강했고, 끊으면 냉기, 떨림, 혹독한 옥죔, 메스꺼움과 같은 금단 증상이 나타났다. 영국 무역업자들이 중국과 무역 수지의 균형을 맞추기 위해 이처럼 마법과도 같은 해결책을 꺼내 들자 아편 중독은 치명적인 위험성을 거의 인식하지 못했던 중국인 사이에 급속도로 퍼져 나갔다.[3]

아편 무역 증가로 인한 경제적 영향은 사회적 영향만큼이나 치명적이었다. 1820년대 중반이 되자 중국의 무역 흑자 시대도 막을 내렸다. 영국이 아편 수출로 벌어들인 수익으로 차, 비단, 자기의 수입 비용을 충당함에 따라, 1831 - 1833년 283톤의 은이 중국을 빠져나갔다. 1836년 영국 상인들은 중국에서 약 1,800만 달러어치의 아편을 팔았고, 1,700만 달러어치의 차를 매입했다. 청 조정은 일찍이 1807년에 아편 문제의 심각

7장. 청 제국의 쇠퇴와 몰락, 그 후(1800 - 1920)

아편 흡입은 행복감과 함께 무력감을 동시에 가져다주었다. 이 남자들은 한 정원에 있는 휴대용 돗자리에 엎드린 채 자신들의 취미에 몰두하고 있다. 18세기에 광저우에서 영국 상인들이 아편을 판매하기 시작한 이래, 아편 중독은 전 사회 계층으로 급속히 퍼져 나갔고, 범죄와 가정 파괴로 이어지면서 심각한 사회 문제와 경제 문제를 야기했다. 반면 영국은 아편 수출로 번 돈으로 차, 비단, 자기 소비량 전체를 충당하고도 무역 흑자를 기록했다.

성을 인식하기 시작했다. 당시 조정 관료들은 중국의 아편 금지법이 너무 느슨하다며 불만을 터뜨렸다. 간혹 외국의 아편 상인이 광저우에서 체포되는 경우가 있긴 했지만, 외국 상인들은 청 조정으로부터 받는 봉급이 적은 지방 관리들에게 뇌

물을 주고 다른 판매 루트를 개척할 수 있었다. 1830년대에 일부 중국 관료들은 아편을 합법화하고 그 대신 관세를 징수하자고 주장했다. 하지만 다른 관료들은 그와 같이 해로운 아편을 합법화하는 것은 도덕적으로 문제가 있다며 반대했고, 결국 아편 무역 반대파가 승리를 거두었다.

1839년 초, 강직한 성품의 임칙서林則徐라는 관리가 아편 무역을 근절하라는 청 조정의 명을 받고 광저우의 무역 감독관◆으로 임명되었다. 그가 아편 금지령을 내리자 서양 상인들은 1,000여 개의 아편 상자를 넘겨주었는데, 이 정도의 물량은 광저우 인근에서 수로를 통해 공급되는 전체 아편 물량의 극히 일부분에 지나지 않았다. 임칙서는 350명의 서양인을 체포하여 하인들은 빼놓은 채 그들의 '공장'(창고)에 감금해 버렸다. 그러고는 보유하고 있는 아편을 모두 넘겨야만 석방하겠다고 선언했다. 그리하여 임칙서는 두 달 만에 한 상자에 226킬로그램 정도의 무게가 나가는 2만 1,000개가 넘는 아편 상자를 모았는데, 이는 그해 전체 무역량의 약 절반에 해당하는 양이었다. 임칙서는 아편의 전체 물량을 공개 소각했는데, 당시 소각된 아편의 양은 서양 상인들에게 1,000－2,000만 달

◆ 흠차대신欽差大臣.

7장. 청 제국의 쇠퇴와 몰락, 그 후(1800－1920)

임칙서 초상

러의 수입을 가져다주었을 물량이었다. 이는 광저우의 서양 상인과 런던의 영국 정부에게 대단히 충격적인 사건이었다.[4]

　임칙서와 청 조정의 입장에서 볼 때 아편 소각은 대단히 적법한 절차에 따라 집행된 것이었다. 그러나 영국 정부에게는 자유 무역에 반하는 약탈 행위이자 영국 국민의 권리를 마구 짓밟고 영국 왕실을 모독한 행위였다. 1840년 대영 제국은 군함 16척, 무장 증기선 4척, 수송선 27척과 군인 수송선 1척 등 총 4,000명의 병력을 청나라로 파병했다. 중국은 영국의 군사력을 막아낼 만한 해군력을 보유하지 못했고, 아편 무역을 계속 강행하려는 영국 정부의 의지가 얼마나 확고한지를 거의 깨닫지 못하고 있었다.

2년 동안 전투를 중단하고 협상을 벌였다. 하지만 협상이 실패로 끝나자 1만 명으로 증원된 영국 군대는 중국 동부 해안의 주요 항구 도시들을 봉쇄하고 창장 강을 따라 난징으로 진격하면서 청 제국을 두 동강 내겠다고 위협했다. 상황이 이 지경에 이르자 청 조정은 백기를 드는 것 말고는 선택의 여지가 없었고, 영국이 원하는 굴욕적인 요구 조건을 모두 받아들여야 했다. 그 결과 1842년 난징 조약이 체결되었다. 난징 조약에 따르면, 중국은 영국이 아편 전쟁에서 입은 재정적 손실(1,200만 달러), 소각한 아편에 대한 대가(줄잡아 600만 달러), 중국 상인이 영국 상인에게 진 빚(300만 달러)을 모두 지불해야 했다. 또한 대영 제국은 남중국 해안에서 남쪽으로 떨어져 있는 어촌 마을 홍콩 섬을 할양받았는데, 홍콩에는 세계에서 가장 수심이 깊은 항구 가운데 하나로 판명 난 항구도 하나 있었다. 그 밖에 영국과의 교역을 위해 5개의 해안 도시가 개항되었는데, 이후 중국은 다른 서양 정부들에게도 이 5개 도시를 개항하기로 약속했다.

아편 전쟁에 이은 추가 조약으로, 중국은 서양 국가들과 무역할 때 협정 관세를 적용하고, 영국과 맺은 계약 내용을 다른 모든 서양 국가에게도 확대 적용하며◆, 서양인이 중국 내에서 중국 법이 아니라 서양 법의 적용을 받는 치외 법권을 인정해야 했는데, 청 조정은 이 조항들에 모두 동의했다. 앞으로 서양과 교역이나 외교를 할 때, 이 조항들이 자신들의 결정권을 포기해야 하는 것을 의미한다는 사실을 미처 깨닫지 못한 채 말이다. 아편에 관한 조항은 조약문의 어디에도 따로 명문화하지 않았지만, 아편 무역은 특별한 제한이나 관세 없이 앞으로도 계속하는 것으로 양측 모두 묵인했다. 1880년대까지 중국은 매년 약 8만 상자의 아편을 수입했는데, 이는 1830년대 말에 수입된 물량의 두 배에 해당하는 것이었다.

아편 전쟁은 무척 고통스러운 사건이었지만, 이것은 청 조정이 19세기에 맞닥뜨릴 수많은 고난의 시작에 불과했다. 전쟁과 아편 무역으로 경제·사회 혼란이 지속되자 종교적 성향을 띤 농민 반란이 청 왕조의 존망을 코앞에서 위협했다. 태평천국 운동은 태평천국太平天國(대단히 평화로운 하늘의 왕국)을 건설하려는 농민 반란이었다. 반란군 지도자는 홍수전洪秀全이라는 사람으로, 과거 시험에서 낙방한 남중국의 한 수험생이었다. 홍수전은 여성이 전족을 하지 않는 남중국의 객가客家◆◆라는

◆최혜국 대우 ◆◆중국 황허 강 북부에 살던 한족이었으나, 서진西晉 때부터 전란을 피해 남

소수 집단 출신이었다. 그는 과거 시험에 여러 차례 낙방한 뒤 열병에 걸렸고 꿈속에서 환영에 시달렸다. 그는 병이 나았을 때, 예전에 한 기독교 선교 책자를 읽은 적이 있었던 사실을 떠올렸고, 그 책자의 내용이 꿈속에서 본 환영의 모습과 같다는 사실을 깨달았다. 그때부터 홍수전은 자신이 서양인이 믿는 기독교 하나님(상제上帝)의 둘째 아들이자 예수의 동생이라고 믿게 되었다.

홍수전은 추종자들로부터 자금을 끌어모았으며, 서양의 하나님 여호와를 숭배하고 유학자와 조상의 사당을 이교도의 우상으로 간주하여 파괴하라고 명령했다. 1850년 지방 관리들이 이러한 움직임을 진압하려고 애썼지만, 홍수전과 그의 추종자들은 대놓고 청 왕조에 대항하는 반란을 일으켰다. 그들은 절망에 빠진 농민과 실업자를 반란에 끌어들여 용맹한 병사로 훈련시켰다. 그리하여 1853년 창장 강 유역의 주요 도시 난징을 점령하고 태평천국의 수도로 삼았다. 그들은 경제력이 풍부한 창장 강 유역을 장악하고, 1855년 베이징에서 32킬로미터도 채 떨어지지 않은 곳까지 진격했다. 그러나 북방의 겨울 추위에 대한 대비가 충분하지 않았고, 군대를 한꺼

중국 산간 지역으로 이주하기 시작했으며, 이후 자신들의 전통 문화를 유지하며 살았다.

7장. 청 제국의 쇠퇴와 몰락, 그 후(1800-1920)

번에 여러 방향으로 분산시키는 바람에 그들의 진격은 실패로 돌아가고 말았다.

태평천국 운동은 서양 기독교와 수많은 중국적 요소가 결합된 독특한 산물이었다. 홍수전은 난징에서 전통적인 중국 황제처럼 수많은 첩을 거느리고 호화로운 생활을 했던 반면, 아편 흡입을 금지하고 토지 소유와 조세의 평등을 선언했으며 여성을 고통으로 몰아넣는 전족의 악습을 철폐했다. 서양

태평천국이 반포한 토지 문서

홍수전이 사용한 인장

선교사들은 처음에는 청 왕조를 전복시킬지도 모를 중국 기독교 세력의 반란을 놀라움과 기쁨의 표정으로 바라보았다. 그러나 홍수전이 예수의 동생이며 하나님을 직접 만났다고 선언한 사실을 알고는 더는 기대감을 갖지 않게 되었다. 서양 무역업자들은 무엇보다도 태평천국 반란군이 아편 무역을 위협할까 두려웠기 때문에 자국 정부에 반란 세력과 싸우는 청나라 군대를 지원해야 한다고 압박을 가했고 이러한 시도는 성공을 거두었다.

홍수전의 권력은 그가 환영을 통해 하나님의 계시를 직접 받았다는 사실에 근거하고 있었는데, 얼마 뒤 또 다른 태평천국의 지도자 양수청楊秀淸이 자기 입을 통해 하나님의 계시를 내리기 시작했고, 이는 홍수전에게 위협이 되었다. 결국 1856

7장. 청 제국의 쇠퇴와 몰락, 그 후(1800-1920)

증국번 초상

년 난징에서 피의 권력 투쟁이 일어나 태평천국 지도부가 와해되고 말았다. 이러한 불상사에도 불구하고 난징은 1864년까지 청 조정에 함락되지 않았다. 19세기 중엽, 만주 팔기군은 매우 허약하고 군기도 엉망이어서 청 조정은 어느 때보다도 한족 관료들에게 군사적 실권을 많이 주어야 했다. 태평천국 군대에 맞선 청 조정의 궁극적인 승리에 가장 큰 공을 세운 사람은 증국번曾國藩으로, 태평천국이 만주족 통치자들보다 한족의 삶을 훨씬 더 크게 위협할 거라고 여긴 보수적인 유학자 관료였다. 증국번을 비롯한 한족 관료들은 고향에서 병사를 충원하여 군사 훈련을 시켰다. 이 한족 부대는 청 조정에 심각한 위협이 될 수도 있었지만, 청 조정은 태평천국을 격파하기 위해 고위급 한족 관료들에게 더 많은 권력과 결정권을 부여하지 않을 수 없었다.

태평천국 운동 기간 동안 줄잡아 약 2,000만 명이 목숨을 잃었고, 이 운동을 전후로 수차례에 걸쳐 크고 작은 반란이 일어났다. 이 반란의 소용돌이 속에서 1856 – 1860년에는 2차 아편 전쟁이 일어났다. 영국과 프랑스 연합군이 베이징을 침입하여 황제의 여름 궁전(이허위안)을 불태우고 청나라에 훨씬 더 불평등한 조약을 강요했다. 이 사건은 서양과의 관계에서 중요한 전환점이 되었다. 이후 서양 정부들은 청 조정으로부터 자신들이 원하는 것을 거의 대부분 얻어 낼 수 있었다. 여기에는 외교관이 수도 베이징에서 상주할 수 있는 권리도 포함되어 있었다. 난징 조약에 이어 10개의 항구가 서양 상인을 위해 추가로 개항되어 완전히 서양의 통제 아래 놓이게 되었다. 1860년 이후 서양인들은 중국의 관세와 상세 업무 전체를 인계받았다. 그리하여 한때 대제국이었던 청나라는 서양의 반*식민지로 전락하게 된다.

서양의 '쿨리'(중국어로 쿠리苦力, '고통받는 노동자'라는 뜻) 무역업자들은 가난한 문맹의 중국인을 거짓 약속으로 꾀어내어 고용하

7장. 청 제국의 쇠퇴와 몰락, 그 후(1800 - 1920)

거나 납치하는 방식으로 사실상 노예선과 다름없는 배에 태워 금광으로 보내거나 미국 서부의 철도 공사에 동원하기도 하고 동남아시아, 카리브 해, 남아메리카의 서양 식민지에 있는 사탕수수 등 플랜테이션 농장에서 일을 시켰다. 이 연기 계약年期契約 노동자들은 음식과 교통수단을 지급받는 대가로 그들의 감독관에게 빚을 갚기 위해 수년 동안 일을 해야 했다. 하지만 청 조정은 착취받는 자국 백성을 돌볼 여력이 없었다.

19세기에 일어난 국내의 반란과 외세의 침략 전쟁으로 청조정은 날마다 존망이 걸린 사투를 벌여야 했다. 그로 인해 그 누구도 청 왕조에 장기적인 정치·경제 개혁이 필요하다고 평가할 만한 시간이나 여력이 없었다. 19세기 말, 일부 유학자 관료들이 서양을 통해 배움으로써 '자강'自强을 해야 한다고 주장하고 근대 무기, 증기선, 철도, 전신을 건설하기 시작했다. 그러나 청 제국은 영토가 넓고 척박하며 거의 대부분이 농토이고 인구가 지나치게 많았던 반면, 조정은 작고 허약했다. 근대화를 위한 노력은 일부 해안 지역에 한정되었으며 내륙에는 거의 영향을 미치지 못했다.

19세기에 제위에 오른 청나라 황제 중에는 능력이 뛰어난 자가 없었다. 하지만 왕조가 직면한 문제들이 너무나 엄청나고 복잡했기 때문에 탁월한 황제가 배출되었다 하더라도 내부의 반란과 외부의 공격이라는 동시다발적인 도전에 엄청난 어려움을 겪을 수밖에 없었을 것이다. 1860년 동치제同治帝가 어린 나이에 즉위했지만, 실권은 숙부 공친왕恭親王과 어머니 서태후西太后가 함께 장악했다. 천한 궁녀의 신분으로 황궁에 들어온 서태후는 미모와 야심, 관료들 사이에서 자신의 협력자를 만들어 낼 줄 아는 탁월한 능력으로, 1860년 처음 태후가 된 뒤 1908년 죽을 때까지 청 조정에서 가장 강력한 1인자 역할을 했다. 당나라 측천무후 이후 어떤 여성도 서태후만큼 중국 정치에 강력한 영향력을 행사한 적은 없었다.

서태후는 외국인들이 중국에 대한 영향력을 계속 확대해 나가는 동안 중화 민족의 이권을 팔아넘기고 황궁에서 사치스러운 생활을 했다는 이유로 근대 중국 민족주의자들의 비난을 사기도 했다. 그녀는 서양 군대가 1860년에 불태운 이허위안頤和園을 보수했고, 해군력을 증강하는 데 써야 할 자금으로 이허위안의 호숫가에 대리석으로 유람선을 만들었다. 오늘날 세계 도처에서 온 관광객들에게 이 배는 서태후의 이기적인 탐욕과 청나라 말기 조정의 부패상을 보여 주는 상징물로 남아 있다. 청 조정은 보수적 관료와 개혁적 관료로 분열되었고, 서태후는 각 파벌에게 권력을 번갈아 주면서도 어느 한쪽도 장기 집권하지 않도록 조율하면서 권력을 유지했다.

大清國當今慈禧端佑康頤昭豫莊誠壽恭欽獻崇熙聖母皇太后

서태후는 어린 아들이 동치제로 등극한 1860년에 권력을 장악했다. 당시에는 효도를 중시했기 때문에 어른이 된 황제라도 때로는 어머니에게 복종해야 했다. 1875년 동치제가 죽었을 때 서태후는 황위 계승권을 좌지우지함으로써 중국 역사를 통틀어 당나라 측천무후를 제외하고는 가장 강력한 여성이 될 수 있었다.

1894 - 1895년 조선에 대한 영향력을 확대하고자 했던 일본은 청일 전쟁을 일으켜 청나라 군대를 신속하고 철저하게 패퇴시켰다. 이 사건은 중국과 전 세계에 엄청난 충격을 안겼다. 작은 섬나라 일본은 중국의 일개 성만 한 크기밖에 안 되는 나라였고 오랫동안 주변 약소국으로 여겨졌기 때문이다. 청 조정은 일본에 배상금으로 은 5,669톤을 지불하고 타이완과 펑후澎湖 제도를 할양하는 데 동의했다. 서양 열강은 청 왕조가 곧 붕괴할까봐 갑자기 두려워졌다. 그래서 각 나라는 청 조정에게 자신들의 '세력 범위' 내에서 무역과 조세 특권을 인정하라고 압력을 행사했는데, 이는 '이권 다툼'으로 알려지게 되었다.

미국은 쿠바에서 일어난 반反에스파냐 반란과 미국-에스파냐 전쟁에 몰두하느라 중국 내의 이권 다툼에 깊이 개입하지 못했다. 그러나 1899년 에스파냐를 몰아내고 필리핀을 양도받은 뒤 미국 정부는 유럽 열강과 일본이 중국에서 식민지 쟁탈전을 시작할지도 모른다고 우려했다. 1899년 9월 미국의 국무장관 존 헤이John Hay는 영국, 프랑스, 독일, 러시아, 이탈리아, 일본을 향해 '문호 개방 정책'을 제창하고, 중국에 있는 모든 외국 열강에게 모든 세력 범위 내에서 자유 무역을 허용할 것을 요구했다. 그러자 열강 간의 이권 다툼은 곧 진정되었

캉유웨이 초상 　　　　　광서제 초상

다. 이는 존 헤이의 문호 개방 정책 때문이 아니라 외국 열강
이 중국이 붕괴될 것을 우려하여 청 조정에 대한 압력을 풀어
주기로 결정했기 때문이다.

　청나라 군대가 일본에게 굴욕적인 패배를 당하자 일부 중
국인은 청 조정을 타도해야 한다고 주장하기 시작한 반면, 어
떤 중국인은 왕조의 틀 안에서 급진적인 개혁을 해야 한다고
주장했다. 1898년 여름 뛰어난 유학자 캉유웨이康有爲가 젊은
광서제光緖帝를 알현했다. 캉유웨이는 일본이 서양의 제도와
산업을 발 빠르게 수용하고 있는 것을 높이 평가한 인물이었
다. 서태후에게 더는 복종할 수 없다고 생각한 광서제는 캉유
웨이에게 마음이 사로잡혀 100일이라는 짧은 시간 동안 근본

적인 개혁을 알리는 조칙을 잇달아 반포했다. 그 내용은 중국의 교육에 서양의 과목을 도입하고, 수천 개의 불필요한 관직을 없애며, 정부의 부정부패를 엄중히 단속하고, 산업화와 서구화를 위한 긴급 계획을 수립하는 것이었다.

보수파 관료들은 이러한 조칙이 반포되자 즉각적인 반응을 보였고, 서태후에게 접근하여 광서제의 개혁을 막으려 했다. 캉유웨이의 제자들은 이러한 움직임에 맞서기 위해 제국 내에서 군 장교로서 주도적인 역할을 하고 있던 위안스카이袁世凱에게 조정 내에서 보수파와 투쟁이 벌어질 경우 개혁파를 지지해 달라고 요청했다. 그러나 위안스카이는 이러한 움직임을 서태후에게 보고했고, 서태후는 개혁 운동 세력을 즉각

량치차오 초상

7장. 청 제국의 쇠퇴와 몰락, 그 후(1800-1920)

처벌하라고 명령했다. 광서제는 이허위안의 호수에 있는 작은 섬에 사실상 감금되었고, 캉유웨이와 그의 가장 가까운 제자 량치차오梁啓超는 일본으로 도망가 체포와 사형을 면했다. 캉유웨이의 아우를 포함하여 그의 최측근 여섯 명은 체포되어 사형을 당했다. 그중 한 사람인 담사동譚嗣同은 중국에 실질적인 변화를 일으키려면 피의 순교자가 필요하다며, 도망칠 기회가 있었음에도 도망치기를 거부했다.

개혁파가 겨우 100일 만에 몰락하자 보수파 관료들이 조정 실권을 장악했는데, 그 무렵 북중국의 농촌 지역을 분노와 좌절감으로 들끓게 하는 사건이 발생하자 나라 상황은 더욱 악화되었다. 1899년 혹독한 가뭄이 계속되는 동안, 농민과 문맹의 일용직 노동자들로 이루어진 '의화단'義和團이라는 비밀 결사가 사방을 돌아다니며 눈에 띄는 외국인을 모조리 붙잡아 죽였다. 이들의 분노는 19세기 후반 중국의 농촌 지역 이곳저곳을 돌아다니던 서양 기독교 선교사들에게 향해 있었다. 서양 선교사들은 용감했고, 그들 중 일부는 중국에서 놀라운 의술과 사회 복지 사업을 펼쳤다. 전족에 반대하는 최초의 여성 운동도 서양 여성 선교사들이 시작했다. 그러나 다수의 중국인은 서양 기독교와 아편이 동시에 그리고 동일한 수법으로 서양 무기의 비호 아래 중국인의 머리를 겨누었다는 사실

외국인 선교사

을 잊을 수가 없었을 것이다. 대다수의 중국 농민보다 훨씬 부유했던 서양 선교사들은 치외 법권의 보호를 받으며 장벽으로 둘러싸인 복합 주거 공간에서 일반 중국인과 격리된 채 살았다. 일부 가난한 중국인은 경제적 이유로 기독교로 '개종'하여 '라이스 크리스천'rice Christian이라 불렸고, 당국은 중국의 범죄자들이 치외 법권을 이용하여 처벌을 피하고자 명목상으로 기독교인 행세를 하는 것은 아닌지 의심했다. 이러한 관행은 지난 반세기에 걸친 외국의 침략 전쟁과 불평등 조약이 그랬던 것처럼 가난한 중국 농민들의 분노를 샀다.

청 조정은 처음에는 외국인을 공격하는 의화단원을 탄압하려 했지만, 1900년 여름이 되자 의화단 운동을 지지하기로 했다. 의화단원을 이용하여 외국인을 중국 밖으로 완전히 몰아내기로 결심한 것이다. 서태후가 의화단 운동을 지지하게 된 배경에는, 1898년 광서제를 퇴위시키려 한 그녀의 계획을 외국 정부들이 줄기차게 반대한 점도 있었다. 그녀는 외국 정부의 내정 간섭이 더는 참을 수 없는 지경에 이르렀다고 생각했던 것이다. 일부 관료들은 의화단의 종교 의식을 거친 자들은 서양의 화기에 맞아도 끄떡없다고 그녀에게 말했고, 공포탄을 쏘아 그녀에게 시범을 보이자 관료들의 주장은 사실인 것으로 받아들여졌다.

당시 왕조를 붕괴 위기에서 구할 수 있었던 것은 남중국의 중국 관리들이 모든 외국인에 대해 전면전을 선포하라는 조정의 명령을 무시했기 때문이다. 1901년 8개국 연합군(서양 열강과 일본)이 베이징을 신속히 점령했고, 서태후는 비구니의 옷으로 갈아입고 수도를 도망쳐 나왔다. 그녀는 황폐해진 여러 지방을 여행하면서 가난하고 취약한 중국의 현실을 처음 목도했다. 중국이 은 1만 1,339톤을 배상금으로 지급하는 데 동의함으로써 새로운 휴전 협정이 맺어지자 서태후는 베이징으로 돌아와 서양 열강 외교관의 부인들을 황궁에 초대

8개국 연합군의 베이징 진입

해 차를 대접했고, 자신이 불과 3년 전까지만 해도 억압했던 것과 동일한 종류의 근대화 개혁을 정력적으로 추진하기 시작했다.

의화단 운동의 결과, 청 왕조의 명성은 완전히 바닥에 떨어졌다. 당시 중국은 세계인에게 후진적이고 위험하며 야만적인 곳으로 인식되었다. 이 사건의 의미를 좀 더 본질적으로 이해한 서양인은 총세무사 로버트 하트Robert Hart였다. 그는 1865 – 1908년 중국 세관 사무를 담당한 아일랜드인이다. 의화단 운동이 끝나자 하트는 소름이 끼칠 정도로 정확한 예언

'중국의 골칫덩어리들'이라는 제목이 붙은 이 입체 사진은 톈진天津에서 미국 제6기병대에 체포된 의화단원들의 모습을 보여 준다. 미국은 1901년 베이징의 외국 공사관을 보호하고 의화단 운동을 진압하기 위해 유럽 열강과 일본에 호응하여 군대를 파견했다.

을 했다. 앞으로 50년 내에 2,000만 또는 그보다 더 많은 의화
단원들이 "외국인이 중국에서 살지 못하게 할 것이고, 외국인
이 중국에서 빼앗은 모든 것을 도로 빼앗을 것이며, 오랜 숙원
을 이자까지 쳐서 갚을 것이고, 중국의 국기와 무기를 상상조
차 할 수 없을 만큼 많은 장소로 확산시켜 놓을 것이다"5)라고
말이다.

20세기의 첫 10년 동안 청 조정은 왕조를 살리기 위해 최후
의 개혁을 시도했다. 그러나 그것은 너무나도 미미했고 때늦
은 것이었다. 만주족이 중국을 배신했다고 결론을 내린 중국
인이 점점 많아졌기 때문이다. 중국인은 만주족이 자신들의
권력을 유지하기 위해 서양의 요구를 다 들어주었다고 생각
했다. 쑨원孫文 등이 청나라를 타도하기 위한 선동에 나설 무
렵, 수많은 중국 청년이 일본, 서유럽, 미국으로 유학을 가기
시작했다. 청 조정은 기본적으로 1898년 캉유웨이가 제안한
입헌 군주제를 채택하겠다고 약속했지만, 1908년 이후에 설
치된 지방 의회는 청 제국 시스템을 지탱해 주기는커녕 반대
세력의 중심지가 되었다.

쑨원은 광저우 출신의 카리스마 넘치는 선구자였다. 그는
열세 살 때 하와이로 건너가 형과 함께 살았다. 기독교인이 된
그는 홍콩에 있는 서의서원西醫書院이라는 의학교에 입학했고,

쑨원 초상

마카오에 잠시 머물며 의학 실습을 했다. 그러나 그의 참된 소
명은 정치였고, 그가 가장 바라는 것은 구국이었다. 청일 전쟁
후 그는 중국의 유일한 희망은 청 왕조를 타도하고 민주 공화
국을 수립하는 것뿐이라고 판단했다. 1895년 쑨원과 그의 동
지들이 광저우에서 무장봉기를 획책한 것이 드러났고, 결국
쑨원은 일본으로 달아나야 했다. 그는 변발을 자르고 콧수염
을 길렀으며(당시 일본에서 유행하는 스타일이었다) 이름을
일본식으로 나카야마(중산中山)라고 짓고 양복을 입기 시작했
다. 그는 일본에서 유학 중인 중국 학생 사이에서 지지자를 끌

어모았으며, 중국의 민주주의에 대한 비전을 청중에게 설파했다. 그는 삼민주의三民主義를 제창했는데, 그 내용은 민족주의民族主義, 민권주의民權主義, 민생주의民生主義였다. 민족주의란 만주족이나 외국 세력이 아닌 한족을 위한 중국을 의미하는 것이었고, 민권주의는 국민의 권리, 민생주의는 국민의 생계를 뜻하는 것이었다. 중국은 민주주의를 실현할 준비가 되어 있지 않다는 주장이 일각에서 제기되자 쑨원은 훈정訓正이라는 과도기를 정하고 그 기간 동안 군사 지도자가 선거로 선출된 민간 정부에게 권력을 단계적으로 이양하는 방식을 제안했다.

쑨원은 1896년 런던의 청나라 공사관에 체포되었다. 그곳 관리들이 쑨원을 혁명 분자로 보았기 때문이다. 쑨원의 정치 역정은 이때 거의 끝날 뻔했다. 하지만 운이 좋게도 쑨원의 영국 친구들이 영국 정부에 로비를 벌여 그를 석방시켜 달라고 청나라 공사관에 압력을 가했다. 그 후 쑨원은 중국의 감시에서 벗어나 안전하게 머물면서 해외의 중국 교포 사회에서 혁명 자금을 모금했다. 그는 20세기의 첫 10년 동안 청 조정에 대한 반란을 수차례 시도했고, 동지 가운데 일부는 체포되어 처형당했다.

반反만주족 혁명 과정에서 가장 인상 깊었던 인물은 추근秋

추근 초상

瑾이라는 여성이다. 1904년 상인이었던 남편이 첩을 들이기를 원하자 이를 역겨워한 추근은 자신의 두 아이를 친정 부모에게 보내고 지참금으로 가져온 보석을 팔아 그 돈으로 일본으로 건너가 공부를 했다. 그녀는 남장을 하고 칼을 차고 다녔으며, 만주족과 중국의 전통적인 가족 제도에 대항해 혁명을 일으키자는 내용의 글을 썼다. 그녀는 1906년 중국으로 돌아와 청나라의 지배를 끝장내기 위한 운동에 가담했다. 1907년 7월 둘째 주, 그녀는 사촌이 만주족 지방 장관을 암살하려다 체포되었다는 소식을 듣고, 경찰이 곧 자신에게도 들이닥

칠 거라는 사실을 깨달았다. 그녀는 도망치는 것을 거부하고 그 대신 한 친구에게 다음과 같은 시를 썼다. "해가 져서 앞에는 길이 보이지 않는다./ 헛되이 나라 잃음을 슬퍼하며 운다./ 나 비록 죽지만, 여전히 살아 있으니./ 희생을 통해 나는 나의 할 일을 완수했다."[6] 추근은 곧이어 체포되었고 반역죄로 참수를 당했다. 그러나 그녀의 죽음은 그녀를 전국적인 유명 인사로 만들었고, 만주족 지배자에 대한 민중의 폭발적인 분노를 더욱 강렬하게 했을 뿐이다.

청 왕조가 한 세기 동안의 쇠락과 반란과 굴욕 끝에 마침내 몰락했을 때, 그것은 거의 우발적인 사건인 것 같았다. 1905년 과거 제도가 폐지되자 수많은 상류층 중국인은 앞으로 청 조정과 어떤 관계를 이어 나가야 할지 불안해했다. 청 조정은 입헌 군주제를 약속했지만 늑장을 부리며 시행을 늦추고 있는 것처럼 보였다. 서태후는 1908년 (그녀가 권력을 물려주지 않기 위해 먹인 독약을 먹고 죽었다고 소문이 난) 광서제가 죽은 다음 날에 죽었다. 황위는 세 살짜리 황자 푸이溥儀에게 돌아갔고, 푸이는 선통제宣統帝가 되었다. 당시 청 조정은 지난 250년 이래 가장 허약한 시점에 놓여 있었다.

1911년 10월 9일 창장 강 유역에 있는 중국 중부 도시 우창武昌에서 쑨원과 느슨하게 결합되어 있던 한 혁명 단체가 봉기를 일으킬 준비를 하고 있었다. 그런데 어떤 단원이 실수로 포탄에 넣어 둔 화약에 담뱃불을 떨어뜨리는 바람에 폭발이 일어났다. 이 폭발로 당국이 조사에 착수했고, 그들은 혁명 문서와 반란 계획을 찾아냈다. 긴급 체포와 처형에 직면한 우창 인근의 혁명파 세력은 10월 10일 청나라에 대한 전쟁을 선포하기로 결정했다. 이 지방 총독◆은 얼마 전 철도 국유화 반대 운동을 일으킨 세력을 진압하기 위해 서쪽의 후난湖南 방면으로 최정예 부대를 파견한 적이 있었다. 그런데 그는 금방이라도 무너져 내릴 것 같던 반란군을 진압하라고 침착하게 명령을 내리기는커녕 몰래 우창을 빠져나갔고, 반란군은 한 주요 도시를 장악하는 데 성공했다.

우창에서 봉기가 일어났다는 소식이 삽시간에 전국으로 퍼져 나갔고, 일부 지방 의회는 청나라로부터 독립을 선언하기 시작했다. 서구식으로 신식 훈련을 받은 일부 부대는 청에 대한 지지를 거부하고 대신 반란군 편에서 싸우기 시작했다. 당시 미국 콜로라도 덴버에 머물고 있던 쑨원은 미국에서 거주하는 해외 중국인으로부터 자금을 모으고 있었는데, 그 외곽 지역을 운행하던 한 기차 안에서 우창 봉기 소식을 접했다. 드

◆후광총독湖廣總督 서징瑞澂을 가리킨다.

디어 중국의 미래를 결정하는 전쟁이 시작되었음을 깨달은 쑨원은 런던으로 방향을 돌렸고, 그곳에서 활동 자금을 더 끌어모았다. 당시 만주족 조정은 중국 최고 군사령관 위안스카이에게 기대를 걸고 있었다. 그는 1898년 서태후의 편에서 개혁파를 배반한 적이 있었다. 그러나 혁명 세력들 역시 위안스카이를 만주족 축출과 새로운 공화국 건설을 후원할 적임자로 인식하고 있었다. 실제로 위안스카이는 청 왕조의 문을 닫기 위한 협상을 중재했다.

청 조정은 여섯 살짜리 선통제를 용좌에서 끌어내리는 데 합의했다. 대신 그와 그의 가족은 황궁을 가득 채운 예술품들을 계속 소유한 채 매년 나오는 급여를 받으며 계속 살아도 좋다는 약속을 받았다. 청 왕조는 멸망하면서 중국을 혼란에 빠뜨리지 않았고, 서양 열강과 일본에게 수박처럼 분할되지도 않았다. 이는 혁명 세력들이 보기에는 정말 다행스러운 일이었다. 위안스카이는 이제 막 탄생한 신생 국가의 군사력을 장악하고 있었기 때문에 1912년 2월 12일 쑨원 대신 새로운 공화국의 총통으로 임명되었다.

반청 혁명 세력들은 청 왕조 타도라는 목표를 달성하기 위해 하나가 되었지만, 다른 대부분의 이슈에 대해서는 의견이 갈렸다. 쑨원과 그의 추종자들은 국민당國民黨이라는 새로운

총통에 취임하는 위안스카이

정당을 창당하여 위안스카이 세력과 선거를 통해 경쟁하는
'충실한 야당'을 자임했다. 몇 개의 정당이 더 창당되었으며,
1912년 12월 국회의원 선거가 실시되었다. 재산을 보유하고
세금을 내며 초등 이상의 교육을 받은 남성만이 투표할 수 있
었다. 약 4,000만 명의 남성에게 투표권이 부여되었는데, 전
체 인구의 약 10퍼센트에 해당하는 수치였다. 중국은 지난
2,000년 동안 선거를 치러 본 경험이 없었다는 점에서, 이 선
거는 인상적인 첫걸음으로 여겨졌다. 1912년 선거는 별 탈 없
이 잘 치러졌다. 국민당 선거 캠프의 수장은 쑹자오런宋教仁이
었다. 그는 후난 출신의 유능한 민주 변호사였는데, 위안스카

이 총통의 내각에서 수상이 되기를 바랐다. 국민당은 이 선거에서 43퍼센트의 득표율로 다른 정당들을 압도했다. 1912년 9월 철도 개발 부서를 맡게 된 쑨원은 이 선거 결과에 매우 만족했다.

위안스카이에게 '충실한 야당'이란 모순된 용어였다. 그는 국민당이 자신의 정책을 비판하는 데다 선거에서도 승리를 거두자 강력한 중앙 정부를 세우려는 자신의 뜻에 방해가 될 것이라고 생각했다. 쑹자오런은 위안스카이 내각의 결정과 정책들을 거침없이 비판했다. 쑹자오런이 1913년 3월 20일 상하이上海에서 베이징으로 가는 기차를 기다리고 있을 때, 한 낯선 자가 그에게 다가와 바로 앞에서 두 발의 총탄을 쏘았다. 그는 상하이의 한 병원으로 옮겨졌지만 이틀 뒤 서른한 번째 생일을 2주일 남겨두고 숨을 거두었다. 암살자는 체포되지 않았지만, 대다수 사람들은 위안스카이가 암살을 지시했을 것이라고 짐작했다.

위안스카이 총통은 체격이 건장하고 쾌활한 사람으로, 만찬에 초대된 손님들의 마음을 재치 있는 입담으로 사로잡곤 했다. 하지만 그는 매우 전통적인 가치관의 소유자였고(그는 10여 명의 첩을 두고 있었다) 정적에게는 인정사정을 봐주는 법이 없었다. 국민당은 쑹자오런의 암살에 대해 항의하며 위

7장. 청 제국의 쇠퇴와 몰락, 그 후(1800-1920)

안스카이의 사퇴를 요구했고 곧바로 봉기를 일으켰다. 위안스카이는 청 왕조 말기에 신식 군대를 양성한 적이 있었기 때문에 대다수의 군사령관은 그에게 충성하고 있었다. 1913년 그는 휘하의 군대를 지휘하여 국민당의 봉기를 신속하게 진압했고, 쑨원은 또다시 일본으로 망명해야 했다.

위안스카이는 가능한 한 모든 권력을 자신이 직접 장악했고, 군수 물자를 구입하기 위해 외국 은행과 외국 정부로부터 엄청난 액수의 차관을 들여왔다. 그는 강력하고 근대적인 산업 국가를 원했지만, 자신이 청나라 관료로 일하면서 경험했던 군주제보다 더 효율적인 정치 제도를 떠올리지 못했다. 1915년 그는 참모들과 함께 군주제를 부활하고 스스로 황제가 되려는 음모를 획책했다. 그러나 1911년 이후 너무나 많은 것이 변해 있었고, 위안스카이의 측근을 제외하고는 누구도 그러한 움직임을 지지하지 않았다. 위안스카이는 1916년 신부전증으로 사망했고, 중앙 정부는 정치권력이 어떻게 창출되고 작동되어야 하는지에 대한 어떠한 국가적 합의에도 이르지 못한 채 다시 진공 상태가 되고 말았다.

위안스카이가 죽은 1916년부터 1927년까지는 장구한 중국의 역사에서 가장 어둡고 폭력이 난무한 시대였다. 위안스카이를 따르던 옛 장군들은 한 사람의 지도자를 중심으로 단결하지 못한 채 서로 경쟁하기 시작했고, 자신의 군대를 오로지 자신에게만 충성하는 사병 집단으로 만들었다. 나라 전체가 수십 개의 작은 군벌 세력으로 분열된 이 시기는 중국의 군벌 시대로 불린다. 베이징을 차지하는 사람이면 누구나가 공화국의 총통으로 인정받았지만, 크고 작은 군벌들이 관할 지역 백성을 약탈하고 과도한 세금을 수취하면서 서로 경쟁함에 따라 공화국은 명목상의 것으로 전락하고 말았다. 중국의 무장 군인 수는 1913년 50만 명에서 1928년 220만 명으로 증가했다. 이 시기에 창출된 부의 대부분은 군대를 훈련시키고 군수 물자를 구입하는 데 사용되었다.

날강도나 다를 바 없는 군벌도 있었지만, 그중에는 자기가 통치하는 지역에 독립 정부를 건설하기 위해 노력한 군벌도 있었다. 이 가운데 '가장 훌륭한' 군벌은 펑위샹馮玉祥이었다. 그는 가난한 농민의 집안에서 태어나 중국에서 가장 강력한 군사령관이 되었다. 기독교인 장군으로도 널리 알려진 펑위샹은 기독교의 수업 방식뿐 아니라 선진적인 훈련 방식으로 자신의 군대를 양성했고 고아원과 학교를 지었으며, 때로는 집단 세례를 해 주기도 했는데 군사들을 모아 놓고 소방 호수로 물을 뿌리기도 했다. 장쭤린張作霖은 만주 지방 마적단 출신으로 냉혹한 통치자였다. 옌시산閻錫山은 산시山西의 서북부

펑위상 초상

를 차지했는데, 그곳에서 공중도덕을 함양하고 산업화에 힘
썼다.

　나라 전체가 거의 총체적인 권력의 분열 상태에 있었기 때
문에 중앙 정부는 수도 베이징 이외의 지역은 거의 장악하지
못했고 나라 전체를 대상으로 세금을 거둘 수도 없었다. 1차
세계 대전 기간 동안 중국 기업가들은 서양인들이 유럽에서
일어난 전쟁에 몰두하는 사이에 근대 공업을 육성하는 데 성
공했다. 일본은 1915년 위안스카이 정부에 '21개조 요구'를
제시함으로써 1차 세계 대전이 가져다준 이익을 얻을 수 있었
는데, 그 요구대로라면 일본이 중국 정부를 사실상 지배할 수
도 있을 정도였다. 대규모 반일 군중 시위가 터져 나오자 일본

21개조 서명 당시의 사진

은 군중이 가장 거세게 반발하는 요구 조항을 포기할 수밖에 없었고, 경제적 권익과 특권이 이전보다 좀 더 늘어난 것에 만족해야 했다.

미국, 영국, 프랑스가 독일에 승리함으로써 1차 세계 대전이 끝나자 전승국들은 베르사유 평화 회의에 모여 북중국에 있는 독일의 예전 조계지◆를 일본에 즉각 넘겨주기로 결정했다. 이 소식은 중국의 학생, 교수, 기업가 들에게 엄청난 충격

◆산둥 반도.

7장. 청 제국의 쇠퇴와 몰락, 그 후(1800 ~ 1920)

파리 강화 회의

을 주었다. 중국은 1차 세계 대전에서 미국, 영국, 프랑스와 동맹을 맺었고 이 나라들을 지원하기 위해 10만 명의 노동자를 보낸 적이 있었다. 우드로 윌슨Woodrow Wilson은 세계의 민주주의를 수호하고 모든 국가의 민족 자결을 실현하는 것이 자신의 이상이라고 천명하면서 미국을 1차 세계 대전에 끌어들인 바 있었다. 서구 민주주의 국가들이 독일이 중국에서 누리던 이권을 일본에게 넘겨주기로 결정한 것은 이 사실을 모두 알고 있는 중국인에게 위선의 극치라는 인상을 심어 주었으며, '자유 무역'을 수호한다는 명분으로 정당화했던 아편 전쟁의 기억을 떠올리게 했다.

1919년 5월 4일 톈안먼 광장을 둘러싼 학생 시위대의 모습. 베르사유 평화 조약에 반대하기 위해 열린 이 시위는 제국주의와 중국 전통문화에 반대하는 도시 대중 운동으로 발전했다.

1919년 5월 3일 저녁 이러한 결정 소식이 베이징에 전해지자 이튿날인 5월 4일 3,000명의 중국 학생이 베르사유 평화 조약에 반대하며 자금성 앞 톈안먼天安門으로 행진을 벌였다. 그들은 한 친일 관료의 집으로 쳐들어가 약탈하고 불태웠다. 20여 명의 시위대가 체포되었고, 이후 몇 달 동안 학생, 교수, 기업가, 노동자 들이 항의 시위와 반일 파업, 일본 상품 불매

7장. 청 제국의 쇠퇴와 몰락, 그 후(1800-1920)

후스 초상   『신청년』   천두슈 초상

운동을 전개했다. 5·4운동五四運動은 이러한 저항 운동뿐 아니라 이미 수년 전부터 진행되어 온 신문화 운동新文化運動 전체를 가리키는 용어가 되었다.

4년 전인 1915년 두 명의 베이징 대학 교수 천두슈陳獨秀와 후스胡適는 『신청년』이라는 잡지를 창간했다. 천두슈는 창간호에서 중국 청년들에게 중국의 전통을 거부할 것을 호소하는 글을 썼는데, 그 여섯 가지 핵심 내용은 다음과 같았다. 첫째, 노예가 되지 말고 자주적인 사람이 되어라. 둘째, 보수적이지 말고 진보적인 사람이 되어라. 셋째, 물러나 있지 말고 진취적인 사람이 되어라. 넷째, 쇄국하지 말고 국제적인 사람이 되어라. 다섯째, 허영을 쫓지 말고 실리적인 사람이 되어라. 여섯째, 공상적이지 말고 과학적인 사람이 되어라. 천두슈의 논증에 따르면, 중국은 너무 보수적이고 지나치게 전통과 연장자를 추종하기 때문에 낙후되었다는 것이다. 청년들은 연장자의 권위에 반기를 들고 '과거의 지혜'를 거부하며 자주, 개인주의, 자유를 포용해야 한다고 주장했다.

1919년의 사건은 급작스럽게 수많은 청년을 중국 전통을 비판하는 캠프로 끌어들였다. 군벌 시대의 국내외 위기를 분석하면서 학생, 교사, 작가, 기자 들은 정기 간행물, 단편 소설, 시집, 선전 포스터를 간행했다. 그들은 중국이 허약해진 이유는 다음 두 가지라고 비난했다. 그것은 바로 외세의 제국주의와 중국 전통의 봉건적 유가 문화였다. 변화의 발걸음은 이때부터 속도를 내기 시작했다.

8장

내전, 일본의 침략, 공산주의의 흥기
(1920 – 1949)

1919년 중국은 서구 민주주의 국가들에게 배신을 당했다. 이는 쑨원의 정치 역정과 근대 중국의 역사에 큰 전환점이 되었다. 그전까지만 해도 쑨원은 서양이 진취적이고 민주적인 중국을 건설하는 데 큰 힘이 되어 줄 것으로 기대했다. 하지만 이제 서구 민주주의 국가들은 중국에서의 대외 권익과 특권에 더 관심이 많은 듯했고, 쑨원과 그의 조직보다는 베이징의 군벌들에게 더 관심이 많은 듯이 보였다. 게다가 1917년 러시아에서 볼셰비키 혁명이 일어나자 마르크스주의 운동이 가난한 후진국에서 권력을 장악하고, 급진적인 근대화에 시동을 걸어 부유하고 강력하며 독립적인 국가를 건설할 수 있다는 점을 많은 이들에게 시사해 주었다.

독일의 사상가이자 혁명가인 카를 마르크스는 자본주의는 봉건제를 넘어서는 주요한 역사적 진보이며, 생산성이라는 새로운 동력을 해방시켜 인류를 생존을 위한 위험천만한 투쟁에서 벗어날 수 있게 해 주었다고 논증한 바 있었다. 그러나 마르크스에 따르면, 자본주의는 자본가에 의한 혹독한 착취가 필연적이기 때문에 치명적인 계급 투쟁을 불러일으킬 것이며 종국에는 자기모순이라는 중압감을 이겨 내지 못하고 붕괴하고 말 것이었다. 이러한 투쟁을 선도하는 공업 노동자는 모든 노동자가 노동의 과실을 함께 누릴 수 있는 평등한 사회주의를 건설할 것이었다. 그리고 그들은 자신이 일하는 공장을 공동으로 소유하고, 자신이 지닌 모든 잠재력을 발휘하는 다재다능하고 문화적 소양을 갖춘 인간으로 성장할 것이었다.

마르크스는 사회주의 혁명이 대규모 공업 프롤레타리아를 보유한, 자본주의가 가장 발달한 국가에서 일어날 것이라고 생각했다. 반면 러시아의 볼셰비키 지도자 블라디미르 레닌은 군대를 보유한 고도로 숙련된 사회주의 정당이 러시아처럼 가난하고 낙후된 국가에서도 권력을 장악할 수 있으며, 전前자본주의적 봉건제 단계에서 노동자 중심의 사회주의 단계로 곧바로 이행할 수 있다고 주장했다. 그리고 그 과정에서 자본주의 단계를 충분히 견뎌 내면서 그 나라를 번영과 평등으로 이끌 수 있다고 생각했다. 레닌은 자신의 가장 유명한 저작 『자본주의의 최고 단계로서의 제국주의』에서, 서양 제국주의는 단지 역사의 우연이 아니라 산업 자본주의가 원료, 착취 가능한 노동자 그리고 새로운 시장을 끊임없이 필요로 하기 때문에 생겨난 필연적 결과라고 논증했다. 레닌은 중국의 교육받은 독자들에게 서양이 지난 100여 년 동안 강력한 힘으로 중국을 착취한 과정에 대해 설명할 수 있도록 도움을 주었다.

쑨원은 마르크스-레닌주의를 깊이 수용하지는 않았지만, 러시아 볼셰비키가 권력을 장악한 뒤 19세기 당시 제정 러시아가 청 조정에게 강요했던 불평등 조약을 즉각 포기하는 모습에 특히 강렬한 인상을 받았다. 1920년 쑨원은 소비에트가 후원하는 공산주의 인터내셔널, 즉 코민테른이 파견한 대리인들과 접촉하기 시작했다. 코민테른은 전 세계에 노동자 혁명을 전파하기 위해 만든 조직이었다. 쑨원의 국민당이 그 무렵 창당된 중국 공산당과 공식적으로 합작을 한다는 조건으로, 그들은 쑨원에게 군사적 원조와 정치적 조언을 제공했다. 두 당은 각기 별개의 정당인 상태를 유지했지만, 노동자들을 조직화하고 통합 군대를 양성하여 중국 전체를 피로 물들이고 있는 군벌들의 권력을 탈취하기 위해 힘을 모으기로 결정했다.

1923년 쑨원과 그의 추종자들은 국민당을 레닌의 노선에 따라 공식적으로 개조했다. 이는 당원이라면 누구나 당의 훈련을 받아야 하고 지도부가 채택한 정책을 수행해야 한다는

공산당 창당을 선언한 장소

것을 의미했다. 국민당과 공산당 당원은 어느 곳에서든 협력
해야 했으며, 황푸군관학교黃埔軍官學校라는 장교 훈련 학교를
함께 창설했다. 이 학교는 광저우에서 주장 강珠江 하류 쪽으로
16킬로미터 떨어진 섬에 위치해 있었다. 황푸군관학교의 초
대 교장은 장제스蔣介石였다. 그는 야심만만한 젊은 군인으로,
1911년 이전에 중국과 일본에서 군사 훈련을 받았고, 1923년
수개월 동안 러시아에 가서 소비에트 정부와 당 조직 방법론
에 대해 공부했다.

좀 더 급진적인 공산당 조직가와 좀 더 보수적인 국민당 당
원 사이에 이루어진 합작에는 항상 긴장감이 감돌았다. 공

8장. 내전, 일본의 침략, 공산주의의 흥기(1920-1949)

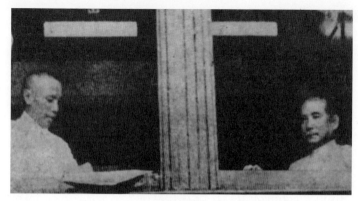
장제스와 쑨원

산당은 노동자와 농민의 권리를 확대하고 중국 사회의 전통적인 계층 질서를 전복하기를 바랐다. 국민당은 군벌로부터 권력을 빼앗아 중국을 하나의 강력한 산업 국가로 건설하는 데 더 관심이 많았다. 쑨원은 두 당 사이의 합작을 유지할 만큼 충분한 명망을 지니고 있었으나, 쑨원이 베이징을 장악하고 있던 만주 군벌 장쭤린과 휴전 협상을 벌이기 위해 베이징에 갔을 무렵인 1925년 초, 두 당 사이에 불신이 싹트기 시작했다. 베이징에 간 쑨원이 간암 진단을 받아 3월 12일 세상을 떠났던 것이다. 같은 해 5월 30일 일본군이 상하이에서 시위를 벌이던 중국인 노동자들에게 총격을 가하자 전국의 수많

은 도시가 파업, 시위, 일본 상품 불매 운동에 나섰다. 5·30운
동五三十運動으로 알려진 이 사건으로, 중국 공산당 당원 수가
1925년 5월과 11월 사이에 1,000명에서 1만 명으로, 1926년
에는 3만 명으로 늘어났다.

　황푸군관학교 1기 세 개 학급의 장교들을 졸업시킨 장제스
는 1926년 6월 새로 결성한 국민혁명군國民革命軍의 총사령관
으로 임명되었다. 그는 남중국 농민과 노동자 집안에서 선발
한 8만 5,000명의 군사로 구성된 부대를 지휘하는 6,000명의
새로 육성된 장교 대다수로부터 전폭적인 지지를 받았다. 쑨
원이 죽은 뒤 국민당 지도자가 된 랴오중카이廖仲愷는 장제스
의 주요 경쟁자 가운데 한 사람이었다. 랴오중카이는 쑨원의
최측근이었고 쑨원이 그랬던 것처럼 급진적인 공산주의자들
과 원만한 관계를 유지하고 있었다. 1925년 8월 랴오중카이
는 암살되었고, 이로써 권력을 장악하려는 장제스를 가로막
았던 장애물 가운데 하나가 제거되었다.

　1926년 7월 장제스와 국민혁명군은 북벌北伐을 단행했다.
두 개의 경로로 나누어 진격했는데, 한 부대는 동부 해안을 따
라서, 다른 한 부대는 남중국의 중앙으로 북진하면서 각지의
군벌을 축출하고 남중국과 중국 중부를 국민당의 세력권 아
래 편입시켰다. 공산당의 노동자와 농민 조직가들은 북벌군

이 도착하기 전에 각 지역에 침투하여 파업과 민족주의적 정치 선전으로 지방 군벌의 군사력을 무력화하는 데 일조했다. 그들은 정치 선전을 펼쳐 제국주의에 저항하고 군벌에 맞서 싸우고 있는 국민당을 지지할 것을 촉구했다. 국민혁명군은 북벌을 개시한 지 한 달 만에 서남부 도시 창사長沙를 점령했다. 9월과 10월 북벌군은 난창南昌과 창장 강 유역의 주요 항구 도시 우한武漢을 차지하고, 12월까지 해안 도시 푸저우福州를 점령했다. 1927년 3월 북벌군은 명 왕조의 수도였던 난징을 차지했고, 4월에 가장 큰 항구이자 상업 도시였던 상하이를 장악했다.

장제스는 공산당 협력자들을 결코 신뢰하지 않았다. 1925년 5·30운동으로 수많은 노동자가 급진 세력화되어 공산당 진영에 가담했기 때문에 그는 자신의 활동과 군대가 공산당의 급진 분자들에게 넘어가 버릴지도 모른다고 우려했다. 그는 젊은 시절에 잠시 상하이에서 증권 중개인으로 일한 적이 있었는데, 그때 금융계 및 청방青幇 세력과 긴밀한 관계를 맺었다. 청방은 상하이의 성매매, 도박, 아편굴을 마피아식으로 경영하는 조직이었다. 장제스의 군대는 청방의 도움을 받아 1927년 4월 12일 아무런 경고도 없이 공산당 '합작 세력'에 대한 공격을 감행했고, 장제스의 군대가 장악하고 있던 모든 도시에서 공산당원 또는 공산당원으로 의심되는 자들을 모조리 살해했다. 그 결과 재판도 청문회도 없이 죽임을 당한 사람이 수천 명에 이르렀다.

국민당에 자문 역할을 했던 러시아인들은 서둘러 달아났지만, 중국의 실상이 어떤지 거의 몰랐던 이오시프 스탈린은 중국 공산당에게 국민당 내의 '진보적' 분자들과 협력하여 장제스에게 계속 무력으로 저항하라고 조언했다. 하지만 장제스가 대부분의 군사령관을 자기 휘하에 두게 되자 스탈린의 조언은 엄청난 재앙을 불러일으키고 말았다. 1927년 봄 가장 충성스럽고 헌신적인 공산주의자와 비공산주의 계열의 노동 운동 조직가 2만 명가량이 떼죽음을 당했던 것이다.

당시 북중국 군벌 옌시산과 펑위샹은 반공주의적인 장제스에 지지를 표명했다. 6월 만주 군벌 장쭤린이 그가 타고 있던 열차가 일본군에게 폭파되어 숨졌다. 장쭤린의 아들 장쉐량張學良은 아버지의 군대를 물려받아 곧바로 국민당이 이끄는 신정부에 충성을 맹세했다. 그리하여 중국은 13년에 걸친 군벌의 지배, 내전, 무정부 상태에 종지부를 찍고, 적어도 명목상으로는 신임 총통 장제스의 지휘 아래 통일의 시대를 맞이했다. 장제스는 난징을 수도로 삼았다. 그의 실제 권력 기반이 중국 중부의 창장 강 유역이었기 때문이다. 그리고 이전 수도 베이징(북부의 수도라는 뜻)의 이름을 베이핑北平(북부의 평화라는 뜻)으로 개칭했다.

당시 북중국 군벌들은 국민당 제복을 입고 장제스가 이끄는 중화민국에 충성을 맹세했다. 역사책에서 '난징 10년'으로 알려진 10년의 기간 동안 장제스는 급속히 산업화를 이룩하기 위해 노력했으며, 세계열강의 반식민지가 아닌 평등한 지위로 국제 사회의 일원으로 참여하는 근대적 정부와 강력한 국가를 건설하기 위해 매진했다. 장제스는 엄격한 규율을 중시하는 인물이었고, 자신의 군대에 완벽한 충성을 요구했다(그리고 얻어냈다). 1930년대 유럽에서 성장하고 있던 파시즘에 매료된 그는, 난징에서 군대를 훈련시키고 정부를 조직하는 과정에서 독일인의 자문에 크게 의존했다. 비록 자신의 정치적 경쟁자들을 완전히 제압하지는 못했지만, 국민당 내 파벌들을 주도적으로 조정하는 역할을 했다. 그는 비록 톤이 높고 끼익 소리가 나는 저장浙江 사투리가 심했지만, 뛰어난 언변으로 공산주의라는 '악'에 맞서기 위해 자기 세력을 결집했다.

장제스가 권력을 장악할 수 있었던 또 하나의 계기는 1927년 12월 언론의 대대적 관심을 끌었던 쑹메이링宋美齡과의 결혼이었다. 쑹메이링은 중국의 가장 부유한 가문 가운데 하나의 딸이자 쑨원의 미망인 쑹칭링朱慶齡의 동생이었다. 미국에서 교육을 받은 쑹메이링은 훗날 자신의 남편 장제스와 정부를 위해 미국과 국제 사회에서 외교관 역할을 훌륭히 해 낸다. 쑹씨 가문은 기독교인이었고, 이미 아내가 있었던 장제스는 쑹씨 가문의 결혼 승낙을 얻기 위해 기독교인이 되겠다고 약속해야 했다. 그는 1930년 10월 기독교 세례를 받았다.

장제스와 쑹씨 가문의 결합은 그의 정부 운영에 큰 영향을 끼쳤다. 아내 쑹메이링의 남동생 쑹쯔원朱子文은 수상이 되었고, 쑹메이링의 형부 쿵샹시孔祥熙는 재정부장이 되었다. 이들은 도시의 경제적 안정에 반드시 필요한 근대 자본주의 금융 시스템을 창출해 냈다. 그 시작은 원활한 조세 제도를 수립하는 것이었다. 비록 거액의 지방세가 중앙 정부까지 도달하지도 못했지만 말이다. 경제 성장은 여전히 주로 외국 자본가들이 경제를 지배하고 있는 큰 도시에서 이루어졌지만, 중국 상인과 기업가도 양적·질적으로 성장하기 시작했다.

좌파 경쟁자들의 반제국주의, 반자본주의, 반유가 이데올로기를 견제하기 위해 장제스는 1930년대에 '신생활 운동'新生活運動 을 추진했다. 신생활 운동은 연장자, 국가 그리고 정치 지도자 숭배 등 유가의 전통적 가치를 부활시키는 것이었다. 그러나 청년들의 주도로 중국의 전통을 비판한 5·4운동의 여

신생활 운동을 지휘하는 장제스와 쑹메이링

파가 여전히 남아 있었기 때문에 전통적 가치를 부활시키려
는 장제스의 시도는 도시의 청년과 기자, 작가, 대학 교수에게
냉소적으로 비쳐지기도 했다.

1910년대와 1920년대에 가장 크게 발전한 분야는 여성 운동이었다. 전족과 축첩 제도를 폐지하고 과부의 자살을 방지하고 여성 교육과 배우자를 직접 정할 수 있는 자유를 촉진하려는 운동이 크게 일어났다. 수많은 노인 여성은 오랜 시간 동안 아름다운 것으로 여겨진 전족을 하기 위해 엄청난 고통을 감수해 왔다. 따라서 그녀들은 자신들이 억압적인 관습의 퇴영적이고 무지한 희생자라는 말을 듣고는 무척 혼란스러워하고 괴로워했다. 무엇보다도 발을 묶는 것 못지않게 묶은 발을 푸는 것 또한 엄청난 고통이 따르는 일이었다. 일부 여성이 묶인 발을 풀지 않고 자존심을 지키려 했음에도 불구하고, 중국 사회는 지난 8세기에 걸쳐 지속된 이 관습을 차차 폐기해 나갔다.

그 무렵 5·4운동의 주동자들은 번잡한 고문을 폐기하고 구어체를 사용해야 한다고 주장했다. 고문은 단지 기초적인 문장을 배우는 데에도 수년이 걸렸기 때문이다. 결국 고문은 일부 고전적 형식으로 시를 쓰는 사람들이 사용하는 것을 제외하고는 얼마 못 가서 사라졌다. 구어체 중국어는 신문, 책, 정기 간행물에서 보편적인 문자 소통 수단이 되었다.

1931년 중국의 베스트셀러 소설은 정치적 무정부주의에 경도된 작가 바진巴金의 작품『가』家였다. 쓰촨 서부의 엘리트층 가족의 삶을 그린 바진의 소설은 유가적인 가족 제도에 각기 다른 방식으로 저항하는 세 형제를 통해 낡은 가족 제도의 억압적 본성을 드러내고자 했다. 이 소설에 등장하는 막냇동생은 가족에 대해 거의 완벽하게 반항하는 반면, 큰형은 부당한 것을 목격하고도 연장자들에게 직접 도전하지 못한다. 바진은 새로운 사회나 정치 제도를 창출해야 한다고 구체적인 제안을 내놓지는 않았지만, 구질서를 매우 효과적으로 비난함으로써 전 세대에 5·4운동의 정신을 불어넣었다.

중국의 주요 도시에서 서양의 복식이 유행했고 소녀들은 소년들과 학교에 다니기 시작했다. 국민당 보수주의자들은 이러한 변화를 거부했다. 국민당 열성분자들은 독일의 나치 돌격대Brown Shirts를 벤치마킹하여 남의사藍衣社를 결성했다. 이 '도덕 경찰'은 이따금씩 서양식 파마에 단발머리를 한 젊은 여성들을 잡아 갔다. 또한 장제스의 정책을 공개적으로 비판하는 지식인을 위협하거나 암살하기도 했다. 장제스와 그의 심복들은 중국이 당면한 문제들을 해결하기 위해 파시즘을 활용하기 시작했다. 그들의 분석에 따르면, 모든 중국인은 국가의 필요와 목적을 위해 더욱 희생하는 자세와 국가 지도자 장제스에게 더욱 충성하는 마음을 함양해야 했다.

장제스 정부가 이룩한 성과 가운데 하나는 19세기와 20세

15세기부터 베이징(1927년 베이핑으로 개칭)은 내성內城에 있는 42미터 높이의 전문前門을 비롯한 웅장한 성벽과 성문으로 유명했다. 이 사진은 1931년 인력거꾼, 자동차, 트럭, 전차로 혼잡한 전문 거리의 모습을 촬영한 것이다. 근대화는 때로는 심각한 사회적 긴장을 야기했다. 1929년 10월 2만 5,000명의 (전통적으로 도시 곳곳을 누비며 승객들을 실어 날라 온) 인력거꾼들이 폭동을 일으켜 새로 가설된 전차와 그 승객들을 공격하기도 했다.

8장. 내전, 일본의 침략, 공산주의의 흥기(1920-1949)

기 초에 굴욕적인 불평등 조약으로 잃었던 중국의 주권을 일정 부분 회복한 것이다. 1928 – 1933년, 중국은 아편 전쟁 이후 빼앗겼던 관세 자주권을 되찾았다. 그리고 장제스 정부는 중국 세관의 행정권을 완벽하게 장악했으며 외국 조계지의 수를 33개에서 19개로 줄였다. 이후 2차 세계 대전 기간 동안 중국의 서양 동맹국들은 지난 100년 동안 중국의 대외 종속을 상징했던 치외 법권을 포기했고, 장제스는 추축국에 맞선 연합국의 대등한 파트너로서 루스벨트와 처칠을 만났다.

이와 같은 국제 지위의 신장과 주요 도시에서 진행된 근대 공업 경제의 성장에도 불구하고, 대다수 중국 농민은 국민당 치하에서 심각한 빈곤 상태에 놓여 있었다. 근대 의학의 혜택도 누리지 못한 채, 농민들은 지난 수천 년 동안 비료로 사용해 온 분뇨에서 증식하는 기생충과 달팽이로 인해 특히 큰 고통을 겪었다. 분뇨는 기생충과 달팽이를 죽일 정도로 적절히 열을 가하지 않으면, 조충류와 다른 기생 생물들이 그 안에서 생존하여 쉽게 사람의 피부 속으로 들어가서 계속 증식하며 맨발과 맨다리로 진흙투성이 논을 걸어 다니는 농민들을 전염시켰다.

옛날부터 늘 농민들을 괴롭히던 홍수, 가뭄, 기근 등은 1920년대와 1930년대에도 어김없이 중국 농촌 지역에 엄청난 손실을 야기했다. 농촌 지역의 주요 문제는 너무나도 높은 소작료였다. 토지를 소유하지 못한 농민은 땅을 빌려 경작한 뒤 수확량의 50퍼센트, 심할 경우 70퍼센트에 이르는 소작료를 내야 했다. 지주와 고리대금업자는 해마다 30-40퍼센트의 이자를 챙겼기 때문에 농민은 빚의 고통에서 헤어나지 못했다. 영국의 위대한 경제학자 토니R. H. Tawney 는 1930년대 초 중국에서 일 년을 지내면서 중국의 농촌 경제를 연구했다. 중국 농민의 절망적인 처지를 서술하여 고전이 된 자신의 책『중국의 토지와 노동』Land and Labor in China 에서 토니는 영국식의 전형적인 절제된 표현으로 중국의 미래에 대해 다음과 같이 경고했다. "1911년 혁명은 부르주아 혁명이었다. 농민 혁명은 아직 실현되지 않았다. 지주들이 여태 해 온 것처럼 앞으로도 계속 그들을 착취한다면, 그 결과는 그리 좋지 않을 것이다. 어쩌면 아주 필연적인 대가를 치르게 될 것이다."[1]

토니가 글을 쓰던 바로 그 무렵, 마오쩌둥毛澤東 이라는 젊고 야심만만한 공산주의자와 그의 동지들이 가난한 농촌 지역에서 농촌의 전통적 권력 구조를 전복하기 위해 중국 농민을 조직하고 있었다. 큰 키와 마른 몸에 슬픈 눈을 지닌 청년 마오쩌둥은 후난성湖南省의 성도 창사 인근 지역에서 부유한 농민의 아들로 태어났다. 젊은 시절부터 반골 기질이 강했던 마오

쩌둥은 아버지와 종종 마찰을 빚기도 했다. 마오쩌둥은 사범
학교를 마친 뒤 6개월 동안 베이징에 머물면서 리다자오李大釗
에게 깊은 영향을 받았다. 리다자오는 베이징 대학교 도서관
관장으로, 중국 공산당 창립자 가운데 한 사람이었다. 리다자
오는 마르크스주의의 통설과 스탈린의 관점을 날카롭게 비판
하면서 중국 농민은 중국 혁명의 마음과 영혼이어야 한다고
주장했다.

마오쩌둥이 중국 공산당 내에서 성장할 수 있었던 것은 장
제스가 1927년 봄 중국 남부와 중부에서 활동하던 공산당 조
직을 탄압했기 때문이다. 모스크바는 공산당과 노동 운동가
들이 장제스에게 마구잡이로 숙청을 당한 뒤에도 도시에서의
노동 운동을 계속 강조했지만, 마오쩌둥과 두 명의 군사 지도
자 주더朱德와 펑더화이彭德懷는 다른 길을 걸었다. 1930년대
초, 그들은 징강산井岡山에 소비에트(공산당이 통제하는 마을
과 시장의 네트워크)를 자체적으로 조직하기 시작했다. 징강
산은 후난성과 장시성江西省의 경계에 위치한 가난하고 외딴
산악 지역이었다.

마오쩌둥은 이 고립된 산촌에서 당 조직과 토지 개혁에 관
한 정치적 해법을 모색했고, 그 사이에 주더와 펑더화이는 농
민의 자식들을 훈련시켜 홍군紅軍으로 조직했다. 홍군은 농촌

마을들을 안전하게 보호했고, 그래서 지방 정부나 중앙 정부의 보복을 두려워하지 않고 토지 몰수와 지주 처형을 수행할 수 있었다. 마오쩌둥과 그의 동지들은 군대를 통수하기 위해 레닌의 모델을 수용했지만, 조직적 접근과 철학적 측면에서는 레닌의 그것을 훨씬 뛰어넘었다. 마오쩌둥은 고대 중국의 군사학 고전인 『손자』를 연구했으며, 16세기 소설 『수호전』과 『삼국지연의』에 등장하는 전투와 창조적 전략에 관한 이야기를 무척 좋아했다. 마오쩌둥은 이와 같은 다양한 책을 응용하여 아군이 군사적으로 열세일 때 안성맞춤인 독특한 게릴라 전술을 개발했다.

　게릴라 전술의 기본 원칙은 징강산에서 홍군 병사를 가르칠 때 사용한 구호에서 잘 드러난다. "적이 전진하면 우리는 후퇴한다. 적이 야영을 하면 우리는 적을 교란한다. 적이 피로를 느끼면 우리는 공격한다. 적이 후퇴하면 우리는 추격한다."◆[2] 게릴라 부대는 아군보다 더 강한 적은 피한다. 최상의 정보를 통해 단지 이길 수 있을 때에만 싸운다. 게릴라 부대는 강력한 정치 교육을 통해 유지되었다. 홍군 부대는 누구와 싸우고 왜 싸우는지를 잘 알고 있었다. 규율이 엄격했고 소비에

◆敵進我退. 敵駐我擾. 敵疲我打. 敵退我追.

트 내에 있는 사람들의 재산을 침범, 약탈, 파손하지 않도록 교육을 받았다. 홍군은 또한 외딴 지역 농민들의 지지를 받고 있었는데, 그들은 적의 이동, 세력 그리고 계획에 대한 상세한 정보를 홍군에게 제공하는 등 뛰어난 정보원 역할을 했다.

게릴라 전술의 기본 원칙은 징강산을 둘러싼 지역 차원의 소규모 접전이 벌어지는 과정에서 구체화되기 시작했는데, 이와 같은 마오쩌둥의 움직임이 장제스에게 포착되는 데는 그리 오랜 시간이 걸리지 않았다. 1931-1934년 장제스는 후난성과 장시성 경계에 있는 공산당 세력을 '토벌'하기 위해 다섯 차례에 걸쳐 국민당 군대를 파견했다. 장제스가 시도한 처음 네 차례의 공격은 소규모 공산당 세력에게 허를 찔려 실패했고, 국민당 군대는 뿔뿔이 흩어져 공산당의 매복 공격에 걸려들고 말았다. 장제스는 1934년 다섯 번째 공격에 나설 때는 좀 더 신중한 접근 방식을 택했다. 그는 수적으로나 무기 면에서 압도적으로 우세한 자신의 군대로 공산당 세력을 포위하여 서서히 올가미를 씌움으로써 홍군을 최후의 결전으로 몰아넣었다. 국민당의 전술이 먹혀들려 하자 마오쩌둥은 어려운 상황을 타개할 근본적인 해결책을 모색했다. 그것은 홍군 전 병력이 국민당 군대의 봉쇄를 뚫고 중국 서북부로 달아나는 것이었다. 이는 극단적이면서도 탁월한 결정이었다. 결과

홍군 주요 지도자들

가 불확실한 상황에서 전멸을 각오했다는 점에서 극단적 선택이었지만, 홍군이 잘 훈련된 군대이며 일본의 공격이 시작되자 일본으로부터 중국 농민을 보호하기 위해 헌신했음을 전 세계에 입증해 보였다는 점에서 탁월한 선택이기도 했다. 당시 중국 국내 정치에서 일본의 역할은 대단히 결정적이었으며, 이 사실은 얼마 안 가서 입증되었다.

1934년 10월부터 1935년 10월까지 마오쩌둥, 주더, 펑더화이는 홍군(35명의 여성을 포함한 약 8만 6,000명의 군사)을 이끌고 훗날 '대장정'大長征으로 알려진 과업을 달성하는 데 성공했다. 불굴의 의지를 보여 준 공산당의 대장정은 세계 전쟁

8장. 내전, 일본의 침략, 공산주의의 흥기(1920−1949)

사에서 가장 인상 깊은 위업 가운데 하나로 평가받고 있다. 대
장정에 나선 사람들은 도중에 부상, 동상, 탈영, 사망, 질병 또
는 적에 의한 생포 등으로 부대원의 80 - 90퍼센트를 잃었으
며, 잦은 고난과 공격을 견뎌 가면서 368일 동안 9,656킬로미
터 이상을 거의 걸어서 행군했다. 그들은 24개의 강을 건넜고
12개의 성을 거쳤으며 18개의 산맥을 넘었다. 훨씬 더 잘 무
장된 국민당 부대에게 추격을 받았음에도 불구하고, 홍군은
교묘하리만큼 과감한 전술과 정신력으로 살아남았다. 대장정
과정에서 마오쩌둥은 탁월한 전략가로 인정을 받아 공산당의
최고 지도자가 되었다.

공산당은 서남부와 서부 지방을 지그재그로 이동하다가
1935년 10월 중국에서 가장 낙후된 지역 가운데 하나인 중
국 서북부의 산시성陝西省 옌안延安에 도착했다. 공산당은 그곳
에서 농민이 지은 토굴에 사령부를 설치했다. 공산당이 이 지
역에 정착한 것은 한편으로는 중국 남부에 있는 장제스의 근
거지에서 멀리 떨어져 있었기 때문이고, 다른 한편으로는 징
강산보다는 당시 일본에 점령된 중국 지역에 훨씬 가까운 곳
에 위치했기 때문이다. 일본의 중국 공격은 1930년대 초에 가
속화되었는데, 중화민국이 실질적으로 통일되는 것을 일본이
두려워한 까닭도 있다. 1931 - 1932년 일본은 만주족의 옛 고

향 만주를 장악했다. 베이핑의 동북쪽에 위치한 이 드넓은 지역은 숲이 많았고 석탄과 석유 매장량이 풍부했으며, 중국 대부분 지역과 달리 인구가 많지 않았다.

세계 경제 침체가 날이 갈수록 심화되자 미국과 유럽 국가들은 일본의 만주 점령에 신경을 쓸 겨를이 없었다. 국제 연맹은 조사단을 파견하여 일본을 침략자로 선언했지만, 말로만 비난했을 뿐이지 실질적으로는 아무런 조치도 취하지 않았다. 일본은 국제 연맹의 비난에 항의하며 국제 연맹에서 탈퇴했다.

1930년대 초를 거치면서 장제스는 일본의 요구를 계속 들어주었고 군사적 대응을 자제했다. 일본은 만주에 만주국이라는 괴뢰 정권을 수립하고 만주족 청나라의 마지막 황제 푸이를 명목상 만주국의 수장으로 임명했다. 일본은 또한 내몽골 지역을 차지하고는 국민당 정부에게 이권과 특권을 달라고 요구하기까지 했다. 일본의 공격을 피부병으로 여기고 중국 공산주의를 심장병으로 여긴 장제스는 일본과 싸우기 전에 우선은 공산당부터 토벌해야 한다고 주장했다. 이러한 정책으로 장제스는 국민 사이에서 타협적인 사람이자 권력을 지키기 위해서라면 나라의 일부마저도 팔아넘길 수 있는 사람으로 인식되기 시작했다.

만주국 황제 푸이

1936년 장제스는 1928년에 일본군이 살해한 만주 군벌 장 쭤린의 아들 장쉐량 장군을 만나기 위해 중국 서북부의 도시 시안西安으로 날아갔다. 이때 그는 자신의 정책에 대한 대가를 치르게 된다. 젊은 장쉐량 장군의 부대는 1931년 일본이 만 주를 차지했을 때 고향에서 물러나 있었는데, 당시 장제스는

시안 사변 해결 후의 장제스

그들에게 옌안 인근의 공산당 근거지를 공격하라고 재촉했다. 일본이 고향 만주를 식민지로 삼고 있는 상황에서 중국인끼리 서로 싸우는 것을 원치 않았던 장쉐량과 그의 부대는 장제스에 반기를 들었고, 말 그대로 총구를 들이대 그를 납치했다.◆ 그들은 마오쩌둥의 동료 저우언라이周恩來와 만나 장제스와 동석했고, 공산당과 국민당의 항일 통일 전선에 대해 협상을 벌였다. 장제스는 마지못해 동의하고서야 감금된 지 2주일

◆시안 사변.

　　　　　　　　　　8장. 내전, 일본의 침략, 공산주의의 흥기(1920-1949)

만에 난징으로 돌아갈 수 있었고 내전의 종식을 선언했다.[3]

일본은 중국에서 반일 감정이 점차 고조되는 것이 무엇을 의미하는지 재빨리 간파했다. 1937년 7월 베이징 남쪽에 주둔하던 일본군 부대는 루거우차오盧構橋에서 중국에 대한 공격을 감행했다. 이는 2차 세계 대전의 서막을 여는 공격이었다. 일본은 19세기 후반에 근대화와 서구화의 길을 걷기 시작하면서 서둘러 서양식 제국주의를 받아들였는데, 이 제국주의는 세계를 강한 자와 약한 자, 앞서가는 자와 뒤처진 자 간의 생존 투쟁이라는 틀로 짜 맞춘 이념이었다. 동쪽 나라들 가운데 가장 앞선 나라로서, 일본은 중국을 식민지화하고 근대화하기에 가장 적합한 존재라고 스스로 생각했다. 일본의 관점에서 볼 때, 그것은 영국의 인도 경영, 네덜란드의 동인도 경영, 미국의 필리핀 경영, 프랑스의 인도차이나 경영, 프랑스·영국·벨기에의 아프리카 경영과 비슷한 맥락으로 여겨졌다.

일본은 장제스가 일본이 중국 북부와 동북부에서 유리한 위치를 차지하도록 내버려둔 채 곧 휴전을 추진할 것이라고 예측했기 때문에 중국과의 전쟁은 금세 끝날 것이고 승패도 이미 판가름 난 것이나 다름없다고 생각했다. 그러나 장제스와 국민당 정부는 일본에 평화 협상을 제안하는 대신, 중국의 동쪽 절반을 비워둔 채 서쪽으로 멀리 떨어진 창장 강 상류에

기원전 500   기원   500   1000   1500   2000

일본의 최신식 군대와는 상대도 되지 않을 만큼 형편없었던 장제스의 국민당 군대가 일본군에 밀려 산둥성의 도시 타이안泰安으로 퇴각하고 있다. 일본군에 저항하기에는 너무나도 약했던 장제스의 군대는 적에게 등을 보인 채 서쪽으로 달아났고, 1938년 그의 신출내기 공군은 일본의 진격을 늦추기 위해 창장 강의 제방을 폭격했다.

위치한 충칭重慶을 전시 수도로 삼았다. 일본의 서진을 지연시키기 위해 1938년 6월 장제스의 공군은 창장 강의 제방들을 폭격했다. 그 결과 수백만 에이커의 농경지가 침수되고 30만 명가량이 익사했으며 200만 명이 집을 잃었다.

일본군은 때로는 도쿄 수뇌부의 명령 없이 독자적으로 움직였는데, 중국이 항복하지 않고 계속 버티자 격한 분노를 드러냈다. 1937년 말 중국의 지방 부대들이 일본의 상하이 점령과 난징 진입에 저항하자 일본군들은 마구 활개를 치고 돌아다니며 난징 시민을 약탈하고 강간하고 살해했다. 6주 동안 그들은 적어도 2만 명의 중국 여성을 강간했고, 10만 – 30만의 난징 시민을 죽였다(이 수치에 대해서는 여전히 논쟁 중이다). 이 사건은 전 세계에 '난징 대학살'로 알려졌으며, 20세기의 가장 악명 높은 잔혹 행위 가운데 하나로 기록되었다.

서구 세계는 나치가 세력을 확대하여 유럽을 위협하는 상황에 신경을 곤두세우고 있었기 때문에 중국에서 일어난 일본의 학살에 무관심한 태도로 일관했다. 1939년 중국과 일본의 전선은 교착 상태에 빠졌다. 그 무렵 일본은 중국의 동쪽 삼분의 일을 차지하고 있었고, 중국 공산당은 서북부에 작은 근거지를 마련하고 있었으며, 국민당은 서남부를 장악하고 있었다. 중국 공산당과 국민당은 단지 명목상으로만 협력할 뿐이었고, 장제스는 종종 자신의 최정예 부대를 일본과 전투를 벌이기 위해서가 아니라 서북부에 있는 공산당 '동맹 세력'을 견제하기 위해 배치하기도 했다.

1941년 여름 일본이 프랑스령 인도차이나로 진격하여 그곳의 해군 기지를 점령하자 미국은 일본과 더는 통상을 하지 않겠다고 선언했다. 당시 미국은 석유와 고철의 주요 공급원이었기 때문에 일본은 통상 금지 조치를 해제해 주면 프랑스령 인도차이나에서 철수하겠다고 제안했다. 미국이 이를 거부하자 1941년 12월 7일 일본은 선전 포고 없이 진주만의 미국 해군 기지를 공격했다. 장제스와 마오쩌둥은 일본과의 전쟁에서 미국이 마침내 중국의 진정한 동반자가 되었다며 둘 다 기뻐했다.

중국의 항일 전쟁은 마오쩌둥식 게릴라 전투를 펼치기에 안성맞춤인 전쟁이었다. 일본군 부대들은 중국 어느 곳에서나 쉽게 눈에 띄었고, 당시 중국 공산당 부대는 계급 투쟁보다는 항일 투쟁을 통해 중국 인민을 단결시키는 것이 더 중요하다고 생각하고 있었다. 1940년 8월 공산당 군대는 북중국에서 일본에 대한 공격을 시작하여, 철도와 도로를 차단하고 다리를 폭파하고 탄광과 같은 일본의 전략적 기반을 파괴했다. 일본군 사령관들은 "모두 죽이고 모두 태우고 모두 약탈하라"는 초토화 작전으로 응수했는데, 이는 중국인이 공포에 떨면서 항복하기를 바라며 기획된 것이다. 그러나 일본군의 작전은 오히려 더욱 많은 중국인으로 하여금 공산당에 가담하도록 했다. 공산당은 전시 내내 토지 정책을 수정했다. 지대를 줄이되 지불을 보증함으로써 전 계급의 지지를 얻었다.

8장. 내전, 일본의 침략, 공산주의의 흥기(1920-1949)

군대 사열 중인 마오쩌둥

농민들은 일본에 저항하는 중국 공산당을 매우 환영했으며 자식들을 기꺼이 홍군에 입대시켰다. 1935년 공산당은 3만의 병력을 보유하고 200만의 인구를 통치하고 있었다. 그런데 2차 세계 대전이 끝났을 무렵, 공산당은 잘 훈련되고 동기 부여가 확실한 100만의 병력을 보유하고 있었고, 약 1억의 인구를 통치하는 세력으로 성장해 있었다.

2차 세계 대전 기간 동안 중국 공산당은 앞으로 중국 전역을 통치할 때 사용하게 될 수많은 통치 전술을 개발했다. 모두가 생존을 위한 투쟁으로 인식하며 한창 전쟁에 매진하고 있을 때, 공산당은 철두철미한 규율과 당과 국가를 위한 강력한 희생정신을 발양했다. 마오쩌둥은 이상주의적인 캐나다인 외과 의사 노먼 베쑨을 찬양하는 연설을 했다. 노먼 베쑨은 반일 중국 공산주의자들을 돕기 위해 옌안으로 가서 중국인 의사와 간호사 들에게 전쟁터에서 필요한 외과 수술, 수혈 방법 등을 열심히 가르쳤으며, 수술을 집도하다가 다친 손가락의 상처를 치료하지 못해 결국 패혈증으로 사망했다. "자신을 돌보지 않고 타인에게 헌신한 베쑨 동지의 정신은 자신의 일에 대한 무한한 책임감과 모든 동지와 인민을 향한 무한한 사랑에서 잘 드러난다. 모든 공산주의자는 그에게서 배워야 한다. …… 우리는 그의 절대적 이타 정신을 배워야 한다."[4]

마오쩌둥은 탁월한 군사 전략가이자 정치 전략가로서 무한한 신뢰를 얻을 수 있었다. 당시 마오쩌둥과 저우언라이, 주더, 펑더화이를 포함한 당 간부들이 군사 전략과 정책을 결정하여 발표하면, 모든 당원은 그 전략과 정책을 열과 성을 다해 수행해야 했다. 그리고 당 최고 지도자 마오쩌둥 주석의 연설문과 논문을 읽고 학습해야 했다.

수많은 작가와 지식인이 옌안의 전시 기지로 도망쳐 왔는데, 그들은 비판적 논문이나 사회의 너저분한 면을 드러내는 짧은 이야기를 집필하지 않도록 빠르게 세뇌되었다. 그 대신 그들은 중국인과, 중국인이 전쟁에서 행하는 노력을 옹호하는 선전문을 쓰라는 요구를 받았다. 1942년 마오쩌둥은 문학

8장. 내전. 일본의 침략. 공산주의의 흥기(1920-1949)

과 예술에 대해 일련의 강연을 한 적이 있었다. 당시 그는 작가와 지식인이 스스로를 농민 계급과 동일시해야 하며, 국가(와 공산당)를 위해 글을 써야 한다고 당부했다. 그리고 강연을 마치면서 국가가 작가에게 원하는 것은 "양단洋緞◆에 더 많은 꽃을 수놓는 것"이 아니라 "눈 오는 날에 땔감을 제공하는 것"이라고 결론을 내렸다.[5]

엔안에 있는 여성 작가 가운데 가장 뛰어난 사람은 딩링丁玲이었다. 딩링은 국민당에 체포되어 옥살이를 한 뒤 엔안으로 도망쳐 왔다. 공산당 내에서 여성의 지위가 낮다는 사실을 깨닫고 실망한 딩링은 남녀평등에 대한 당의 선전 문구와 실제 당 통제 하의 여성의 삶 사이에 간극이 얼마나 큰지를 보여 주는 이야기를 한 편 집필했다. 그녀는 예술과 문학에 대한 마오쩌둥의 관점에 보조를 맞추기 위해 노력했지만, 그의 작품은 거센 비판을 받았다. 딩링은 스스로 '부르주아적 착오'에 빠졌다고 고백해야 했으며, 마오쩌둥과 당이 좋아할 만한 선전문만 집필하도록 강요받았다.

마오쩌둥이 지적한 것처럼 "눈 오는 날에 땔감을 제공"하기 위해 공산당은 당이 통제하고 있는 지역의 모든 인민에게

◆은실이나 색실로 수를 놓고 겹으로 두껍게 짠 고급 비단의 일종

당의 정책을 알리기 위해 대중 모임을 조직했다. 선전부는 마을 속으로 들어가 연극, 꼭두각시 인형극, 노래, 민속춤 공연을 통해 중국 공산당이 중국을 일본 침략자에 대한 승리로 이끌 것이라는 메시지를 전했다. 농민 소조는 지대와 이자를 삭감하기 위한 활동을 벌였는데, 그 과정에서 지주들을 공격하지 않도록 주의를 기울였다. 지주들 역시 항일 전쟁에 협조하고 있었기 때문이다. 여성 소조는 여성을 동원하여 전쟁 지원 활동에 나서는 한편 아내를 때리는 남성과 정면으로 맞서 싸웠으며, 여성의 혼인과 이혼의 자유를 위해 노력했다. 청년 소조 역시 젊은이들을 전쟁에 동원하고 이상주의인 충동을 부추겼으며, 수천 명을 선발하여 공산당에 가입시켰다.

이와 반대로 장제스의 군대는 수적으로는 늘어났지만 힘의 세기는 오히려 약화되었다. 그는 능력이나 정직성보다는 자신에 대한 충성도를 기준으로 사령관을 임명했다. 사령관들은 종종 부대원의 명단을 부풀려 더 많이 지급받은 배급 식량을 암시장에 내다 팔았으며, 부대원들을 굶주리게 방치하고 무기도 지급하지 않았다. 국민당 병사 중에는 적의 총탄보다 질병이나 기아로 죽은 이들이 더 많았다. 재중 미국 외교관들은 중국 공산당 군대의 높은 도덕성 및 규율과 국민당 군대의 부정부패 및 무능을 서로 비교했다. 신경질적인 미국인 장군

조지프 스틸웰은 독설을 잘 퍼부어 '비니거 조'Vinegar Joe◆로 알려져 있었는데, 일본을 몰아내는 것보다 자신의 권력과 경쟁자 공산당에게 훨씬 더 관심이 많아 보이는 장제스를 항상 경멸했다. 결국 미국은 장제스와의 관계를 개선하기 위해 스틸웰을 중국으로부터 소환했다.

2차 세계 대전이 끝나자 미국은 중국에서 공산당과 국민당 사이에 내전이 다시 시작될까 봐 노심초사했다. 미국에서 가장 존경받는 장군 가운데 한 사람이었던 조지 마셜은 평화적인 타협을 중재하기 위해 중국으로 건너갔다. 그러나 국공 양측은 오랜 시간 동안 극단적으로 대립해 왔고 서로 '협력하는' 척만 하면서 깊은 불신을 쌓아 왔기 때문에 그의 노력은 실패로 돌아갈 수밖에 없었다. 2,000만 명을 죽음으로 몰아넣고 수백만 명을 다치거나 병들거나 굶주리게 한 전쟁을 8년 동안이나 치렀던 중국인은 필사적으로 평화를 갈망했다. 하지만 장제스는 공산당이 독자적인 세력으로 존재하는 것을 용납할 수 없었고, 마오쩌둥 역시 결코 다시는 무기를 내려놓고 장제스를 믿을 수는 없을 터였다.

통계에 따르면, 국민당은 병사 수에서 4배 정도 우세했고

◆신맛이 나는 식초의 특성을 살려 지은 별명인 듯하다.

마오쩌둥과 장제스 회담 장면

(400만 명 대 100만 명), 탱크, 항공기, 무기 그리고 1946 –
1949년 장제스 군대에게 20억 달러의 군사 원조를 제공한 미
국의 강력한 지원 등 모든 측면에서 공산당을 압도했다. 그
러나 장제스는 자신이 공산당과의 전쟁에서 패하도록 미국
이 내버려둘 수 없고 또 내버려두지도 않을 거라고 과신했다.
1946 – 1947년 장제스는 미국의 조언을 따르지 않고 미군 수
송기로 자신의 최정예 부대를 중국 동북 지역과 만주로 보냈

다. 공산당이 일본의 항복을 접수하고 그 지역에서 공산당 정권을 수립하는 것을 막기 위해서였다. 1947년 초 내전이 전면전으로 치닫자 공산당은 전시 수도 옌안을 포기하고 과거의 게릴라식 전술을 펼치며 농촌 지역으로 흩어졌고, 군대를 인민해방군으로 개칭했다.

중국 공산당 군대는 (일본의 조속한 항복을 이끌어 내기 위해 미국의 요청에 응해 중국으로 군대를 파견한) 소련으로부터 전략적 지원을 받고 만주로 이동했다. 1947년 중반, 공산당은 만주에서 주도권을 장악하고 도시 지역에서 국민당 군대의 항복을 받아 냈으며 철도와 통신망을 차단했다. 장제스는 패색이 짙어졌다는 사실을 받아들이지 못하고 병력을 증파했다. 1948년 말, 공산당 사령관 린뱌오林彪가 만주에서 마지막으로 대대적인 공격에 나섰고, 두 달 만에 소총 23만 정과 장제스의 최정예 병사 40만 명을 생포했다.

그럼에도 불구하고 당시 국민당은 여전히 수적으로 우세했고, 탱크와 항공기를 사실상 독점하고 있었다. 그러나 이러한 상황은 1948년 11월부터 1949년 1월에 사이에 창장 강 중류의 화이하이淮海(쉬저우徐州)에서 벌어진 전투에서 뒤바뀌었다. 화이하이에 주둔하고 있던 국민당 사령관은 공산당 군대에게 포위되어 퇴로가 차단되었을 때, 장제스가 국민당 군대와 군

텐안먼에서 중화인민공화국 건국을 선언하는 마오쩌둥

수품이 공산당의 수중에 떨어지는 것을 막기 위해 자신의 부대를 폭격할 준비를 하고 있다는 정보를 입수했다. 그는 46만 명의 부대원과 함께 신속히 인민해방군에게 항복했다. 국민당은 전세를 역전시키기 위해 노력했지만, 국민당 통치 지역을 허리케인급 위력으로 휩쓸어 버린 초강력 인플레이션에 의해 상황은 더욱 악화되었다. 1946년 1월부터 1948년 8월까지 물가가 67배나 급등했다. 1948년 말에는 국민당 정부에

8장. 내전, 일본의 침략, 공산주의의 흥기(1920-1949)

대한 신뢰가 완전히 바닥에 떨어졌다. 물가는 6개월 만에 8만 5,000배나 폭등했고, 국민당의 통화는 청 왕조의 동전만큼이나 아무짝에도 쓸모없게 되었다. 장제스는 거의 200만 명에 달하는 국민당 병사와 관료 그리고 그 가족과 함께 처음에는 서쪽 끝 쓰촨성으로 달아났다가 그다음에는 타이완으로 옮겼다(1895 – 1945년 일본의 식민지였던 타이완은 1945년 8월 일본의 항복과 함께 중화민국으로 국호를 회복한 상황이었다). 1949년 10월 1일 마오쩌둥은 베이징 중심에 있는 톈안먼에 올라 중화인민공화국中華人民共和國의 건국을 선언했다.

9장

중화인민공화국(1949 – 현재)

"중국 인민이 일어났다! ······ 우리 민족은 다시는 굴욕을 당하지 않을 것이다."[1] 1949년 가을 마오쩌둥 주석은 자신이 베이징에 도착했음을 선언했다. 중국 공산당은 여론의 세 가지 흐름을 기반으로 권력을 장악했다. 첫째는 아편 전쟁 이래 형성되어 온 중국 민족주의. 둘째는 계급적 분노로, 주로는 지주에 대한 농민의 분노. 셋째는 국민당의 부정부패, 무능, 재정적 붕괴에 대한 전체 계급의 증폭된 좌절감. 1947년 내전이 본격적으로 시작되자 공산당은 자신들이 장악하고 있던 광범위한 농촌 지역에 대한 전략을 수정했다. 일본군에 맞섰던 모든 사회 계급의 통일 전선이 더는 필요하지 않다고 보고, 공산당은 농촌에 대한 폭력 혁명의 깃발을 올렸다.

중국 인민해방군의 신속한 승리를 위해 공산당 소조들은 가장 궁벽한 농촌 마을도 거르지 않고 전국으로 침투하여 농민을 조직하고 간부를 선발하고 모든 사람을 빈농, 중농, 부농 또는 지주로 분류했다. 이 '투쟁 기간' 동안 농민들은 지주를 맹렬히 비난하고 그들에게 과거의 죄를 고백하도록 압력을 행사하여 토지와 재산을 포기하도록 했다. 이 투쟁 기간은 농촌의 모든 상류 계급에게 굴욕감을 안겨 주고 그들이 과거에 누렸던 특권을 빼앗는 기간이었다. 1949 – 1957년 중국의 모든 토지가 점차 '집단화'되거나 '합작사'合作社 라고 불리는 협동조합의 감독 아래 놓이게 되었다. 개별 가정은 소규모 텃밭을 소유할 수 있게 되었다. 비록 모든 텃밭의 넓이가 한 마을의 전체 구성원으로 이루어진 합작사가 보유한 전체 토지의 10퍼센트를 초과해서는 안 되었지만 말이다. 토지는 집단적으로 경작되었고, 국가가 곡물 생산량의 5 – 10퍼센트를 세금으로 가져갔다. 각 가정은 공산당이 당의 대리인 자격으로 임명한 마을 간부가 관리하는 노동 점수제에 따라 농업 생산량의 일정 부분을 배급받았다. 국가는 배급하고 남은 생산물을 설정한 가격에 따라 수매했다.

1950년 신정부가 내놓은 첫 번째 조치 가운데는 새로운 혼인법도 포함되어 있었다. 이 혼인법은 중매결혼을 금지하고 여성에게 이혼과 재산 상속의 권리를 부여했다. 여성이 집 밖에서 일하는 것을 합법화하고, 아이의 양육을 보장함으로써 여성이 직장에서 편히 일할 수 있도록 한 중국 공산당의 조치 역시 같은 맥락에서 중요한 성과였다. 20세기 초까지만 해도 사람들은 여성이 직장에 고용되어 일하는 것을 수치스러운 일로 여겼다. 여성은 자신이 직접 벌어들인 수입으로 예전에 비해 가정 내에서 더 큰 영향력과 독립성을 획득할 수 있었다.

1950년대 초 공산당은 도시 경제도 철저히 통제했다. 농촌에서만큼 폭력적이진 않았지만 그 강도는 비슷했다. 공산당에 협력했던 예전의 자본가들은 자신들이 한때 소유했던 기업의 공무원 관리자로 일하게 되었다. 수많은 자본가와 국민당 당원이 공장과 재산을 본토에 남겨 둔 채 공산당의 박해를 피해 타이완이나 영국 식민지 홍콩으로 달아났다. 개인 상점과 개인 기업은 사실상 불법화했다.

마오쩌둥 당 주석과 저우언라이 총리는 1950년 초 모스크바에 갔다. 소련과 우호 조약을 성사시키고 중국 근대화에 필요한 원조를 받기 위해서였다. 그 결과 2만 명의 중국 청년이 기술 교육을 받기 위해 소련에 가게 되었고, 소련은 1만 명의 과학자와 기술자를 중국에 파견하여 도로, 댐, 다리, 공장 건설에 기술 원조와 자문을 제공했다.

중국이 공산주의 혁명에 성공한다면 이는 곧 미국의 대외 정책이 뜻하지 않게 실패로 돌아감을 의미했다. 트루먼 행정부는 이 점을 잘 알고 있었지만, 1940년대 후반이 되자 장제스가 중국인의 지지를 완전히 상실할 것이고 그를 더 원조해

毛主席領導我們建設偉大的祖國

굴뚝이 우뚝 솟은 근대 공업 단지를 배경으로 마오쩌둥이 미래의 청사진을 들고 서 있다. 1953년에 제작된 이 포스터에는 "마오쩌둥 주석이 우리를 위대한 조국 건설로 이끈다"라는 문구가 쓰여 있다. 이와 같은 대중 포스터들은 '혁명적 낭만주의' 스타일로 그려져 있는데, 항상 중국 공산당과 마오쩌둥 주석을 가장 두드러지게 묘사하여 국가의 목표와 정책들을 일반 대중에게 선전하곤 했다.

9장. 중화인민공화국(1949 – 현재)

레닌 묘를 방문하는 저우언라이

봐야 아무런 의미가 없을 것이라는 결론을 내렸다. 1950년 공
산당 군대가 타이완을 침공하여 내전을 완전히 종식시킬 준
비를 하자 미국 정부는 중국 내전의 마지막 무대를 그저 멀리
서 바라볼 수밖에 없는 현실을 받아들여야 했다. 그런데 한국
전쟁이 발발하여 이 모든 상황을 순식간에 뒤바꾸어 버렸다.

1945년 일본이 항복하자 1910년 이래 일본의 식민지였던
한국은 38선을 사이에 두고 소련군과 미군에 분할 점령되었

다. 2차 세계 대전이 끝날 무렵, 미국은 일본의 항복을 신속히 접수하기 위해 소련의 도움이 필요했고, 한반도의 분할 점령에 동의했던 것이다. 북한 지도자 김일성은 한반도의 분단이 영구화되는 것에 반대했다. 1950년 6월 25일 김일성은 소련의 군수 물자에 어쩌면 스탈린의 허락까지 등에 업고서, 한반도를 공산당의 지배 아래 통일하기 위해 38선을 넘어 남침을 개시했다. 미국은 유엔의 깃발과 맥아더 장군의 지휘 아래 미군을 신속히 한국으로 파병했다.

맥아더의 군대가 북한군을 38선 뒤로 밀어붙여 한국과 중국의 국경 압록강까지 진격하자 중국군 수십만 명이 북한으로 밀고 내려와 전쟁에 개입했다. 당시 미국과 중국은 직접 교전을 했는데, 각자가 상대방의 참전 동기에 대해 최악의 가정을 하고 있었다. 공산주의를 위험천만한 치명적인 바이러스로 여긴 미국은 중국이 처음부터 한국 전쟁의 배후에 있었다고 생각했다. 반면 중국 공산당 지도부는 미국이 한국을 중국 침략을 위한 교두보로 삼아 공산주의 혁명을 뒤엎고 장제스에게 권력을 되찾아 주려 한다고 생각했다. 전쟁이 발발하자 트루먼 대통령은 미 해군 제7함대를 타이완 해협으로 이동시키라고 명령함으로써 중국 내전에 개입하지 않기로 한 애초의 정책을 뒤집었다.

9장. 중화인민공화국(1949 - 현재)

압록강을 건너는 중국군

중국은 미군의 압도적인 군사력에 대항하기 위해 엄청난 수의 병사를 파견했고, 중국군은 미군 탱크와 포병 부대에 맞서 싸웠다. 엄청난 사상자를 냈음에도 불구하고(100만 명의 중국군이 사망했다), 중국 인민해방군은 미군·유엔군과 싸우며 38선 근처까지 진격하여 전선을 교착 상태에 빠뜨렸다. 1953년 마침내 휴전 협정이 체결되었다. 한국 전쟁은 중미 관계에 엄청난 영향을 끼쳤다. 20년 동안 미국은 중화인민공화국을 인정하지 않았고 미국 시민이 중국으로 여행을 하거나 중국과 교역에 종사하는 것을 금지했다. 같은 기간 동안 장제스 정부는 유엔 안전보장이사회 상임 이사국의 지위를 누렸다. 마치 중화인민공화국은 존재하지 않는 것처럼 말이다. 중국 공산당 지도부는 2차 세계 대전 동안 미국과 동맹을 맺은 적이 있었음에도 불구하고, 당시에는 미국을 중국의 주적으로 설정했다.

위대한 군사 지도자이자 전략가로서 권력을 장악한 마오쩌둥 주석은 정치라는 것 역시 전쟁과 마찬가지라고 여기며 자신의 국가 통치에 도전하는 세력이 없는지 지속적으로 관찰했다. 외부의 적이 사실상 사라지자 마오쩌둥은 곧바로 내부의 적을 찾아 숙청하고 추방하고 처형했다. 공산당은 정부와 군대의 모든 영역과 모든 통신 매체를 장악했다. 마오쩌둥이 선호하는 통치 방식은 대중 운동을 통해 전체 인민이 당의 정책을 이행하도록 조직하는 것이었다. 초기의 대중 운동에는 매춘, 성병, 마약 중독, 문맹, 부정부패에 대한 공격이 포함되어 있었는데, 인민에게 당의 이상과 국가적 목표를 선전함으로써 일정 정도 성공을 거둘 수 있었다. 그들 내부에 숨어 있는 당과 중국 인민의 '적'을 찾고 고발하고 공격하기 위해 더욱 파괴적인 대중 운동이 일어나기도 했는데, 여기에는 강한 압력이 작용하기도 했다.

당시 모든 인민은 '단위'單位에 속해 있었다. 공장, 학교, 상사商社, 마을, 농장 등 모든 조직이 단위로 조직되었고, 모든 단위는 공산당의 감독을 받았다. 단위는 봉급, 주택, 의료 등 모든 측면에서 인민의 삶을 관리했다. 단위의 허락을 받지 않고는 어느 누구도 이주하거나 직업을 바꾸거나 타지로 여행할 수 없었다. 그리하여 중국 공산당은 과거 강력한 황제가 다스리던 시절에도 결코 상상할 수 없었을 정도로 인민의 삶을 통제하는 데 성공을 거두었다.

1956년 마오쩌둥은 소련 공산당과 그 헝가리인 협력자에 대한 헝가리 민중의 봉기에 깜짝 놀랐다. 마오쩌둥은 중국에서 그와 같은 봉기가 일어나는 것을 막기 위해서는 중국 공산당이 인민 대중에게 좀 더 가까이 다가갈 필요가 있다고 주장했다. '백화제방'百花齊放이라는 슬로건 아래, 마오쩌둥과 공산당 지도부는 당 간부들이 대중으로부터 배우고 대중의 삶을 피부로 느낄 수 있도록 모든 인민에게 당과 정부를 비판하는 글을 쓰도록 장려했다. 처음에는 백화제방 운동에 참여하여 비판하는 것을 꺼렸지만 비판에 대한 공개적인 찬양이 이어지자 많은 사람이 예술, 문학, 역사 등 모든 학문 분야가 당의 지나친 통제로 억압받고 있다고 의사 표현을 하기 시작했다. 1957년 6월 마오쩌둥은 갑자기 태도를 180도 바꾸어 중국 공산당의 정책을 공격한 모든 '계급의 적들'을 단호히 비판하고 억압해야 한다고 주장했다.

백화제방 운동은 순식간에 반우파 투쟁으로 전환되었다. 그 결과 40만–70만 명의 지식인이 직업을 잃고 강제 노동 수용소로 보내졌으며, 중국은 수많은 인재를 잃고 말았다. 마오쩌둥은 지식인을 후려갈기는 한편, 경제 분야에 나타나는 여러 문제점을 놓고 극성을 부렸다. 1958년 그는 새로운 형태의 대규모 경제 운동을 벌여야 한다고 목소리를 높였다.

농업 경제가 거의 압도적인 상황에서 정부는 농업 생산으로부터 잉여 생산물을 최대한 확보하여 산업화에 투자해야 했다. 잉여 생산물 가운데 일부는 1950년대 초에 국내의 평

반우파 투쟁

9장. 중화인민공화국(1949 – 현재)

화 회복과 집단화, 새로운 토지의 개간을 통해 얻어진 성과였다. 그러나 경제는 마오쩌둥이 기대한 만큼 빠른 성장세를 보이지 못했다. 마오쩌둥은 도시 공업 경제와 농촌 농업 경제 사이의 격차가 계속 벌어지고 있는 상황에 심기가 불편했다. 그는 전체 토지의 10퍼센트에 불과한 텃밭이 전체 농업 생산량의 10퍼센트보다 훨씬 많은 생산량을 기록하고 있다는 사실이 불만이었다. 이는 인민이 실제로는 집단화의 장점과 유용성에 대해 제대로 인식하지 못하고 있음을 의미했기 때문이다. 특히 1956년 소련 지도자 흐루쇼프가 소련 당 대회에서 1953년에 죽은 스탈린을 비판하자 마오쩌둥은 더욱 조바심이 났다. 이 사건은 베이징에서 마오쩌둥이 공격을 받는 것과 같은 맥락으로 이해될 수 있었기 때문이다.

그리하여 1958년 마오쩌둥은 대약진 운동이라는 새로운 운동을 선언했다. 마오쩌둥은 대약진 운동을 통해 중국을 수년 내에 가장 산업화된 국가들과 같은 반열에 올려놓겠다고 약속했다. 중국 공산당은 텃밭을 모두 없애는 등 농업을 완전히 집단화하는 쪽으로 방향을 선회했고, 농민 스스로가 자발적으로 나서서 산업화에 매진해야 한다고 주장했다. 농촌 간부들은 겨울철 몇 개월 동안 농민을 동원하여 댐, 도로, 관개 수로를 건설하고 토지를 개간했다. 그리고 밑바닥부터 일거에 산업화

대약진 운동 당시 철 생산

를 이룩하기 위해 스스로 기계를 만들고, 집 마당에 용광로를
설치하여 철을 생산하라고 농민들에게 지시했다.

　생산 효율을 극대화하기 위해 모든 여성을 부엌일에서 해
방시키고, 모든 인민이 공공 식당에서 식사를 하도록 했다.
그밖에 육아 역시 완전히 집단화하여 더 많은 어머니들이 생
산 노동에 자유롭게 종사할 수 있도록 했다. 농민은 자신들이
소유한 가축을 모두 집단 농장◆에 넘겨야 했다. 소련 지도자
들은 대약진 운동의 광기와 소비에트 모델에 대한 내재된 비
판에 큰 충격을 받아서인지 중국에 대한 원조를 모두 철회했

◆인민공사

공공 식당

고, 소련 기술자와 과학자 1만 명은 자신들의 계획, 청사진, 전문 기술을 모두 들고서 소련으로 귀국해 버렸다. 그러자 마오쩌둥은 미국을 비난할 때만큼이나 격렬하게 소련을 비난했다.

대약진 운동은 한 독재 정권이 자신의 선전 선동이 옳다고 믿고 모든 비판의 통로를 차단했을 때 얼마나 참혹한 재앙을 초래할 수 있는지를 잘 보여 주는 교과서와 같다. 당 조직이

기원전 500   기원   500   1000   1500   2000

너무나도 강고했고 전 사회적으로 그물망처럼 퍼져 있었기 때문에 대약진 운동의 목표와 약속이 실현 불가능한 것이라는 점에 어느 누구도 세심하게 주의를 기울일 수 없었다. 모든 사람이 더 많이 노동하여 생산성을 향상시켜야 한다는 압박을 받았다. 어느 누구도 이것이 미친 짓이라는 사실을 받아들일 수 없었기 때문에 모든 지방 간부가 자신의 임무를 잘 수행한 것처럼 꾸미기 위해 1958년 그해의 생산량을 부풀려서 보고했다. 국가가 지방에서 보고한 생산량에 따라 곡물의 할당량을 정했기 때문에 도시 지역으로 곡물이 이동하고 나면, 농촌 마을에는 먹을 것이 거의 남아 있지 않게 되었다.

사실 곡물 생산량은 급격히 줄어들고 있었다. 농민들은 텃밭을 잃었다는 상실감에 분노했고, 일부 지역에서는 자신이 기르던 가축을 집단 농장에 넘겨주지 않고 도살하기도 했다. 공공 식당이 제공하는 식사는 누가 봐도 분노할 정도로 형편없었고 낭비도 심했다. 집 마당의 철 용광로는 내구성이 약한 쓸모없는 쇠뭉치 말고는 아무것도 생산하지 못했고, 농민들은 대규모 노동 동원으로 농번기에 농사를 제대로 지을 수 없었다. 이러한 착오가 하나하나 축적되어 결국 세계 역사상 인간이 초래한 것 가운데 가장 큰 기근이 일어났다. 1959 - 1961년의 '고난의 3년' 동안 약 3,000만 명의 중국인이 기아와 질병,

9장. 중화인민공화국(1949 - 현재)

고난의 3년 당시의 류사오치

영양실조로 죽어갔다.

대약진 운동은 마오쩌둥의 지도력에 상처를 입힌 최초의 재앙이었다. 1959년 여름의 당 고위급 회의에서 국방부장 펑더화이는 마오쩌둥에게 개인적인 편지를 보내 대약진 운동의 착오를 비판했다. 심기가 불편해진 마오쩌둥은 이 편지를 다른 간부들에게도 돌려 읽게 했다. 그리고 '산으로 되돌아가서' 홍군을 재조직하여 권력을 다시 장악해야 한다고 위협하고,

혁명에 대해 '반역을 꾀했다'는 이유로 펑더화이의 사퇴를 요구했다. 아무도 마오쩌둥에게 저항하거나 펑더화이를 두둔하려 하지 않았고, 결국 펑더화이는 자신의 직위에서 물러났다. 마오쩌둥은 중화인민공화국 주석으로서 자신의 지위를 내려놓고, 정부의 일상적 업무를 새로운 주석 류사오치劉少奇와 부주석 덩샤오핑鄧小平에게 물려주었다. 그들은 대약진 운동의 정책들을 완화하고 공공 식당을 해산했으며 텃밭을 회복시켰다. 마오쩌둥이 자신의 유토피아적인 정책에서 물러서자 적어도 당분간은 경제가 완만한 회복세를 보였다.

1960년대 내내 중국은 서방과 소련 양측으로부터 외교적으로 고립되었다. 1959년 티베트 불교도들이 베이징에 맞서 봉기를 일으켰고, 인민해방군은 티베트로 부대를 파견했다. 티베트의 영적·정치적 지도자 달라이 라마는 인도로 망명했다. 중국은 1950년대에 티베트 불교의 관습을 대부분 용인했지만, 티베트 봉기 이후에는 도량과 사원을 폐쇄하고 공개적인 불교 의례를 금지했다. 중국은 소련이 미국과 평화적 공존을 모색하자 1960년 이를 신랄하게 비판했다. 1962년 중국은 히말라야 산맥에서 벌어진 국경 분쟁에서 인도에 승리를 거두었다. 서방 세계는 이러한 모습을 지켜보면서 중국의 힘과 팽창 의도에 놀라움을 금치 못했다. 서방 세계를 더욱 공포로 몰

라싸에 도착하는 중국군

아녔은 것은 1964년 중국 최초의 원자 폭탄 실험이었다. 이 원자 폭탄 실험은 1949년 서구식 교육을 받고 귀국한 중국 물리학자들에 의해 이루어졌다.

1962 – 1966년 류사오치와 덩샤오핑은 중국인의 삶에 사회적 질서와 미래에 대한 예측 가능성을 회복시켜 주기 위해 노력했다. 이 몇 년 동안 일부 베이징 지식인은 마오쩌둥의 지나친 처사에 대해 비판적이고 풍자적인 글을 써도 될 만큼 안전함을 느꼈다. 그러한 글을 쓸 수 있었다는 것은 마오쩌둥이 예전에 지녔던 권력을 상당 부분 상실했음을 의미했지만 그렇다고 해서 조용히 물러날 마오쩌둥은 아니었다. 그는 당시의

변화 추이를 예의 주시하면서 군 내부에서 자신의 위상을 높이는 데 주력했다. 현역 군인 린뱌오는 펑더화이가 물러난 뒤 국방부장으로 재직하고 있었는데, 1964년 마오쩌둥이 쓴 글들을 모아 『마오주석어록』毛主席語錄이라는 책을 펴냈다. '작은 붉은 책자'로 알려진 이 책은 모든 인민해방군 병사들의 필독서가 되었다.

1966년 마오쩌둥은 공산당 내에서 권력을 되찾기 위해 극적인 운동을 전개했다. 그는 당내 권력 투쟁 과정에서 자신의 게릴라식 전술을 채택했으며, 린뱌오의 도움을 받아 자신에 대한 숭배를 군대에서 사회 전체로 확대하기 시작했다. 마오쩌둥은 특히 대중 매체에서 동맹 세력이 필요했고, 그래서 아내의 도움으로 상하이에 의지했다. 마오쩌둥은 1939년 세 번째 아내와 이혼하고 상하이에서 활동하던 여배우 장칭江靑과 재혼한 바 있었다.[2] 장칭은 대단한 야심가였지만 그녀가 정치에 깊이 개입하는 것을 당 지도부가 반대했기 때문에 수년 동안 좌절감을 느끼고 있었다.

당시 장칭의 정치적 야심과 마오쩌둥의 권력 회복 욕구는 서로 연계되어 있었다. 장칭이 상하이의 급진적 지식인들과 긴밀한 관계를 맺고 있었기 때문이다. 상하이에서 마오쩌둥 주석을 '반혁명분자'(중죄를 뜻하는 대단히 강력한 용어)라고

『마오주석어록』을 들고 있는 린뱌오와 마오쩌둥

『마오주석어록』을 읽고 있는 병사들

비판하는 움직임이 일자 그들은 이러한 움직임을 매섭게 비판하는 글을 게재했다. 한 베이징 대학교 학생이 대자보를 통해 교수들이 전문 지식만 지나치게 강조하고 공산주의 사상은 별로 강조하지 않는 등 반동적인 행태를 보이고 있다고 비판하자 마오쩌둥은 직접 대자보를 써서 학생들에게 "반역은 정당하다"라는 아주 짜릿한 메시지를 전했다.[3] 마오쩌둥은 젊은이들에게 홍위병紅衛兵을 조직하여 대학과 사회 전반에 퍼져 있는 '주자파'走資派 동조 여론이나 소비에트식 '개량주의'의 본보기를 찾아내 폭로하라고 부추겼다.[4] 더 나아가 마오쩌둥은 개량주의자와 주자파는 공산당 내에서 가장 높은 곳에 위치해 있는 사람들이라고 선언했다. 마오쩌둥이 직접 거명하지는 않았지만 사람들은 그 사람들이 류사오치와 덩샤오핑임을 곧바로 알아차렸다.

마오쩌둥과 상하이의 급진적인 동지들은 이 전국적인 운동을 문화 대혁명文化大革命이라고 명명했다. 1966년 모든 학교가 문을 닫았고, 젊은이들은 무제한의 자유를 부여받아 구사상, 구문화, 구풍속, 구습관이라는 '4대 구습을 타파'하는 운동을 전개했다. 누구든지 언제든 반혁명 사상이나 행동으로 비판받을 수 있는 최악의 상황 속에서 젊은이들로 구성된 홍위병들은 사람들의 집에 쳐들어가 개량주의, 외국의 영향 또는 비

류사오치의 수정주의를 비판하는 플래카드

밀스러운 반마르크스주의적 정서의 증거가 될 만한 것을 모조리 찾아냈다. 홍위병 분파들은 빠르게 양극화되었다. 경쟁 분파들보다 자신들이 더 혁명적임을 입증하려 했기 때문이다. 1968년 류사오치는 직위에서 쫓겨나 당에서 제적되었고 구타를 당했지만 치료조차 받을 수 없었다. 그는 1969년 감옥에서 폐렴으로 죽었다. 덩샤오핑은 '노동을 통한 자아 개조를 위

1967년에 제작된 이 포스터는 마오쩌둥 주석의 깃발을 들고 '4대 구습'(구사상, 구문화, 구풍속,
구습관)을 공격하며 전통적인 유가적 가치, 불교, 외국의 영향을 짓밟는 젊은 홍군을 찬양하고 있다.
어른의 통제에서 벗어난 미증유의 자유, 계급 투쟁과 개량주의의 악에 대한 강렬한 선동이라는
극단적인 환경 속에서, 젊은이들은 자신의 학교 선생님들은 물론이고 개량주의자나 마오쩌둥 주석의
은밀한 적으로 간주된 사람이라면 누구든 가리지 않고 구타하고 고문했다.

해' 남중국으로 유배되어 한 트랙터 공장에서 일했다.

한동안 마오쩌둥은 홍위병이 초래한 대혼란을 묵묵히 지켜
만 보았다. 그러나 1968년 여름 무정부 상태와 내전이 임박한
듯이 보이자 그는 한 발 물러서서 질서를 회복하기 위해 인민

9장. 중화인민공화국(1949 – 현재)

문화 대혁명 집회

해방군을 동원했다. 그는 문화 대혁명은 위대한 승리를 거두었다고 선언했지만, 홍위병은 너무 멀리 가 버렸다고 말했다. 단지 혁명의 한 국면을 마감하고 '더 높은 단계'로 올라서기 위해서인 양, 마오쩌둥은 모든 홍위병에게 농촌으로 가서 농민들과 함께 생활하면서 힘든 노동을 통해 자아를 개조하라고 촉구했다. 홍위병들이 과거에 자신의 희생자들에게 강요했던 것과 비슷한 운명을 맞이하도록 말이다. 홍위병의 일원이었던 수천 명의 젊은이에게 이것은 영광스러웠던 문화 대혁명의 꿈에서 갑자기 깨어남을 의미했다.

이 '하방'下放된 젊은이들은 궁벽한 농촌 마을에서 중국이 실제로 얼마나 가난한지를 깨달았으며, 부드러운 손과 도시적

생활 방식을 가진 그들을 부담스러운 불청객으로 여긴 농민들은 그들을 보며 분통을 터뜨리곤 했다. 더 충격적인 사건들이 끊임없이 이어졌다. 1969년 길고 긴 중소 국경 가운데 두 지역에서 중소 양군 간에 총격 사건이 일어났고, 소련군이 실제로 중국의 핵 시설을 타격했을지도 모른다는 소문이 나돌았다. 당시 마오쩌둥과 저우언라이는 대미 관계를 개선하기로 결정했는데, 여기에는 소련의 위협에 대응하기 위한 측면도 있었다. 1972년 초 20세기의 가장 극적인 외교적 반전이라고 불러도 좋을 만한 사건이 일어났다. 열렬한 냉전주의자 리처드 닉슨 대통령과 헨리 키신저 국무장관이 베이징을 방문하여 저우언라이 총리 그리고 병든 마오쩌둥과 폭넓은 대화를 나누었다. 닉슨은 대중 관계를 개선해야 할 이유가 있었다. 미국은 베트남 전쟁에서 품위 있게 철수할 수 있는 방법을 찾고 중소 대립을 통해 이익을 얻고자 했다.

마오쩌둥주의자는 중국의 가장 큰 적수인 미국이 어느 날 갑자기 잠재적인 친구가 되는 상황을 인민에게 설명하기가 쉽지 않았다. 하지만 거의 비슷한 시기에 설명하기가 더욱 곤란한 사건이 또 하나 발생했다. 1972년 문화 대혁명의 영웅이자 마오쩌둥 주석의 '최측근'이었던 국방부장 린뱌오가 반역자라고 공식 발표되었다. 그는 마오쩌둥을 죽이기 위해 음모를

마오쩌둥과 닉슨

키신저와 저우언라이

꾸몄으며, 자신의 음모가 발각되자 1971년 9월 13일 소련으로 탈출하기 위해 아내와 아들과 함께 비행기를 타고 가다가 추락 사고를 당해 죽었다는 것이었다. 이 발표 내용이 진실인지 아닌지는 그 누구도 알 수 없었지만, 사람들이 주장하는 것처럼 마오쩌둥이 정말로 현명한 사람이었다면 류사오치와 린뱌오와 같은 '반역자들'이 어떻게 권력의 최고 정점에 오를 수 있었겠는가 하고 사람들은 의문을 가질 수밖에 없었다.

1949년부터 줄곧 어느 누구도 아닌 마오쩌둥이 중화인민공화국을 지배했다. 그래서 1970년대 초 그의 건강이 (루게릭병으로) 점차 악화되었을 때, 누가 그의 자리를 대신할 것이냐를 놓고 불안감이 커졌다. 저우언라이는 마오쩌둥을 보좌하며 자신과 가장 가까운 동료들을 일부 희생시킴으로써 문화 대혁명에서 겨우 살아남을 수 있었다. 1974년 저우언라이가 병이 들었을 때, 마오쩌둥은 놀랍게도 덩샤오핑을 정치적 유배에서 풀어 주고 정부를 맡겼다. 저우언라이는 1976년 초에 세상을 떠났는데, 저우언라이에게 화환을 증정하는 것을 경찰이 막자 톈안먼 광장에서 소요 사태가 발생했다. 마오쩌둥의 아내 장칭과 다른 문화 대혁명 주동자들은 공산당에 대한 공공연한 저항이 일어난 책임을 덩샤오핑에게 물었고, 마오쩌둥은 다시 한 번 덩샤오핑을 실각시켰다. 그해 7월 기록

저우언라이와 마오쩌둥, 생전에 마지막으로 함께 찍은 사진

유엔에서 연설하는 덩샤오핑

측정 사상 최대 규모의 대지진이 일어나 톈진 부근 탕산唐山의 광산촌을 폐허로 만들고 60만 명이나 되는 목숨을 앗아갔다. 중국인은 자연의 재앙을 천명이 바뀌었음을 예고하는 것으로 받아들이지 않을 수 없었다.

그러한 해석을 뒷받침하기라도 하듯 1976년 9월 9일 마오쩌둥이 세상을 떠났다. 모든 이들에게 불안과 불확실한 미래를 남겨 놓은 중대한 사건이었다. 마오쩌둥이 죽기 전 당 고위 지도부는 온건파와 급진파로 점차 양분되고 있었는데, 마

탕산 대지진

오쩌둥은 거의 알려지지 않은 지방 관료 화궈펑華國鋒을 후계자로 지명했다. 마오쩌둥이 죽고 한 달이 지났을 무렵, 화궈펑은 장칭과 그의 상하이 동료 세 사람을 체포했다. 당시 그들은 '사인방'四人幇으로 명명되었다(마오쩌둥은 아내 장칭에게 그 세 사람과 함께 '사인방'이 되지 말라고 주의를 준 적이 있었다). 1980년 11월 사인방은 재판을 받고 문화 대혁명 기간 동

호기심 많은 군중이 1976년 10월 중순 상하이의 선전 벽보에 캐리커처로 그려진 '사인방'의 몰락을 지켜보고 있다. 마오쩌둥 주석의 최측근이었던 그의 아내와 그녀의 상하이 협력자 세 사람은 마오쩌둥이 죽은 지 한 달 만인 10월 초에 체포되었다. 사인방의 몰락이 처음 알려진 것은 그들이 지난 10년 동안 장악해 온 상하이의 거리를 선전 벽보가 가득 메운 10월 15일이었다. 폴 로프 소장.

기원전 500   기원   500   1000   1500   2000

안 수백만 명을 부당하게 처형한 혐의로 유죄를 선고받았다.[5] 화궈펑은 당내에서 강력한 지원 세력이 거의 없었다. 덩샤오 핑은 곧 정치적 유배에서 풀려나 당 지도자로서 화궈펑의 자리를 대신 차지했다. 마오쩌둥 사상이 지배하던 시절의 숙청, 정치적 파행과 박해의 시간이 모두 지나가자, 덩샤오핑은 중국 공산당에 대한 대중의 신뢰를 회복하기 위한 노력을 서둘렀다.

죽거나 자살한 자들을 포함한 문화 대혁명의 희생자 대다수는 무죄가 입증되어 공산당원으로서 지위를 회복했다. 덩샤오핑은 마오쩌둥식 정치 운동을 끝내고 중국을 외국 투자자에게 개방했으며, 사람들이 10년 만에 처음으로 정치 운동에 휩쓸리지 않고 사적인 삶을 누릴 수 있도록 해 주었다. 그는 결코 마오쩌둥 사상을 대놓고 반대하지는 않았지만, 실제로는 마오쩌둥의 거의 모든 정책을 뒤집어엎었다. 그는 '농업 생산 책임제'를 실시하여 다시 농업 민영화를 서둘렀다. 이 제도를 통해 농민은 토지를 평생 경작할 수 있는 권리를 부여받았으며, 그 토지를 후손에게 물려줄 수도 있게 되었다. 농민은 자신의 생산에 대해 책임을 졌으며, 국가에서 할당한 최소한의 세금을 낸 뒤에는 수요와 공급의 법칙에 따라 운영되는 사영 시장에서 잉여 생산물을 판매할 수 있게 되었다.

덩샤오핑은 농업, 공업, 과학과 기술, 국방 분야에서 4대 현대화로 불리는 개혁을 주창하고, 공산당의 주요 목표는 중국의 번영을 이룩하는 것이라고 천명했다. 정부는 외국 투자자들이 안심하고 중국에 투자하도록 유도하기 위한 상법과 계약법을 시행했다. 덩샤오핑은 외국인 투자를 유치하고 경제 성장에 박차를 가하기 위해 해안 지역에 세금을 적게 내고 기업 활동을 할 수 있는 경제 특구를 신설했다. 1949년 이후 최초로 개별 중국인이 다시 자유롭게 기업에 투자를 하기 시작했다. 1980년대에 대對 중국 외국인 투자가 증가했고, 이때부터 중국은 예상을 뛰어넘는 성장률로 향후 30년 동안 이어질 고도 경제 성장을 시작했다. 중국 대학들은 빠르게 성장하며 중국 최고의 학생 교육 기관으로 거듭났고, 계급적 배경이나 정치적 이데올로기가 아닌 학과별 입학시험 성적으로 학생들을 선발했다. 수만 명의 중국 학생이 미국과 유럽으로 유학을 가기 시작했다.

이와 같은 맥락으로 덩샤오핑은 중국 사회에 마오쩌둥 시대보다 더 급진적인 변화를 가져왔다. 예를 들어 마오쩌둥 사상의 통치 방식은 성과 성적 자유에 대해 매우 (거의 유가적이라고 할 수도 있을 정도로) 청교도적인 사고를 고취시키는 것이었다. 1949년부터 마오쩌둥이 죽은 이후의 시점에 이르기까지, 여성들은 길고 헐렁한 바지와 헐렁한 치마를 입었다. 중국 전체가 농민처럼 남녀 구분이 되지 않는 복장을 택했기 때문이다. 화장품과 보석은 부르주아나 사용하는 사치품이라고 비난을 받았고, 혁명 정치와 관계가 없는 것은 광고가 금지되었다. 낭만적인 사랑은 부르주아의 나약성을 드러내는 것으로 간주되었고, 간통은 유가식의 전통적 가족 제도 아래에서와 같은 취급을 받았다.[6]

마오쩌둥이 죽은 뒤, 덩샤오핑은 자본주의식 광고를 허가하고 남성과 여성이 원하는 옷을 입을 수 있도록 허가하는 등 새로운 변화의 바람을 일으켰다. 서구식 의복이 도시에서 유행했다. 1980년대 소설가들은 낭만적인 사랑을 가감 없이 다루기 시작했다. 심지어 어떤 작가는 에로틱한 이야기나 포르노 소설을 쓰기도 했는데, 이러한 책들은 단속을 피해 불법으로 출간되어 발 빠른 행상들에 의해 길모퉁이에서 판매되었다. 광고업자들은 판촉을 위해 또다시 벌거벗은 미녀들을 등장시켰다. 미술 학교에서는 누드를 그리는 것이 허용되었고, 화장품 산업이 급속히 성장했으며, 대도시에 패션쇼가 자주 개최되었고, 일부 도시 여성은 더욱 '서구적'으로 보이기 위해 쌍꺼풀 수술을 받기 시작했다.

1950년의 혼인법에도 불구하고 마오쩌둥 시대의 공산당은 이혼을 결사적으로 막았다. 중재 위원회를 설치하여 사이가 좋지 않은 부부의 가족과 친구를 동원하여 이혼을 막았다. 마오쩌둥 시대가 지나가자 이러한 관행은 크게 완화되었고, 1980 - 1990년대 도시의 이혼율이 급등했다. 농촌 지역에서는 옛 관습이 유지되고 있었기 때문에 과거와 양상이 크게 달라지지는 않았다.

1978년 다시 권좌에 오른 덩샤오핑은 문화 대혁명의 착오에 대해 솔직하고 진실한 글을 써도 좋다고 허용했다. 자신도 마오쩌둥에게 고통을 당했기 때문에 그러한 감성을 공유하며 함께 카타르시스를 느낀다면 사람들을 자신의 리더십 아래에 묶어 낼 수 있을 것이라고 생각했다. 그러나 사인방에 대한 비판이 도를 넘어서서 전체 시스템에 대한 문제를 제기하는 지경에 이르자 덩샤오핑은 등을 돌렸다. 1978 - 1979년에 등장하여 가장 거리낌 없는 비판을 쏟아 낸 사람은 젊은 전기 기술자 웨이징성魏京生이었다. 민주의 벽이라는 이름이 붙은 베이징의 한 교차로는 사람들이 비판적인 글을 마음껏 게재할 수 있도록 허용된 장소인데, 웨이징성은 이곳에서 덩샤오핑의 '4대 현대화'를 놀랄 만큼 직설적으로 조롱했다. "민주, 자유, 행복이야말로 현대화의 유일한 목적이다. 이 다섯 번째 현대화를 빼놓고 다른 네 가지 현대화만 이야기한다면, 그건 최신식 거짓말에 불과하다"[7]

웨이징성은 1979년 3월 체포되어 15년 형을 선고받았다. 민주의 벽은 돌연 폐쇄되었고, 당은 4대 현대화와 균형을 맞추기 위해 덩샤오핑의 4대 기본 원칙을 발표했다. 그 내용은 사회주의, 부산 계급 독재, 공산당 리더십, 마르크스-레닌주의와 마오쩌둥 사상에 대한 어떠한 도전도 좌시하지 않겠다는 것이었다. 덩샤오핑은 자신의 전임인 마오쩌둥처럼 당내 파벌 간 갈등을 조정하는 역할을 했다. 한편으로 그는 마오쩌둥 시대의 극단적 정치 운동으로부터 사람들을 자유롭게 하고 국가 사회주의의 낭비와 비능률로부터 중국 경제를 해방시키기를 바랐다. 다른 한편으로 그는 정치권력에 대한 당의 독점을 계속 유지하기로 결심했으며, 젊은 동료들이 정치적 경쟁의 가능성이 열려 있는 다당제 국가를 향해 점진적으로 나아가기 위한 논의를 시작하자 그들 가운데 일부를 숙청했다.

1980년대 중반 잠시 억압적인 분위기가 완화되자 베이징을 비롯한 여러 도시의 학생들이 개인의 자유 확대를 요구하고 공산당 내에 만연한 부정부패를 반대하는 시위를 벌였다. 천체 물리학자이자 한 주요 대학의 총장이었던 팡리즈方勵之는 학생들 앞에서 1949년 이래 누구도 감히 시도한 적 없는 대담한 연설을 했다. "나는 마르크스와 레닌에서 스탈린과 마오쩌둥에 이르기까지 사회주의 운동은 실패했다고 말씀드리기 위해 이 자리에 섰습니다."[8] 덩샤오핑은 이 시위를 엄중히 탄압하고 주동자를 체포했으며 자신의 동료이자 고위급 관료인 후야오방胡耀邦을 실각시켰다. 후야오방은 학문 연구의 자유를 확대할 것을 주장해 왔기 때문에 시위가 일어난 것에 책임을 물은 것이다. 팡리즈를 비롯한 반체제 지식인이 당에서 축출되었다.

1989년 봄 가격 규제가 해제되는 생필품이 점점 늘어나고 임금 인상률이 물가 상승률에 미치지 못하자 중국의 주요 도시에서 불만이 고조되었다.[9] 경영자들이 비용을 삭감하기 위해 노동자를 해고하자 실업이 증가했고, 새로운 불평등 현상이 나타났다. 학생들은 공산당의 부정부패와 대학 졸업 후 직업 선택의 자유가 없다는 점에 좌절감을 느끼기 시작했다. 4월 15일 후야오방이 갑자기 심장 마비로 죽자 그동안 쌓였던 불만과 좌절감이 한꺼번에 폭발했다. 베이징 대학을 비롯한 여러 대학 학생이 후야오방을 추모하는 집회를 열어 그를 실각시킨 중국 공산당을 비판하고 즉각적인 개혁을 촉구했다. 대학생들은 정부를 향해 중국의 정치 제도를 개혁하고 웨이징성을 비롯한 수감 중인 평론가들을 석방하며 고위급 당간부의 봉급을 공개하고 족벌주의와 부정부패를 엄중 단속할

후야오방

것을 요구했다.

 덩샤오핑의 후계자로 지명된 자오쯔양趙紫陽은 시위를 지켜
보면서 이 기회에 보수파 세력을 몰아내야겠다고 생각했다.
하지만 자오쯔양의 반대 세력은 이 시위를 다르게 바라보았
다. 덩샤오핑의 개혁이 너무 멀리 갔으며 다시 되돌려야 한다
는 자신들의 생각이 옳았음을 입증한 것이라고 생각했다. 『인

민일보』人民日報 사설에서 당시의 시위를 '동란'이라는 단어로 표현하자 학생들은 격분했다. 그들은 스스로를 중국인의 삶을 개선시킬 것을 요구하는 진짜 애국자로 여겼기 때문이다. 당시 세계 언론들은 세계인의 이목을 집중시킨 소련 지도자이자 개혁가 미하일 고르바초프의 중국 방문을 취재하기 위해 5월 중순 베이징에 와 있었다. 덩샤오핑과 고르바초프 모두 양국 관계의 개선을 위해 노력했다. 하지만 세계 도처에서 온 기자들이 보기에 고르바초프의 중국 방문 이슈는 톈안먼 광장에서 일어닌 대규모 학생 시위에 완전히 묻히고 말았다.

자오쯔양은 학생들을 달래는 방향으로 문제 해결을 모색해야 한다는 입장에 서 있었지만, 학생들은 자오쯔양이 자신들의 생각에게 동조한다는 확신을 가지고 시위의 수위를 더욱 높였고, 당내 강경파는 자오쯔양의 접근 방식이 역효과를 초래할 것이라고 단언했다. 일부 학생은 자신들의 명분을 위해서라면 목숨을 내놓을 수도 있다는 결연한 의지를 보여 주기 위해 단식 투쟁을 시작했다. 당의 입장에서 볼 때 최악의 상황은 평범한 시민 수십만 명이 베이징과 다른 주요 도시의 거리로 쏟아져 나와 학생들에 대한 지지 의사를 밝히는 것이었다. 그 몇 주 동안 공산당 지도부는 완전히 마비되었고 점증하는 위기에 효과적으로 대처할 수 없었다. 고르바초프의 베이징

방문을 개혁을 위한 더없는 이벤트로 여겼던 덩샤오핑은 자신의 리더십을 경멸하는 공개적인 쇼에 모욕감을 느꼈다.

5월 18일 고르바초프가 떠나자마자 덩샤오핑은 당내 강경파의 손을 들어주었고, 시위를 무력으로 진압하는 데 동의했다. 자오쯔양은 계엄령 선포에 반대하다가 결국 당에서 축출되었다. 리펑李鵬 총리는 국영 방송에 출현해 5월 20일 계엄령을 선포했다. 시민들이 거리를 가득 메운 채 인민해방군의 1차 베이징 진입 시도를 막았기 때문에 그 시점에조차 많은 사람은 여전히 희망을 가지고 있었다. 5월 30일 학생들은 톈안먼 광장의 중앙, 마오쩌둥 주석의 초상화를 바로 마주 보는 곳에 중국 정부에 대한 마지막 상징적 저항의 표시로 '민주의 여신상'이라 불리는 석고상을 세웠다.

5월 말 학생 지도자들은 회의를 열어 톈안먼 광장을 비우고 캠퍼스로 돌아가기로 의견을 모았다. 그들은 짜릿했던 6주간의 평화 시위를 통해 승리를 거두었음을 선언하고, 차분하게 자신들의 운동을 계속 펼쳐 나가자고 맹세할 수도 있었다. 하지만 그런 분위기가 무르익었을 무렵, 일부 급진적인 학생들이 중국을 한 걸음 더 나아가게 하기 위해서는 중국 공산당 정권에 대한 신임을 완전히 무너뜨려야 하며, 그러기 위해서는 피를 흘려야 한다고 확신했다. 민주주의의 다수결 원칙에 익숙하지 않았던 학생들은 일부 학생들이 계속 버티겠다고 고집하자 광장을 떠나지 않기로 했다.

희망과 불확실성이 교차하는 6주가 흐른 뒤인 6월 4일 이른 새벽, 군대가 베이징으로 진입하여 무장하지 않은 군중을 향해 실탄을 발포했다. 수많은 군중이 돌과 직접 만든 화염병으로 맞서 싸웠던, 공포와 유혈과 분노로 가득한 밤이었다. 시위 참가자는 모두 체포되었다. 시위 진압 상황이 전 세계로 생중계되는 것을 막기 위해 중국 정부가 위성 방송을 차단했지만, TV 기자들은 끔찍한 대학살 장면을 보도하기 위해 비디오테이프를 몰래 중국 밖으로 유출시켰다. 중국의 다른 도시에서도 시위가 일어났지만, 그해 봄 내내 시위를 자유롭게 보도했던 중국의 뉴스 캐스터는 '불순분자들'의 소요 사태를 진압한 용감한 군인들을 찬양했다. 새벽 무렵 탱크와 부대가 진입하기 바로 직전에 학생들이 톈안먼 광장을 떠났기 때문에 정부가 신속히 발표한 그대로 광장에서 죽은 사람은 없었다. 그러나 베이징 도처의 피로 물든 거리에서 400~800명의 시민이 사망하고 1만 명가량이 부상을 당했다.

정부는 시위에 참가했을 것 같은 친구와 이웃들을 고발하라고 부추겼다. 하지만 문화 대혁명 때와 정반대로, 대다수 사람은 마녀사냥에 협력하지 않았다. 평범한 시민 수천 명이 당국의 눈을 피해 학생이나 시위 주동자들을 숨겨 주었고 그들이 나라 밖으로 무사히 빠져나갈 수 있도록 도왔다.

공산당 내 일부 강경파는 1989년 시위를 계기로 덩샤오핑 개혁의 전체적인 방향을 되돌리려 했다. 하지만 덩샤오핑은 자신의 경제 정책을 고수했다. 약 1년 동안은 외국 기업들이 안전에 위협을 느껴 대중국 투자를 줄이기도 했다. 그러나 덩샤오핑의 경제 정책이 혼돈 속에서도 철회되지 않을 것이라는 확신이 들자 외국인 투자는 다시 증가했고 중국 경제는 다시 폭발적인 성장세로 돌아섰다.

덩샤오핑과 그의 후계자들은 동유럽 사회주의권의 몰락과 소련의 붕괴를 지켜보면서 1989년의 결정이 옳았다고 확신했다. 1997년 덩샤오핑이 죽었는데, 그해에 홍콩이 영국에서 중국으로 반환되었다. 영국이 아편 전쟁 이후 그때까지 홍콩을 식민지로 지배했기 때문에 홍콩 반환은 많은 홍콩 거주자를 포함하여 모든 중국인이 자부심을 느낀 대단히 상징성이 큰 권력 이양이었다. 덩샤오핑의 후계자는 1989년 덩샤오핑을 지지했던 장쩌민江澤民이었다. 그는 덩샤오핑이 강조한 엄격한 정치 통제와 폭넓은 경제 개방이라는 두 가지 정책 노선을 계속 견지해 나갔다. 2002년 장쩌민이 은퇴하자 후진타오胡錦濤가 그 자리를 이어받았는데, 중화인민공화국 역사상 최초로

1997년 홍콩 반환

덩샤오핑의 후계자 장쩌민

비교적 매끄럽게 세대교체가 이루어졌다. 후진타오는 계속해서 경제 성장을 추진하는 한편 정치적 반대 세력은 억압했다.

중국은 2015년 기준으로 GDP 면에서 세계 2위이고 세계에서 가장 수출을 많이 하는 나라다. 1978 - 2004년에 중국의 국내 총생산GDP은 네 배 증가했다. 어마어마하게 큰 내수 시장, 깊은 인재 풀 그리고 엄청나게 많은 숙련 노동자를 보유한 중국의 경제적 도약은 20세기의 지난 반세기 동안 가장 중요하면서도 유일무이한 세계적 사건일 것이다. 2004년 중국은 32만 5,000명의 기술자를 양성했는데, 이는 미국에서 양성된 기술자 수의 다섯 배에 해당한다.

중국은 비록 일당 독재 체제를 유지하고 있지만 자본주의 방식을 도입하여 세계인의 삶에 예전의 마오쩌둥보다 훨씬 더 큰 영향을 끼치고 있다. 세계 제조업의 중심이 되기 위해 엄청난 수의 노동력을 동원함으로써 중국은 현재 엄청난 양의 새로운 수요를 창출하고 있으며, 석유, 고무, 목재, 목화 등 세계 천연자원과 온갖 종류의 귀금속 가격을 끌어올리고 있다. 중국 노동자가 제조업 현장에서 미국 노동자를 대신하는 동안, 중국의 생산성은 엄청난 양의 소비재 가격을 낮추는 데에 큰 영향을 끼쳐 왔다.[10] 중국의 흥기는 세계의 환경에도 큰 영향을 끼치고 있다. 중국은 이산화탄소 가스 배출량에서 미

상하이의 난징로南京路는 중국에서 가장 번화한 쇼핑 거리다. 일주일에 약 170만 명의 쇼핑객이
다녀간다. 이 수치가 정확한지는 모르겠지만, 난징로를 가득 메운 중국 쇼핑객을 통해 우리는 중국이
21세기의 첫 10년 동안 세계에서 가장 광범위한 중산층을 보유하게 되었다는 점을 깨닫게 된다.
스턴 소장.

국과 수위를 다투고 있는 나라이기 때문이다.

중국의 미래는 여러 측면에서 불확실하다. 1979년 이래 한
자녀 정책을 실시하고 있지만, 인구는 계속 증가하고 있다.
2015년 기준으로 중국에는 13억 이상의 인구가 살고 있다. 농
촌에서는 한 자녀 정책을 관철하기가 어렵고, 현재 늘어나고
있는 고령 인구 문제를 해결하기 위해서는 규제를 완화할 필

요도 있기 때문이다. 전통적으로 비한족계 민족이 살고 있는 지역, 특히 무슬림이 사는 신장 지역과 불교도가 살고 있는 티베트와 내몽골 지역 사람들은 중국의 통치에 불만이 많다. 오늘날 중국에서는 문화 대혁명 때와 달리 불교와 이슬람교에 대한 신앙생활이 허용되고 있지만, 중국 정부에게 도전하는 징후가 보이기만 하면 즉시 혹독한 탄압을 가한다. 명상과 정신·육체 수련을 바탕으로 하는 파룬궁法輪功 수련자 1만 명이 1994년 정부 고위급 간부들의 주거 지역 밖에서 시위를 벌였고, 공산당은 즉각 이를 강력히 탄압했다. 1980년대만 해도 큰 비용을 들이지 않고 건강과 행복을 증진시키는 전통적인 수련이라며 파룬궁 활동을 장려했음에도 불구하고 말이다.

덩샤오핑과 그의 후계자들은 중국 인민이 경제적·문화적으로 비교적 자유를 누린다면, 그리고 마오쩌둥 시대가 강요했던 정치 참여로부터 자유로워진다면, 지금의 일당 독재 체제를 앞으로도 계속 용인할 것이라며 요행을 바라 왔다. 오늘날 중국의 소설, 예술, 음악, 영화, 패션은 공산당이 통치하기 이전에는 그 전례가 없었을 정도로 번성하고 있다. 예술가들이 중국 공산당을 정면으로 공격하지만 않는다면, 중국 예술 분야에서 미묘함과 아이러니가 발휘될 여지는 여전히 남아 있다.

어떤 점에서 보면, 여성의 지위는 아이러니하게도 마오쩌 둥 시대 이래로 계속 낮아졌다. 성매매가 다시 등장했고, 극빈 지역 여성은 때때로 납치되어 도저히 살 수 없을 정도로 가난 한 집안에 강제로 시집을 가기도 했다. 사회적 불평등은 특히 여성의 일상 깊숙이 파고들고 있다. 부유한 사람도 존재하는 사회이지만, 극빈에 허덕이는 여성은 사회의 밑바닥으로 떨 어져 생존을 위해 성매매와 같은 수치스러운 현실에 내몰리 기도 한다. 하지만 마오쩌둥 이후 시대의 개혁이 낳은 불건전 성에도 불구하고, 현재 마오쩌둥 시대로 되돌아가고 싶어 하 는 여성(또는 남성)은 거의 없다.

중국 정부는 티베트, 신장, 내몽골과 같은 '소수 민족' 지역 에서 경제 성장 속도를 높여 왔고 수많은 한족을 이 지역으로 이주시켰는데, 이로 인해 소수 민족의 문화는 더욱 유지하기 가 어려워졌다. 중국의 경제적 안정에 가장 심각한 위협이 되 는 것은 1억 명이 넘는 농촌 출신 이주자다. 그들은 최근 몇 년 사이에 도시로 몰려들었는데, 여전히 가난에서 헤어나지 못한 채 일자리를 찾는 사람이 많다. 이 부동 인구를 고용하 기 위해 산업 경제는 매년 수많은 일자리를 새로 창출해야 하 기 때문에 경제 성장률이 8퍼센트 이하로 떨어질 경우 심각한 사회 문제에 직면할 수도 있다. 경제 위기가 급격한 인플레이션 또는 대량 실업 사태로 이어진다면, 그로 인한 노동 불안은 1989년 학생 시위 때보다 훨씬 더 심각한 상황에 이를 수도 있다. 미국과 국제 금융 위기에 대한 대응 전략으로, 2008년 말 중국 정부는 고도의 경제 성장세를 유지하기 위해 사회 기반 시설 건설에 2년 동안, 매년 국내 총생산의 7퍼센트에 해당하는 5,860억 달러를 투입하는 경기 부양책을 발표했다.

환경 문제 역시 중화인민공화국에 매우 심각한 도전 과제다. 산업화를 추진하는 과정에서 중국은 매장량이 풍부한 저급 석탄 등 가용한 모든 에너지를 이용하려 했다. 저급 석탄은 자동차 산업의 가파른 성장세에 편승하여 오늘날 중국의 주요 도시를 세계에서 가장 심각한 오염 지대로 만들었다. 현재 정부는 풍력과 태양열 발전 그리고 환경 효율이 높은 건물을 건설하는 데 많은 투자를 하고 있는데, 중국은 녹색 기술 면에서 서유럽과 동등한 위치에 올라서 있으며, 미국에는 상당히 앞서 나가고 있다.

최근 20년 동안 타이완은 명실상부한 민주주의 국가가 되었다. 2000 – 2008년에 타이완 국민당은 민주진보당民主進步黨(약칭 민진당)에게 권력을 내주었다. 민진당은 이따금씩 타이완의 독립을 주장해 왔다. 공식적으로 독립을 선언할 경우 타이완을 침공할 것이라고 베이징의 중국 정부가 위협하고 있지만 말이다. 타이완 기업가들은 중국의 공장에 수십억 달러를 투자하고 있으며, 양측은 경제적으로 긴밀한 관계를 유지하고 있다. 인구 2,500만의 타이완은 아시아에서 생활 수준이 높은 나라 가운데 하나로, 근대 산업 경제의 혜택을 충분히 누리고 있다. 대단히 매력적인 중국과 애증이 엇갈리는 상황을 연출하면서 말이다. 국민당의 마잉주馬英九는 중화인민공화국과의 관계 개선과 안정의 필요성을 역설하여 2008년 타이완 총통에 당선되었다.

2008년 여름, 베이징은 204개국 1만 500명의 선수단이 참가한 가운데 하계 올림픽을 개최했다. 베이징 메인스타디움 (냐오차오)鳥巢('새 둥지'라는 뜻)과 국립 아쿠아틱 센터('워터큐브'라고 불린다) 등 경이로운 건축물을 비롯하여 올림픽 기반 시설을 건설하는 데 약 420억 달러를 지출한 중국 정부는 오늘날 중국의 풍요와 최첨단 근대성을 전 세계에 과시했다. 올림픽을 개최한다고 해서 중국 공산당의 정보 통제와 정치적 반대파에 대한 편협한 태도가 눈에 띄게 변화한 것은 아니었지만, 하계 올림픽을 성공리에 개최하고 참가국 중 가장 많은 금메달(51개)을 획득한 것은 중국인에게 분명 자부심의 원천이 되었다.

미국과 중국은 지난 20년 동안 비교적 상호 협력적인 관계를 유지해 왔다. 쌍방 간에 여전히 의구심이 남아 있긴 하지만 말이다. 미국은 이따금씩 중국의 인권 상황에 대해 비판하고 있지만, 1990년대 이후의 중미 관계에서는 경제가 인권보다 더 중시되었다. 중국과 미국은 놀랍게도 대단히 상호 의존적인 관계를 유지하고 있다. 중국은 세계에서 미국의 부채를 가장 많이 보유한 나라로 달러화를 지탱해 주고 있다. 미국의 국가 채무가 급등하고 있음에도 불구하고, 미국인이 중국에서 저금리로 돈을 빌려 중국 상품을 구매하도록 하고 있다.[11] 2008 – 2009년 미국의 금융 공황은 중국의 상대적 상승세를 더욱 가속화하고 있다. 중국은 채무에 따른 부담이 없고, 전 세계적인 경기 침체에도 불구하고 경제 성장을 유지하기 위해 내수를 더욱 순조롭게 늘릴 수 있기 때문이다.

오늘날 전 세계 곳곳으로부터 중국으로의 투자를 끌어당기는 것은 값싼 노동력만이 아니다. 비교적 최신식 산업 공장을 보유한 중국은 현재 세계에서 가장 현대적이고 최첨단의 효율성을 지닌 생산 공정을 갖추고 있다. 그리고 이러한 기술의 혜택을 누리기를 원하는 기업가라면 누구나 중국에 가거나 또는 가야 할 필요성을 절감하고 있다.

2001년 9월 11일 뉴욕 세계 무역 센터가 테러를 당한 뒤, 장쩌민과 후진타오는 미국 대통령 조지 부시가 선언한 '테러와의 전쟁'에 대해 중국은 워싱턴의 동맹자라고 선언했다(그들은 티베트와 신장의 분리 독립 운동을 테러로 간주하기 때문이다). 그 후 미국이 중동에 온 신경을 쏟는 사이에 중국의 경기 호황과 미국의 재정 위기가 동시에 찾아왔다. 그로 인해 많은 아시아 국가가 2차 세계 대전 이후 처음으로 중국을 미국보다 정치적·경제적으로 더 중요한 나라로 인식하게 되었다.

역사는 결코 예정되어 있지 않다. 지난 3,000년 동안 중국사는 중국인이 내린 수백만 번의 선택에 의해 형성되어 왔다. 19세기가 시작되고 나서 약 200년의 시간이 흐르는 동안, 중국은 세계에 허약하고 가난하며 퇴보하는 나라로 인식되었다. 현재 중국은 세계 최고의 강대국으로 다시 부상하고 있다. 3,000년의 역사 가운데 상당히 긴 시간 동안 그랬던 것처럼 말이다. 중국은 엄청난 재능과 에너지를 가진 사람들을 보유하고 있을 뿐 아니라 많은 문제점과 단점도 지니고 있다. 중국이 정치 제도를 바꾸거나 심각한 불안정을 겪지 않고 가파른 경제 성장을 지속해 나갈 수 있을지가 주요 관건이다. 그리고 그 과정에서 중국이 환경적인 재앙을 피할 수 있을지도 또 하나의 관건이다.

고대 중국의 고전 『역경』의 핵심 원리는 오늘날에도 여전히 적용될 수 있을 것이다. 변화는 인류의 역사에서 피할 수

기원전 500   기원   500   1000   1500   2000

없으며 끊임없이 되풀이되는 것이다. 과거는 결코 구속복◆이 아니며, 중국인은 과거에 그랬던 것처럼 미래에도 계속 선택을 해 나갈 것이다. 지난 세기 동안 중국은 변화의 속도를 점점 높여 왔으며, 오늘날 중국 사회는 당 왕조 이후의 어떤 시기보다도 외부로부터의 영향에 더 개방적이다. 중국인은 계속 새로운 가치를 추구하고 새로운 역할을 받아들일지도 모른다. 하지만 중국 문화의 정체성은 매우 강하고 오래 지속되어 온 것으로 입증되었다. 중국의 역사 그리고 중국과 세계의 상호 작용은 지난 4,000년 동안 지속되어 온 패턴으로 중국인의 삶을 계속해서 형성해 나갈 것이 분명하다.

중국은 세계에서 인구가 가장 많은 나라다. 중국의 13억 인구는 대략 미국의 네 배에 해당하며 전 세계 66억 인구의 오분의 일에 해당한다. 중국은 세계에서 가장 권위주의적인 국가이며, 지난 30년 동안 세계에서 가장 가파른 경제 성장률을 기록해 왔다. 중국의 긴 역사에서 볼 때, 이전의 어느 시대보다도 많은 중국인이 해외에서 여행하고 공부하고 일하고 있다. 이러한 점에서 볼 때, 향후 중국은 세계의 나머지 지역에 예전보다 훨씬 더 깊은 영향을 끼칠 것이 분명하다.

◆정신 이상자와 같이 폭력적인 사람의 행동을 제압하기 위해 입히는 것.

옮긴이의 말

  중국 베이징의 자금성과 우리나라의 경복궁. 둘의 면적은
얼마나 차이가 날까? 언젠가 중국사 강연을 할 때 자금성 사
진을 보여 주면서 청중에게 던진 질문이다.

  사지선다형으로 제시했는데 대부분 자금성이 '1번, 열 배
정도 크다' 또는 '2번, 적어도 세 배 이상은 된다'에서 손을 들
었다. 혹시나 하는 마음으로 '4번, 경복궁이 더 크다'라고 말한
사람도 있었지만.

  정답은 '3번, 자금성이 대략 1.7배 정도 크다'이다. 그런데
답을 맞히는 사람이 열 명에 두세 명밖에 없었다.

  이런 결과가 나오는 이유는 무엇일까? 게다가 청중 가운데
는 경복궁과 자금성을 모두 직접 관람한 사람도 꽤 있었는데
말이다.

  사실 이런 결과가 나오는 것도 무리는 아니다. 경복궁 근정
전에 해당하는 자금성 태화전 앞에 드넓게 확 트인 마당, 징산
공원에 오르면 시야에 들어오는 끊임없이 펼쳐진 황금빛 기
와지붕들. 경복궁 근정전이나 고층 건물에서 본 경복궁 사진

과 비교해 보면 자금성은 시각적으로 압도적이다. 여기에 인구와 영토 면에서 우리와 비교조차 할 수 없는 나라 중국의 황궁이라면 적어도 그 정도는 되지 않을까 하는 고정 관념도 더해질 것이다.

사실 자금성의 면적을 경복궁과 정확히 비교하는 것은 어렵지 않다. 자금성의 면적을 안다, 경복궁의 면적을 안다, 계산한다, 끝. 두 수치를 객관적으로 비교하면 되는 것이다.

그러나 자금성과 경복궁의 면적을 추측하는 우리의 감각은 결코 객관적이지 못하다. 중국을 항상 우리의 눈을 기준 삼아 보려 하기 때문인데, 그 기준이 오랫동안 형성된 고정 관념에 얽매어 있다. 고정 관념은 숱한 왜곡을 낳는다. 그러나 고정 관념은 단숨에 깨기 쉽지 않다. 그렇다면 중국을 보는 방법을 근본적으로 바꾸어야 하지 않을까?

한국사를 공부할 때를 생각해 보자. 우리의 시야를 중국사로 확장하면 한국사를 폭넓게 이해하는 데 도움이 된다. 좋든 싫든 한국은 그동안 중국과 수많은 역사적 사건을 공유했고 사상과 문화를 나누었다. 한국사만 봐서는 이해하기 어려운 현상인데 중국사를 보며 이해하는 경우도 있다. 그런 점에서 중국사 이해는 한국사 공부의 필수 조건이다.

그렇다면 중국사를 공부의 대상으로 삼는다면 어떻게 해야 할까? 우리의 시야에서 우리와 비교하는 것도 물론 중요하지만 한국을 포함하여 전 세계 역사라는 큰 시야에서 봐야 중국사가 더 잘 보이지 않을까?

『옥스퍼드 중국사 수업』은 원제『China in World History』(세계사 속의 중국)를 보면 알 수 있듯이 중국사를 세계사라는 거대한 시야에 두고서 서술한 책이다. 중국은 아시아 동쪽의 대륙에 자리하여 독자적인 역사를 구축해 온 나라이지만, 세계사라는 커다란 맥락에서 보면 지난 3,000년 동안 수많은 민족과 제도와 문화가 흘러 들어오고 나가면서 융합과 변용을 일으켰다는 것이 저자 폴 로프의 생각이다. 마치 눈덩이가 굴러가며 밖으로는 몸집을 키워 나가고 안으로는 점점 단단해지는 것처럼 중국은 수많은 전쟁과 교류를 통해 세계와 역사를 주고받으며 현재 모습에 이르렀다. 세계사 속에서 중국을 볼 때 그동안 우리가 미처 깨닫지 못한 중국의 참모습을 더 잘 보게 될 것이다.

이 책은 중국사에 처음 입문하는 독자에게 추천할 만한 책이다. 한 번쯤은 들어 보았음직한 주요 창업자들의 이야기를 줄기 삼아 역대 왕조의 흐름을 짚어 준다. 그렇다고 해서 정치

사에 치중하여 딱딱한 서술로 일관하지는 않는다. 동아시아 사상사를 주로 연구한 학자답게 저자는 중국인의 관념 형성에 영향을 끼쳐 온 유교와 도교 그리고 외래 종교인 불교를 자세히 다룬다. 아울러 기존 개설서에서는 '지면 관계상' 소외시켜 온 인물도 큰 비중을 두고 소개하고 있는데, 특히 반소, 이청조, 유여시 등 여성 문인의 삶을 집중 조명함으로써 역사 속 중국인의 삶을 생생하게 그려내고 있는 점이 이채롭다.

중국사를 공부하는 이유는 그 자체로 재미있기 때문이기도 하지만 궁극적으로는 현대 중국을 이해하기 위한 것이다. 그런데 몇 번의 여행과 독서로 성급하게 중국을 단정 지으려는 사람이 많다. 중국과 영토, 인구 등 규모 면에서 비슷한 유럽이나 미국에 대해서는 신중한 태도를 보이면서도 유독 중국에 대해서는 "중국은 이러하다", "중국인은 원래 이래" 하고 결론을 쉽게 내린다.

중국은 간단하게 이해할 수 있는 대상이 아니다. 현대 중국에서 일어나고 있는 표피적인 현상만으로 중국을 이해하는 것은 오히려 많이 아는 것만 못하다.

중국 이해의 첫걸음은 중국 역사를 공부하는 것이다. "중국은 왜 그리고 어떻게 오늘날의 모습이 되었나?"라는 질문에서 시작해야 한다. 그러한 질문들로 가득 차 있는 이 책을 읽는 것으로 시작해서 공부를 심화해 나가기를 권한다.

|
2016년 3월
강창훈

후주

서문

1. Jared Diamond, *Guns, Germs, and Steel: The Fates of Human Societies*(New York: Norton, 1999)(재레드 다이아몬드 지음, 김진준 옮김, 『총 균 쇠: 무기, 병균, 금속은 인류의 운명을 어떻게 바꿨는가』, 문학사상사, 2005), p.324.

2. Karl A. Wittfogel, *Oriental Despotism: A Comparative Study of Total Power*(New Haven, Conn.: Yale University Press, 1963).

3. Victor Mair, ed., *Contact and Exchange in the Ancient World*(Honolulu: University of Hawai'i Press, 2006), pp.3−5

1장

1. 왕의 남성 후손만이 왕위를 계승할 수 있었기 때문에 왕은 많은 아들을 낳아야 했다. 그래서 많은 배우자(특히 정실부인이 아닌 부인)가 필요했던 것이다.

2. 나는 이 용어를 발레리 한센Valerie Hanson의 책 *The Open Empire: A History of China to 1600*(『열린 제국: 중국 고대 −1600』), p.35, p.52에서 차용했다.

3. Arthur Waley, trans., *The Book of Songs*(1937; reprint, New York: Grove Press, 1960), p.34.

4. Sun Tzu, *Art of War*, trans. Ralph Sawyer(Boulder, Colo.: Westview Press, 1994), p.167.

5. 공자는 태어날 때 이름은 공구孔丘였으나 제자들에 의해 공자 또는 공부자로 알려졌다. 16세기에 예수회 선교사들이 중국에 와서 공자의 문헌을 연구하고 유럽 언어로 번역하기 시작했다. 선교사들은 유럽 독자들이 그의 문헌들을 쉽게 이해할 수 있도록 하기 위해 공부자를 라틴어 'Confucius'로 번역했다.

6. Simon Leys, trans., *The Analects of Confucius*(New York: Norton, 1997), ch. 15,

verse 13, p.76.

7. 인仁은 왼쪽의 '사람'을 뜻하는 부분(亻)과 오른쪽의 '둘'을 가리키는 두 개의 선(二)이 결합된 문자다. 그래서 이 글자는 인간관계를 나타낸다.

8. 'Mencius'는 16세기 중국에 간 예수회 선교사들이 맹자를 라틴어 발음으로 번역한 것이다. 라틴어 이름으로 서양에 알려진 중국 철학자는 공자와 맹자 둘뿐이다.

9. *Mencius*, rev. ed., trans. D. C. Lau(London: Penguin Books, 2003), p.106.

10. *Tao Tê Ching*, trans. D. C. Lau(Harmondsworth, England: Penguin Books, 1963), p.57.

11. *The Book of Chuang Tzu*, trans. Martin Palmer(London: Penguin Books, 2006), p.78.

2장

1. 진나라 때의 장성은 흙을 다지고 굳혀 만든 것인 반면, 오늘날 관광지로 개방된 장성은 명 왕조 때 돌을 쌓아 만든 것이다. 이 점을 혼동해서는 안 된다.

2. Mark Edward Lewis, *The Early Chinese Empires: Qin and Han*(Cambridge, Mass.: Harvard University Press, 2007), pp.152–54.

3. Burton Watson, *Ssu-ma Ch'ien, Grand Historian of China*(New York: Columbia University Press, 1958), p.67.

4. 한대의 삶에 대한 통찰력을 제공해 준다는 점에서 언급할 만한 무덤이 하나 더 있다. 바로 한 무제의 이복형 유승劉勝의 무덤이다. 유승과 그의 부인 두관竇綰은 2000개가 넘는 장방형의 작은 옥편으로 이루어진 옷을 입은 채 묻혀 있었다. 각 옥편에는 모서리마다 하나씩 모두 네 개의 구멍이 뚫려 있어 가느다란 금사로 옥편들을 서로 연결해 붙일 수 있었다. 작게 조각된 옥 마개들은 시신에 있는 구멍을 모두 막는 데 사용되었다. 이 옷이 왕과 왕비의 시신을 보존하기 위한 것이었든 외부 세계로부터 사악한 기운이 침입하는 것을 막기 위한 것이었든, 이 무덤은 한나라 왕실 사람들이 종종 이와 같은 옥으로 만든 수의를 입고 묻히기도 했다는 초기 문헌의

내용이 사실임을 뒷받침해 준다. 이 무덤은 또한 조상 제사에 사용하는 아름다운 청동 제기, 청동 등잔, 향로를 비롯하여 먹고 마시는 데 사용하는 식탁과 가사 도구로 가득 차 있었는데, 이는 당시 사람들이 죽은 이의 영혼이 무덤에 들어가서도 이승에서처럼 일상생활을 영위하기를 바랐음을 암시한다.

5. 크나우어Elfriede R. Knauer는 중국 신화에 등장하는 여신 서왕모가 그리스 로마 신화의 여신 키벨레를 모티프로 한 것이라는 자신의 이론을 입증할 만한 상당량의 증거를 최근에 확보했다. 그는 방대한 연구를 통해 놀라운 증거를 제시하면서 중국 문명은 근대의 대다수 학자들이 장시간 추론해 온 것만큼 그렇게 고립적이고 자족적이지는 않았다고 주장했다. Elfriede R. Knauer, "The Queen Mother of the West: A Study of the Influence of Western Prototypes on the Iconography of the Taoist Deity," *Contact and Exchange in the Ancient World*, ed. Victor H. Mair(Honolulu: University of Hawai'i Press, 2006), pp.62–115를 보라.

6. Ban Zhao, "Precepts for My Daughter," in Wilt Idema and Beata Grant, *The Red Brush: Writing Women in Imperial China*(Cambridge, Mass.: Harvard University Asia Center, 2004), p.37.

3장

1. John E. Wills, Jr., *Mountain of Fame: Portraits in Chinese History*(Princeton, N.J.: Princeton University Press, 1994), p.101.

2. 건강의 산업적 발전에 관해서는 Shufen Liu, "Jiankang and the Commercial Empire of the Southern Dynasties," *Culture and Power in the Reconstitution of the Chinese Realm, 200–600*, ed. Scott Pearce, Audrey Spiro, and Patricia Ebrey(Cambridge, Mass: Harvard University Asia Center, 2001), pp.35–52에 잘 서술되어 있다.

3. Etienne Balazs, *Chinese Civilization and Bureaucracy*, trans. H. M. Wright(New Haven, Conn.: Yale University Press, 1964), p.241에서 재인용.

4. Ibid., p.238.

5. Ibid., p.239.

6. 죽림칠현의 시대로부터 100년이 흐른 뒤에 등장한 또 한 사람의 시인 도잠陶潜(도연명)은 공직에서 물러나 귀향하여 자연의 아름다움과 일상의 즐거움을 찬미하는 시를 지었다는 이유로 최고의 명성을 얻었다.

4장

1. Mark Edward Lewis, *China's Cosmopolitan Empire: The Dang Dynasty*(Cambridge, Mass.: Harvard University Press, 2009). 특히 pp.163–178을 보라.

2. S. A. M. Adshead, *T'ang China: The Rise of the East in World History*(Basingstoke, England: Palgrave Macmillan, 2004), pp.85–86.

3. Edward H. Schafer, *The Golden Peachers of Samarkand*(Berkeley: University of California Press, 1963), p.15; Lewis, *China's Cosmopolitan Empire*, pp.169–170.

5장

1. "Jian zi mulanhua," trans. Eugene Eoyang, *Women Writers of Traditional China*, ed. Kang-i Sun Chang and Haun Saussy(Stanford, Calif.: Stanford University Press, 1999), p.93.

6장

1. Hongwu Emperor, "Dismissal of Excessive Local Staff Because of Their Crime," trans. Lily Hwa, *Chinese Civilization: A Sourcebook*, 2nd ed., ed. Patricia Ebrey(New York: Free Press, 1993), p.207.

2. Robert B. Marks, *The Origins of the Modern World: A Global and Ecological Narrative*

from the Fifteenth to the Twenty-first Century, 2nd ed.(Lanham, Md.: Rowman and Littlefield, 2007), p.80; Dennis O. Flynn and Arturo Giráldez, "Spanish Profitability in the Pacific: The Philippines in the Sixteenth and Seventeenth Centuries," *Pacific Centuries: Pacific and Pacific Rim History since the Sixteenth Century*, ed. Dennes O. Flynn, Lionel Forst, and A. J. H. Latham(London: Routledge, 1999), p.23.

3. 최근 연구에 따르면, 중국 인구는 1393년 8,500만 명에서 1500년 1억 5,500만 명으로, 1600년 2억 3,100만 명 그리고 1650년까지 2억 6,800만 명으로 증가했다. Martin J. Heijdra, "The Socio-economic Development of Ming Rural China(1368–1644)"(Ph.D. diss., Princeton University, 1994), chap. 1, sec. 3, "Population." 헤이드라Heijdra가 추산한 통계치를 잘 요약 정리하여 그 수치를 비교적 보수적으로 해석한 책으로는 F. W. Mote, *Imperial China: 900-1800*(Cambridge, Mass.: Harvard University Press, 1999), p.745를 들 수 있다.

4. Wang Yangming(王陽明), *A Record for Practice*(『傳習錄』). Philip J. Ivanhoe, *Readings from the Lu-Wang School of Neo-Confucianism*(Indianapolis: Hackett Publishing, 2009), p.142에서 재인용.

5. 국호를 후금에서 청으로 바꾼 것은 고대 중국 오행 이론의 관점에서 만주족의 명나라 정복을 정당화하기 위한 것이다. 오행에서 명明(밝음)은 화火를 상징하고 후금의 금金은 화火를 이길 수 없다(화극금火克金). 반대로 수水 기운을 띤 청淸은 화火를 이길 수 있다(수극화水克火).

6. 오늘날 미술사학자들은 건륭제에 대해 대단히 양면적인 감정을 느낀다. 한편으로 그는 역대 중국 황제 가운데 가장 열렬한 예술품 애호가였으며, 세계에서 가장 많은 중국 예술품을 황궁에 수장했다(그중 상당수는 1949년 타이완으로 옮겨졌지만, 일부는 여전히 베이징에 남아 있다). 다른 한편으로 그는 황제의 주인朱印을 찍거나 썩 좋지도 않은 서예 실력으로 가필을 하여 아름다운 회화 작품을 망쳐 놓기도 했다.

7장

1. Qianlong edict to King George III, September, 1793. *The Search for Modern China: A Documentary Collection*, ed. Pei-kai Cheng and Michael Lestz(New York: Norton, 1999), p.109에서 재인용.

2. Lord George Macartney, *An Embassy to China, Being the Journal Kept by Lord Macartney During his Embassy to the Emperor Ch'ien-lung, 1793–1794*, ed. J. L. Cramner-Byng(London, 1962). Raymond Dawson, *The Chinese Chameleon: An Analysis of European Conceptions of Chinese Civilization*(London: Oxford University Press, 1967), p.205에서 재인용.

3. 아편 무역 상인은 주로 영국인이었지만, 1800–1839년에 미국 상인들도 약 1만 상자의 아편을 중국에 팔았다.

4. 임칙서는 실제로 서양 상인들에게 아편 약 453그램당 차 약 2.2킬로그램을 보상해 주었다.

5. Robert Hart, *These from the Land of Sinim: Essays on the Chinese Question*(London: Chapman and Hall, 1903), pp.54–55.

6. "Poem to Xu Xiaoshu in Contemplation of Death." Mary Backus Rankin, *Early Chinese Revolutionaries: Radical Intellectuals in Shanghai and Chekiang, 1902–1911*(Cambridge, Mass.: Harvard University Press, 1971), p.1에서 재인용.

8장

1. R. H. Tawney, *Land and Labor in China*(1932; reprint, Boston: Beacon Press, 1966), p.74.

2. *Red Army Slogan*. Stuart Schram, Mao Tse-tung(Harmondsworth, England: Penguin Books, 1967), p.159에서 재인용.

3. 장쉐량은 자신이 일으킨 사건(시안 사변)에 대해 장제스에게 자비를 구했고, 장제스는 그를 가택 연금했다. 장쉐량은 1949년 타이완으로 건너온 뒤에도 계속 가택

연금 상태로 살다가 1991년이 되어서야 언론과 인터뷰를 해도 좋다는 허가를 받았다. 심지어 인터뷰 당시에도 그는 장제스를 비판하지 않았으며, 1936년 당시 일본의 위협에 대해 두 사람의 견해가 달랐던 것뿐이라고만 말했다.

4. 毛澤東, 「學習白求恩」(1939年 12月 21日), 『毛澤東選集』2, 北京外文出版社, 1967, 337–338쪽.

5. 毛澤東, 「在延安文藝座談會上的講話」(1942年 5月), 『毛澤東選集』3, 82쪽.

9장

1. 毛澤東, 「中國人民站起來了」, 『毛澤東選集』5, 北京外文出版社, 15–17쪽(1949년 9월 21일 제1기 중국인민정치협상회의 개막 연설).

2. 마오쩌둥은 부모의 선택으로 결혼한 첫 번째 아내를 결코 인정하지 않았으며, 두 번째 아내는 1930년 장제스의 국민당 군대에 체포되어 처형당했다.

3. 대자보는 글씨를 크게 쓰거나 때로는 그림을 그려 만든 포스터다. 공개적인 시위를 하거나 항의의 뜻을 드러내고자 할 때, 벽에 붙이거나 줄에 매달아 걸었다. 늦어도 청나라 말기부터 사용되었다. 대자보는 문화 대혁명 기간 동안 의사소통과 정치 투쟁의 주요 수단이었다.

4. '주자파'라는 용어는 중국에서 암암리에 자본주의를 부활시키려는 혐의가 있다고 마오쩌둥이 판단한 사람들을 비판할 때 사용되었다.

5. 장칭은 결국 1991년 감옥에서 목을 매 자살했다.

6. 마오쩌둥은 스스로가 거의 황제처럼 행동했다. 젊은 여성들을 가까이에 두었는데, 그녀들은 마오쩌둥의 시중을 들고 그와 잠자리를 함께하기도 했다. 물론 중국인은 마오쩌둥의 이와 같은 위선적인 모습을 알지 못했다. 그러나 마오쩌둥의 주치의 리즈수이李志綏가 쓴 Dr. Li Zhisui, *The Private Life of Chairman Mao*, trans. Tai Hung-chao(New York: Random House, 1994)라는 비망록을 통해 그러한 사실이 알려졌다.

7. Wei Jingsheng, "The Fifth Modernization," trans. *Seeds of Fire: Chinese Voices of*

Conscience, ed. Geremie Barmé and John Minford(New York: Noonday Press, 1989), p.277에서 재인용.

8. Fang Lizhi, Speech at Tongji University, November 18, 1986. Richard Baum, *Burying Mao: Chinese Politics in the Age of Deng Xiaoping*(Princeton, N.J.: Princeton University Press, 1994), p.201.

9. 중국에서 1989년은 다른 측면에서도 매우 상징적인 해였다. 중화인민공화국 건국 40주년이자 5·4운동 70주년이었으며, 프랑스 혁명 200주년이기도 했다.

10. 피시맨Ted Fishman은 후프바우어Gary Clyde Hufbauer가 작성한 정체불명의 보고서를 인용하여, 중국의 제조 기술이 세계 소비재 가격에 끼친 영향으로, 미국의 평균적인 가정이 한 가구당 일 년에 적어도 500달러를 절약하고 있다고 주장했다.

11. 아이러니하게도 아편 전쟁 당시와 정반대의 상황이 벌어지고 있다. 현재 중국은 미국 달러화의 가치를 지탱해 주고 중국 통화의 가치를 인위적으로 미국 달러화에 비해 낮게 유지하여 의도적으로 미국이 저리 금융, 적자 수출, 소비지상주의에 빠져들게 함으로써 미국인이 계속 중국 상품을 구매하도록 유도하고 있다.

통사와 주제별 역사서

Barfield, Thomas J. *The Perilous Frontier: Nomadic Empires and China, 221 BC to AD 1577*. Cambridge, Mass.: Blackwell, 1989. (토마스 바필드 지음, 윤영인 옮김, 『위태로운 변경』, 동북아역사재단, 2009.)

Berthrong, John H. *Transformations of the Confucian Way*. Boulder, Colo: Westview Press, 1998.

Clunas, Craig. *Art in China*. New York: Oxford University Press, 1997.

Cohen, Warren I. *East Asia at the Center: Four Thousand Years of Engagement with the World*. New York: Columbia University Press, 2000.

Ebrey, Patricia. *China: Cambridge Illustrated History*. 2nd ed. Cambridge: Cambridge University Press, 2010. (패트리샤 버클리 에브리 지음, 이동진, 윤미경 옮김, 『사진과 그림으로 보는 케임브리지 중국사』(개정증보판), 시공사, 2010)

Elvin, Mark. *The Retreat of the Elephants: An Environmental History of China*. New Haven, Conn.: Yale University Press, 2004. (마크 엘빈 지음, 정철웅 옮김, 『코끼리의 후퇴: 3000년에 걸친 장대한 중국 환경사』, 사계절출판사, 2011)

Hansen, Valerie. *The Open Empire: A History of China to 1600*. New York: Norton, 2000. (발레리 한센 지음, 신성곤 옮김, 『열린 제국: 중국 고대 - 1600』, 까치글방, 2005)

Mote, F. W. *Imperial China, 900–1800*. Cambridge, Mass.: Harvard University Press, 1999.

Schoppa, R. Keith. *Revolution and Its Past: Identities and Change in Modern Chinese History*. Upper Saddle River, N. J.: Prentice Hall, 2002.

Shaughnessy, Edward L. *China: Empire and Civilization*. New York: Oxford University Press, 2000.

Spence, Jonathan D. *The Search for Modern China*. 2nd ed. New York: Norton, 1999. (조너선 스펜스 지음, 김희교 옮김, 『현대 중국을 찾아서』1·2, 이산, 1998)

Spence, Jonathan D., and Annping Chin. *The Chinese Century: A Photographic History of the Last Hundred Years*. New York: Random House, 1996. (조너선 스펜스, 안핑 친 지음, 애너벨 메릴로, 콜린 제이콥슨 엮음, 김희교 옮김, 『20세기 포토 다큐 세계사 1: 중국의 세기』, 북폴리오, 2006)

Wills, John E., Jr. *Mountain of Fame: Portraits in Chinese History*. New York: Norton, 1994.

Wood, Frances. *The Silk Road: Two Thousand Years in the Heart of Asia*. Berkeley: University of Caifornia Press, 2002.

Wright Arthur F. *Buddhism in Chinese History*. Stanford, Calif.: Stanford University Press, 1959. (아서 라이트 지음, 『중국사와 불교』, 신서원, 1994)

Yang Xin, Richard M. Barnhart, Nie Chongzheng, James Cahill, Lang Shaojun, and Wu Hung. *Three Thousand Years of Chinese Painting*. New Haven, Conn.: Yale University Press, 1997.

문집

De Bary, William Theodore, and Irene Bloom. *Sources of Chinese Tradition*. Vol. 1. 2nd ed. New York: Columbia University Press, 1999.

De Bary, William Theodore, and Richard Lufrano. *Sources of Chinese Trandition*. Vol. 2. 2nd ed. New York: Columbia University Press, 2000.

Ebrey, Patricia. *Chinese Civilization: A Sourcebook*. 2nd ed. New York: Free Press, 1993.

Hammond, Kenneth J., ed. *The Human Tradition in Premodern China*. Wilmington, Del.: Scholarly Resources, 2002.

Hammond, Kenneth J., and Kristen Stapleton, eds. *The Human Tradition in Modern China*. Lanham, Md.: Rowman and Littlefield, 2008.

Idema, Wilt, and Beata Grant. *The Red Brush: Writing Women of Imperial China.* Cambridge, Mass.: Harvard University Asia Center, 2004.

Kang-i Sun Chang, and Haun Saussy, eds. *Women Writers of Traditional China: An Anthology of Poetry and Criticism.* Stanford, Calif.: Stanford University Press, 1999.

Lau, Joseph S. M., and Howard Golblatt. *The Columbia Anthology of Modern Chinese Literature.* 2nd ed. New York: Columbia University Press, 2007.

Mair, Victor H., ed. *The Columbia Anthology of Traditional Chinese Literature.* New York.: Columbia University Press, 1996.

Mair, Victor H., Nancy S. Steinhardt, and Paul R. Goldin, eds. *Hawai'i Reader in Traditional Chinese Culture.* Honolulu: University of Hawai'i Press, 2005.

Mann, Susan, and Yu-yin Cheng, eds. *Under Confucian Eyes: Writings on Gender in Chinese History.* Berkeley: University of California Press, 2001.

Ropp, Paul Sl, ed. *Heritage of China: Contemporary Perspectives on Chinese Civilization.* Berkeley: University of California Press, 1990.

초기 중국: 처음부터 기원전 221년까지

Di Cosmo, Nicola. *Ancient China and Its Enemies: the Rise of Nomadic Power in East Asian History.* Cambridge: Cambridge University Press, 2002. (니콜라 디코스모 지음, 이재정 옮김, 『오랑캐의 탄생 – 중국이 만들어 낸 변방의 역사』, 황금가지, 2005.)

Loewe, Michael, and Edward L. Shaughnessy, eds. *The Cambridge History of Ancient China: From the Origins of Civilization to 221 B.C.* New York: Cambridge University Press, 1999.

Raphals, Lisa. *Sharing the Light: Representations of Women and Virtue in Early China.* Albany: State University of New York Press, 1998.

Thorpe, Robert L. *China in the Early Bronze Age: Shang Civilization.* Philadelphia:

University of Pennsylvania Press, 2006.

초기 중화 제국: 진 왕조와 한 왕조, 기원전 221년 – 기원후 220년

Csikszentmihalyi, Mark, ed. and trans. *Readings in Han Chinese Thought*. Indianapolis,
  ind.: Hackett, 2006.

Lewis, Mark Edward. *The Early Chinese Empires: Qin and Han*. Cambridge, Mass:
  Harvard University Press, 2007.

Loewe, Micheal. *Faith, Myth and Reason in Han China*. Indianapolis, Ind.: Hackett,
  1994.

Scheidel, Walter, ed. *Rome and China: Comparative Perspectives in Ancient World Empires*.
  New York: Oxford University Press, 2009.

Twitchett, Denis, and Michael Loewe, eds. *The Cambridge History of China*. Vol. 1. *The
  Ch'in and Han Empires*, 221 B.C.–A.D. 220. Cambridge: Cambridge University
  Press, 1986.

Wang Zhongshu. *Han Civilization*. Trans. K. C. Chang. New Haven, Conn.: Yale
  University Press, 1982.

남북조 시대, 220 – 589년

Lewis, Mark Edward. *China between Empires: The Northern and Southern Dynasties*.
  Cambridge, Mass.: Harvard University Press, 2009.

Pearce, Scott, Audrey Spiro, and Patricia Ebrey. *Culture and Power in the Reconstitution of
  the Chinese Realm, 200– 600*. Cambridge, Mass.: Harvard University Asia Center,
  2001.

Watt, James C.Y., An Jiayao, Angela F. Howard, Boris I. Marshak, Su Bai, and Zhao
  Feng, with contributions by Prudence Oliver Harper, Maxwell K. Hearn, Denise

Patry Leidy, Chao-Hui Jenny Liu, Valentina Raspopova, and Zhixin Sun. *China: Dawn of a Golden Age, 200–750 AD*. New York: Metropolitan Museum of Art, 2004.

중기 중화 제국:

수 왕조(581 – 618), 당 왕조(618 – 906), 송 왕조(960 – 1279), 원 왕조(1279 – 1368)

Adshead, S. A. M. *T'ang China: The Rise of the East in World History*. Hampshire, England: Palgrave Macmillian, 2004.

Benn, Charles S. *China's Golden Age: Everyday Life in the Tang Dynasty*. New York: Oxford University Press, 2002.

Ebrey, Patricia. *The Inner Quarters: Marriage and the Lives of Women in the Song Period*. Berkeley: University of California Press, 1993. (P. B. 이브리 지음, 배숙희 옮김, 『송대 중국여성의 결혼과 생활』, 한국학술정보, 2009)

Franke, Herbert, and Denis Twitchett. *The Cambridge History of China*. Vol. 6. *Alien Regimes and Border States, 907–1368*. Cambridge: Cambridge University Press, 1994.

Gernet, Jacques. *Buddhism in Chinese Society: An Economic History from the Fifth to the Tenth Centuries*. Trans. Franciscus Verellen. New York: Columbia University Press, 1995.

Gernet, Jacques. *Daily Life in China on the Eve of the Mongol Invasion, 1250–76*. Trans. H. M. Wright. Stanford, Calif.: Stanford University Press, 1962.

Johnson, Wallace, ed. *The T'ang Code*. 2 vols. Princeton, N. J.: Princeton University Press, 1979 (vol. 1), 1997 (vol. 2).

Kuhn, Dieter. *The Age of Confucian Rule: The Song Transformation of China*. Cambridge, Mass.: Harvard University Press, 2009.

Lewis, Mark Edward. *China's Cosmopolitan Empire: The Tang Dynasty*. Cambridge,

Mass.: Harvard University Press, 2009.

Rossabi, Morris. *Khubilai Khan: His Life and Times*. Berkeley: University of California Press, 1988.(모리스 로사비 지음, 강창훈 옮김, 『수성의 전략가 쿠빌라이 칸』, 사회평론, 2015)

Sen, Tansen. *Buddhism, Diplomacy and Trand: The Realignment of Sino-Indian Relations, 600–1400*. Honolulu: University of Hawai'i Press, 2003.

Smith, Paul Jakov, and Richard von Glahn, eds. *The Song-Yuan-Ming Transition in Chinese History*. Cambridge, Mass.: Harvard University Asia Center, 2003.

Standen, Naomi. *Unbounded Loyalty: Frontier Crossings in Liao China*. Honolulu: University of Hawai'i Press, 2007.

Twitchett, Denis, ed. *The Cambridge History of China*. Vol. 3 *Sui and T'ang China, 589–906*. Pt. 1. Cambridge: Cambridge University Press, 1979.

Twitchett, Denis, and Paul Jakov Smith, eds. *The Cambridge History of China*. Vol. 5. *The Five Dynasties and Sung China, 960–1279 AD*. Pt. 2. Cambridge: Cambridge University Press, 2009.

Weatherford, Jack. *Genghis Khan and the Making of the Modern World*. New York: Three Rivers Press, 2004.(잭 웨더포드 지음, 정영목 옮김, 『칭기스 칸, 잠든 유럽을 깨우다』, 사계절출판사, 2005)

Wright, Arthur F. *The Sui Dynasty*. New York: Knopf, 1978.

후기 중화 제국: 명 왕조(1368–1644)와 청 왕조(1644–1911)

Brook, Timothy. *The Confusions of Pleasure: Commerce and Culture in Ming China*. Berkeley: University of California Press, 1999.(티모시 브룩 지음, 강인황·이정 옮김, 『쾌락의 혼돈: 중국 명대의 상업과 문화』, 이산, 2005)

Fairbank, John K., ed. *The Cambridge History of China*. Vol. 10. *Late Ch'ing Empire 1800–1911*. Pt. 1. Cambridge: Cambridge University Press, 1978.(존 킹 페어뱅크

엮음, 김한식, 김종건 옮김, 『캠브리지 중국사 10권: 청 제국 말 1800-1911, 1부』
상·하권, 새물결, 2007)

Fairbank, John K., and Kwang-ching Liu, eds. *The Cambridge History of China*. Vol. 11.
Late Ch'ing Empire 1800-1911. Pt. 2. Cambridge: Cambridge University Press,
1978.(존 킹 페어뱅크 지음, 류광징 엮음, 김한식, 김종건 옮김, 『캠브리지 중국사
11권: 청 제국 말 1800-1911, 2부』 상·하권, 새물결, 2007)

Huang, Ray. *1587: A Year of No Significance, The Ming Dynasty in Decline*. New Haven,
Conn.: Yale University Press, 1982.(레이 황 지음, 김한식 옮김, 『1587 만력 15년
아무 일도 없었던 해』, 새물결, 2004)

Mote, Frederick W., and Denis Weitchett, eds. *The Cambridge History of China*. Vol. 7.
The Ming Dynasty, 1368-1644. Pt. 1. Cambridge: Cambridge University Press,
1988.

Peterson, Willard., ed. *The Cambridge History of China*. Vol. 9. *The Ch'ing Empire to
1800*. Pt. 1. Cambridge: Cambridge University Press, 2002.

Pomeranz, Kenneth. *The Great Divergence: China, Europe and Making of the Modern
World Economy*. Princeton, N. J.: Princeton University Press, 2000.

Rowe, William T. *China's Last Empire: The Great Qing*. Cambridge, Mass.: Harvard.
University Press, 2009.

Smith, Richard J. *China's Cultural Heritage: The Qing Dynasty, 1644-1912*. 2nd ed.
Boulder, Colo.: Westview Press, 1994.

Schneewind, Sarah. *A Tale of Two Melons: Emperor and Subject in Ming China*.
Indianapolis, Ind.: Hackett, 2006.

Spence, Jonathan. *Emperor of China: Self-portrait of K'ang-hsi*. New York: Vintage,
1988.(조너선 스펜스 지음, 이준갑 옮김, 『강희제』, 이산, 2001)

Spence, Jonathan. *God's Chinese Son: The Taiping Heavenly Kingdom of Hong Xiuquan*.
Hammersmith, England: Harper Collins, 1996.(조너선 스펜스 지음, 양휘웅 옮김,
『신의 아들 洪秀全과 太平天國』, 이산, 2006)

Wong, R. Bin. *China Transformed: Historical Change and the Limits of European Experience.* Ithaca, N.Y.: Cornell University Press, 1997.

20세기 중국

Barme, Geremie, and John Minford. *Seeds of Fire: Chinese Voices of Conscience.* New York: Farrar, Straus and Giroux, 1989.

Becker, Jasper. *Hungry Ghosts: Mao's Secret Famine.* New York: Holt, 1998.

Bergere, Marie-Claire, and Janet Lloyd. *Sun Yat-sen.* Stanford, Calif.: Stanford University Press, 2000.

Fairbank, John K., and Albert Feuerwerker, eds. *The Cambridge History of China,* Vol. 13. *Republican China 1912–1949.* Pt. 2. Cambridge: Cambridge University Press, 1986.

Fairbank, John K., and Denis Twitchett, eds. *The Cambridge History of China,* Vol. 12. *Republican China 1912–1949.* Pt. 1. Cambridge: Cambridge University Press, 1983.

Fenby, Jonathon. *Chiang Kai Shek: China's Generalissimo and the Nation He Lost.* New York: Carroll and Graf, 2004.

Hershatter, Gail. *Women in China's Long Twentieth Century.* Berkeley: University of California Press, 2007.

Hessler, Peter. *Oracle Bones: A Journey between China's Past and Present.* New York: HarperCollins, 2006.

Kang, David C. *China Rising: Peace, Power, and Order in East Asia.* New York: Columbia University Press, 2007.

MacFarquhar, Roderick, and John K. Fairbank, eds. *The Cambridge History of China,* Vol. 15. *The People's Republic.* Pt. 2. *Revolutions within the Chinese Revolution, 1966–1982.* Cambridge: Cambridge University Press, 1991.

MacFarquhar, Roderick, and Michael Schoenhals. *Mao's Last Revolution*. Cambridge, Mass.: Harvard University Press, 2006.

Pan, Philip P. *Out of Mao's Shadow: The Struggle for the Soul of a New China*. New York: Simon and Schuster, 2008.(필립 판 지음, 김춘수 옮김, 『마오의 제국 새로운 중국, 마오쩌둥을 넘어서』, 말글빛냄, 2010)

Shirk, Susan L. *China: Fragile Superpower*. New York: Oxford University Press, 2007.

Snow, Edgar. *Red Star over China*. 1938. Reprint, New York: Grove Press, 1994.

Spence, Jonathan. *The Gate of Heavenly Peace: The Chinese and Their Revolution, 1895–1980*. New York: Viking, 1981.(조너선 스펜스 지음, 정영무 옮김, 『천안문』, 이산, 1999)

Terrill, Ross. *Mao: A Biography*. Rev. and expanded ed. Stanford, Calif.: Stanford University Press, 1999.

Wakeman, Frederic, and Richard Louis Edmonds, eds. *Reappraising Republican China*. New York: Oxford University Press, 2000.

Westad, Odd. *Decisive Encounters: The Chinese Civil War, 1946–1950*. Stanford, Calif.: Stanford University Press, 2003.

White, Theodore H., and Annalee Jacoby. *Thunder out of China*. 1946. Reprint, New York: Da Capo, 1980.

찾아보기

—

『가』家(바진의 소설) 334
갑골문甲骨文 38
강희제康熙帝 265~274
객가客家 287
거연巨然 220
건강建康 123
건륭제乾隆帝 270~276, 280
게릴라 전술 340, 341
고구려 153
고르바초프, 미하일Mikhail Gorbachev
    399, 400
고종高宗(당나라 황제) 167
고행高行 109, 111
공개襲開 231
공자孔子 21, 51, 60~66
과거 시험 177, 179, 191, 198,
    206~208, 230, 243, 251, 252,
    254, 269, 273, 274, 287, 288
과거 제도 308
『곽점노자』郭店老子 69
광무제光武帝 104
광서제光緒帝 297~299, 301, 308
광저우廣州 97, 98, 125, 155, 175, 177,
    196, 246, 280, 283~285, 304,
    305, 326
구마라습鳩摩羅什 136, 137
국민혁명군國民革命軍 329
군벌軍閥 115, 119, 120, 136, 174, 314,
    320, 323, 325, 327~331, 345
균전제均田制 141, 151, 158, 174
『금병매』金瓶梅 254
기독교 선교사 269, 299
김일성 368

—

난징南京 238, 240, 242, 245, 246, 249,
    286, 288, 289, 291, 292, 329~331,
    347, 349
남의사藍衣社 335
네스토리우스 기독교 158
노자老子 68, 70
『논어』論語 120, 200, 243
닉슨, 리처드Richard Nixon 386, 387

—

다이아몬드, 재레드Jared Diamond 14
달라이 라마Dalai-Lama 378
달마達磨 164
담사동譚嗣同 299
『당시 300수』179

대도大都(원나라 수도) 225, 238

대승 불교 132, 136

대약진 운동 373~377

대영 제국 281, 285, 286

대운하 86, 151, 152, 155, 156, 176,
    189, 243

대장정大長征 342, 343

대후軑侯 107

덩샤오핑鄧小平 378, 379, 382, 383,
    388, 389, 392, 393~400, 402

도교 114, 126, 144, 151, 161, 164, 200

『도덕경』道德經 68~70, 127

도道 68

돌궐突厥 154, 155

동남아시아 18, 98, 125, 132, 158, 159,
    175, 176, 251, 293

동림운동東林運動 260

동치제同治帝 294, 295

두보杜甫 179~182

둔황석굴敦煌石窟 144

딩링丁玲 353

—

랴오중카이廖仲愷 328

량치차오梁啓超 298, 299

러시아 혁명 325

레닌, 블라디미르Vladimir Lenin 324, 325

레닌주의 325, 396

로마 제국 115, 178

루거우차오 사건盧構橋事件 347

룽먼석굴龍門石窟 139, 141, 142, 144, 161

룽산龍山 31

뤄양洛陽 54, 97, 104, 115, 121, 139,
    142, 143, 151, 154, 155, 172, 176,
    177, 189, 215

류사오치劉少奇 377~379, 382, 383, 388

리다자오李大釗 339

리펑李鵬 400

린뱌오林彪 357, 380, 381, 386

—

마르크스-레닌주의 325, 396

마르크스, 카를Karl Marx 323, 324

마셜, 조지George Marshall 355

마오쩌둥毛澤東 338~343, 346,
    350~353, 355, 356, 358, 359,
    363, 365, 366, 370, 371, 373,
    377~382, 384~396

마이어, 빅터Victor Mair 23

만력제萬曆帝 248

만주滿洲 15, 16, 156, 191, 314, 327,
    330, 344~346, 356, 357

매카트니 경Lord Macartney 281

맥아더, 더글러스Douglas MacArthur 368

맹자孟子 63~64

『마오주석어록』毛主席語錄 380, 381

몽골 제국 196

무량武梁 108

무왕武王 51

무정武丁 40

무제武帝(한나라 황제) 95, 99, 100, 103

무종武宗(당나라 황제) 177

묵돌 94

묵자墨子 67

문왕文王 51, 52

문제文帝(수나라 황제) 144, 151, 152

문천상文天祥 230

문호 개방 정책(존 헤이) 296, 297

문화 대혁명文化大革命 382, 385, 386, 388, 391, 392, 395, 401, 406

미국 293, 296, 303, 304, 309, 316, 317, 332, 344, 347, 349, 350, 354, 355~357, 365, 367~370, 375, 378, 386, 393, 404, 408, 409~412, 418

백련교白蓮教 232, 237, 276

백화제방百花齊放 371, 372

법가法家 59, 60, 64, 66, 72, 73, 75, 82, 103, 115

베르사유 평화 조약 316

베쑨, 노먼Norman Bethune 352

베이징北京 29, 35, 151, 171, 192, 196, 244, 246, 261, 262, 266, 280, 288, 292, 301, 303, 312, 314, 315, 318, 319, 323, 327, 331, 336, 339, 347, 359, 363, 373, 378, 379, 382, 386, 396, 397, 399~401, 408, 409

베이징 원인北京原人 29, 30

베이핑北平 242, 331, 336, 344

보살菩薩 132, 133, 142, 161

볼셰비키 혁명 323

부시, 조지George W. Bush 410

부호婦好 40~42

북벌北伐 328, 329

북한 368

비트포겔, 카를Karl Wittfogel 21

—

바진巴金 334, 335

반고班固 110

반초班超 110

백거이白居易 182, 183

—

『사고전서』四庫全書 271

『사기』史記 102

4대 기본 원칙 396

4대 현대화 395, 396

사마천司馬遷 74, 100~102

사성제四聖諦 131

사인방四人幇 391, 395

산수화 183, 220, 221, 255

『삼국지연의』三國志演義 119, 120, 254,
      340

상하이上海 246, 312, 327, 329, 349,
      380, 382, 391, 405

『서유기』西遊記 161, 254

서태후西太后 294, 295, 297, 298, 301,
      308

석가모니 76, 130~132

선불교禪佛教 164, 200, 252

선비족鮮卑族 138, 143, 144

선통제宣統帝 → 푸이

선페스트Bubonic plague 227

성왕成王 51

세조世祖(원나라 황제) → 쿠빌라이 칸

소련 357, 365, 368, 371, 373~375,
      378, 386, 388, 399, 402

소승 불교 132

소식蘇軾(소동파蘇東坡) 199

손권孫權 119

손자孫子 57

『손자』孫子 57

『수호지』水湖志 254

숙종肅宗(당나라 황제) 173

순舜 33

순자荀子 64~66

스탈린, 이오시프Joseph Stalin 330, 339,
      368, 373, 396

스틸웰, 조지프Joseph Stilwell 355

『시경』詩經 53

시장西江 19, 20

신생활 운동 332, 333

신유가新儒家 207, 208, 232

신장新疆 16, 47, 136, 270, 406, 407, 411

신종神宗(북송 황제) 197, 199

실크 로드 23, 98, 104, 154, 157, 158,
      163, 175, 185, 186

쑨원孫文 304~306, 308~310, 312,
      313, 323, 325, 327, 328

쑹메이링宋美齡 331~333

쑹자오런宋敎仁 311~312

ㅡ

아골타 202

아라비아 상인 175

아미타불 163

아편 전쟁 286, 287, 292

악비岳飛 204~206

안녹산安祿山 171~173

안양安陽(상나라의 수도) 34~36

야율아보기(거란) 192

양견楊堅 → 수 문제

양광楊廣 → 수 양제

양귀비楊貴妃 170~174, 182

양사오仰韶 31, 32

양수청楊秀淸 290

양저우揚州 151, 196, 263

양제煬帝(수나라 황제) 153

에스파냐 249, 260, 296

『여계』女誡 110, 112

여불위呂不韋 83

여진족 225, 261

여후呂后 93

『역경』易經 53, 200, 411

영락제永樂帝 243~245

예수회 선교사 269

예종睿宗(당나라 황제) 168

옌시산閻錫山 314, 330

오경재吳敬梓 273

오대십국五代十國 189

5·4운동五四運動 319, 332, 334, 335

오삼계吳三桂 261, 264, 266

5·30운동五三十運動 329

완적阮籍 128

왕망王莽 103

왕안석王安石 197~199

왕양명王陽明 252~254

왕王 황후(당나라 황후) 167

요堯 33

우구데이 칸 224

우禹 33

우창武昌 246, 308~309

웨이징성魏京生 395, 396

위안스카이袁世凱 298, 310~313

위충현魏忠賢 260

원강 석굴雲崗石窟 138, 140, 141, 144

윌슨, 우드로Woodrow Wilson 317

유가 사상 70, 99, 102, 112, 115, 126, 127,
    135, 141, 149, 243, 251~253, 256

유럽계 미라 47

『유림외사』儒林外史 273

유방劉邦 91~93

유비劉備 119

유엔United Nations 368, 370

유여시柳如是 257, 258

유영劉伶 129

유학자 관료 99, 112, 181, 191, 192,
    197, 206~208, 248, 291, 293

음양 이론 102

의화단 운동 301~303

의화단義和團 299, 301, 303

이백李白 179~181

이사李斯 74, 75, 83, 84, 86, 88

이세민李世民 154

이연李淵 153

이자성李自成 260
이창利倉 106
이청조李淸照 211
인민해방군 358, 363, 369, 378, 380,
  400
임칙서林則徐 284, 285

—

『자본주의의 최고 단계로서의 제국주의』
  324
자오쯔양趙紫陽 398~400
잡극雜劇 231
장성長城 34, 60, 86, 94~96, 114, 122,
  151, 155, 232, 246, 261
장쉐량張學良 330, 345, 346
『장자』莊子 68, 70~72, 127
장제스蔣介石 326~333, 335, 337,
  339, 341, 343~350, 354~357,
  359, 368
장쩌민江澤民 402, 403
장쮀린張作霖 314, 327, 330
장칭江靑 380, 388, 391
장헌충張獻忠 260
저우언라이周恩來 346, 352, 365, 367,
  386~389
저우커우뎬周口店 29
전겸익錢謙益 257, 258

전국 시대 34, 54, 55, 59, 60, 64, 65,
  72~75, 82, 83, 85, 86, 93, 150, 197
『전국책』戰國策 55
『전당시』全唐詩 179
전족纏足 208, 210, 287, 289, 299, 334
정토종淨土宗 163
정화鄭和 244, 245, 247
제국주의 318, 324, 329, 347
제자백가諸子百家 59, 72, 75
조광윤趙匡胤 189
조명성趙明誠 211
조상 숭배 21, 45, 61, 76, 269
조설근曹雪芹 274
『좌전』左傳 54
주공周公 51, 52
주더朱德 339, 342
주원장朱元璋 237~242
죽림칠현竹林七賢 127~129
중국 공산당 325, 328, 339, 349~351,
  354, 357, 363, 364, 366, 368, 371,
  373, 397, 400, 406, 409
중국 국민당 310~313, 325~331, 335,
  337, 341, 343, 344, 346~349,
  353~355, 357~359, 363, 408, 409
『중국의 토지와 노동』Land and Labor in
  China 338
중국 세관 302, 337

중앙아시아 47, 95, 98, 104, 110, 136, 139, 154, 156, 158, 161, 175, 183, 185, 186, 224, 227, 231, 267
중종中宗(당나라 황제) 168
중화인민공화국 358, 359, 370, 378, 402, 408
증국번曾國藩 291
지의智顗 163
진시황제秦始皇帝 84~86, 88~90, 92
진회秦檜 204, 206
징더전景德鎭 249

—

창안長安 92, 136, 153, 174, 177, 179, 183, 189, 215
창장 강長江 17, 19, 20, 31, 44, 84, 97, 119, 121, 123~125, 144, 150, 154, 156, 196, 202, 220, 246, 249, 255, 257, 259, 286, 288, 308, 329, 330, 347, 348, 357
천두슈陳獨秀 319, 320
천명天命 50, 64, 66, 103, 120, 151, 153, 168, 225, 262
천태종天台宗 163
「청명상하도」清明上下圖 217
청방青幇 329
『춘추』春秋 54

취안저우泉州 218
측천무후則天武后 142, 165, 167~169
칭기즈 칸 221, 222, 225

—

카라코룸 196, 221
카이펑開封 189, 196, 202, 203, 215, 217, 246
캉유웨이康有爲 297~299, 304
코민테른 325
쿠빌라이 칸 225~227, 229, 230
쿵샹시孔祥熙 332
키신저, 헨리 Henry Kissinger 386, 387

—

타림 분지 15, 47
타이완臺灣 15, 126, 155, 246, 251, 266, 296, 359, 365, 367, 368, 408, 409
탁발씨拓跋氏 138, 140
탕구트족 195, 233
태조太祖(송나라 황제) → 조광윤
태종太宗(당나라 황제) → 이세민
태평천국 운동太平天國運動 289, 292
태평천국太平天國 287~292
테무진 → 칭기즈 칸
톈안먼天安門 318, 358, 359, 388, 399~401
토니, R. H. R. H. Tawney 338

트루먼, 해리Harry Shippe Truman 365, 368

티베트 15, 16, 97, 125, 132, 155, 156, 158, 174, 246, 267, 270, 378, 407, 411

ㅡ

파룬궁法輪功 406

파르티아 96, 98

파시즘 335

팡리즈方勵之 397

펑더화이彭德懷 339, 352, 378, 380

펑위샹馮玉祥 314, 315, 330

폴로, 마르코 229

푸이溥儀 308, 345

풍태후馮太后 141

ㅡ

하트, 로버트Robert Hart 302

한 자녀 정책 405

한국 23, 45, 97, 104, 156, 158, 159, 160, 171, 178, 246, 367, 368

한국 전쟁 367~369

한비자韓非子 73~75

『한비자』韓非子 73, 74

『한서』漢書 110

항우項羽 91

항저우杭州 151, 155, 196, 202, 204, 215, 246, 249

항조 운동抗租運動 261, 265

헤이, 존John Hay 296, 297

현장玄奘 161, 162

현종玄宗(당나라 황제) 169~172

혜강嵇康 127~128

호경鎬京(주나라 수도) 54

혼인법 364, 394

홍건적紅巾賊 237, 238

홍군紅軍 339~343, 351, 377, 384

『홍루몽』紅樓夢 274, 275

홍무제洪武帝 → 주원장

홍수전洪秀全 287~290

홍위병紅衛兵 382~385

홍콩 246, 286, 304, 365, 402, 403

화궈펑華國鋒 391, 392

화신和珅 274, 276

황건적黃巾賊 114, 126

황소黃巢 177, 178

황푸군관학교黃埔軍官學校 326, 328

황허 강 17~20, 31, 44, 47, 51, 97, 103, 122, 137, 138, 193, 196, 232, 261

『효경』孝經 143

효문제孝文帝 143

후스胡適 319

후야오방胡耀邦 397, 398

후진타오胡錦濤 402, 404, 410

휘종徽宗(송나라 황제) 201~203

흉노족 93~95, 98, 121, 150

흐루쇼프, 니키타Nikita Khrushchev 373

힌두교 경전 130

옥스퍼드 중국사 수업 :
세계사의 맥락에서 중국을 공부하는 법

2016년 4월 14일 초판 1쇄 발행
2017년 3월 2일 초판 2쇄 발행

지은이
폴 로프

옮긴이
강창훈

펴낸이
조성웅

펴낸곳
도서출판 유유

등록
제406-2010-000032호(2010년 4월 2일)

주소
경기도 파주시 책향기로 337, 308-403 (우편번호 10884)

전화
070-8701-4800

팩스
0303-3444-4645

홈페이지
uupress.co.kr

전자우편
uupress@gmail.com

페이스북
www.facebook.com/uupress

트위터
www.twitter.com/uu_press

편집
송우일

영업
이은정

디자인
이기준

제작
제이오

인쇄
(주)재원프린팅

제책
(주)정문바인텍

ISBN 979-11-85152-46-2 03910

이 도서의 국립중앙도서관 출판시도서목록(CIP)은 서지정보유통지원시스템
홈페이지(seoji.nl.go.kr)와 국가자료공동목록시스템(www.nl.go.kr/kolisnet)에서
이용하실 수 있습니다.(CIP제어번호: CIP2016007566)

1   **단단한 공부**   윌리엄 암스트롱 지음. 윤지산 윤태준 옮김   12,000원

2   **삼국지를 읽다**   여사면 지음. 정병윤 옮김   13,000원

3   **내가 사랑한 여자**   공선옥 김미월 지음   12,000원

4   **위로하는 정신**   슈테판 츠바이크 지음. 안인희 옮김   10,000원

5   **야만의 시대, 지식인의 길**   류창 지음. 이영구 외 옮김   16,000원

6   **열린 인문학 강의**   윌리엄 앨런 닐슨 엮음. 김영범 옮김   16,000원

7   **중국, 묻고 답하다**   제프리 와서스트롬 지음. 박민호 옮김   15,000원

8   **공부하는 삶**   앙토냉 질베르 세르티양주 지음. 이재만 옮김   15,000원

9   **부모 인문학**   리 보틴스 지음. 김영선 옮김   15,000원

10   **인문세계지도**   댄 스미스 지음. 이재만 옮김   18,500원

11   **동양의 생각지도**   릴리 애덤스 벡 지음. 윤태준 옮김   18,000원

12   **명문가의 격**   홍순도 지음   15,000원

13   **종의 기원을 읽다**   양자오 지음. 류방승 옮김   12,000원

14   **꿈의 해석을 읽다**   양자오 지음. 문현선 옮김   12,000원

15   **1일1구**   김영수 지음   18,000원

16   **공부책**   조지 스웨인 지음. 윤태준 옮김   9,000원

17   **번역자를 위한 우리말 공부**   이강룡 지음   12,000원

18   **평생공부 가이드**   모티머 애들러 지음. 이재만 옮김   14,000원

19   **엔지니어의 인문학 수업**   새뮤얼 플러먼 지음. 김명남 옮김   16,000원

20   **공부하는 엄마들**   김혜은 홍미영 강은미 지음   12,000원

21   **같이의 가치를 짓다**   김정헌 외 지음   15,000원

22   **자본론을 읽다**   양자오 지음. 김태성 옮김   12,000원

23   **단단한 독서**   에밀 파게 지음. 최성웅 옮김   12,000원

24   **사기를 읽다**   김영수 지음   12,000원

25   **하루 한자공부**   이인호 지음   16,000원

26   **고양이의 서재**   장샤오위안 지음. 이경민 옮김   12,000원

27 **단단한 과학 공부** 류중랑 지음. 김택규 옮김 12,000원

28 **공부해서 남 주다** 대니얼 플린 지음. 윤태준 옮김 12,000원

29 **동사의 맛** 김정선 지음 12,000원

30 **단단한 사회 공부** 류중랑 지음. 문현선 옮김 12,000원

31 **논어를 읽다** 양자오 지음. 김택규 옮김 10,000원

32 **노자를 읽다** 양자오 지음. 정병윤 옮김 9,000원

33 **책 먹는 법** 김이경 지음 10,000원

34 **박물관 보는 법** 황윤 글. 손광산 그림 9,000원

35 **논픽션 쓰기** 잭 하트 지음. 정세라 옮김 17,000원

36 **장자를 읽다** 양자오 지음. 문현선 옮김 10,000원

37 **찰리 브라운과 함께한 내 인생** 찰스 슐츠 지음. 이솔 옮김 15,000원

38 **학생이 배우고 익히는 법** 리처드 샌드윅 지음. 이성자 옮김 9,000원

39 **내 문장이 그렇게 이상한가요?** 김정선 지음 12,000원

40 **시의 문장들** 김이경 지음 13,000원

41 **내 방 여행하는 법** 그자비에 드 메스트르 지음. 장석훈 옮김 12,000원

공부

공부의 기초

공부하는 삶
배우고 익히는 사람에게 필요한 모든 지식

앙토냉 질베르 세르티양주 지음, 이재만 옮김

공부 의욕을 북돋는 잠언서. 프랑스는
물론이고 영미권에서는 지금까지도
이 책을 공부의 길잡이로 삼아 귀중한
영감과 통찰력, 용기를 얻었다고
고백하는 독자가 적지 않다.
지성인의 정신 자세와 조건, 방법에
대해 알뜰하게 정리한 프랑스의
수도사 세르티양주는 공부가 삶의
중심이며 지성인은 공부를 위해
삶 자체를 규율해야 한다고 말한다.

공부책
하버드 학생들도 몰랐던 천재 교수의
단순한 공부 원리

조지 스웨인 지음, 윤태준 옮김

공부를 지식의 암기가 아닌 지식의
활용이라는 관점에서 보고 그런
공부를 하도록 안내하는 책. 학생의
자주성만큼이나 선생의 역할이
중요함을 강조한 저자는 이 책에서
기본적으로 선생과 학생이 있는
교육을 중심에 두고 공부법을
설명한다. 단순하고 표준적인 방법을
확고하고 분명한 어조로 말한 책으로,
그저 지식만 습득하는 공부가 아닌
삶의 기초와 기조를 든든하게 챙길
공부를 원하는 사람이라면 일독해야
할 책이다.

평생공부 가이드
브리태니커 편집장이 완성한 교양인의
평생학습 지도

모티머 애들러 지음, 이재만 옮김

인간의 학식 전반을 개관하는
종합적 교양인이 되기를 원하며
거기에서 지혜를 얻으려는 사람을
위한 안내서. 미국의 저명한
철학자이자 전설적인 브리태니커
편집장이었던 저자는 평생공부의
개념마저 한 단계 뛰어넘어,
인간으로서 이룰 수 있는 수준 높은
교양의 경지인 르네상스인이
되고자 하는 이들을 위해 인류가
이제까지 쌓아 온 지식을 제대로
파악할 수 있는 지도를 완성했다.
이제 이 지도를 가지고 진정한
인문학 공부 여행을 떠나도록 하자.

단단한 공부
내 삶의 기초를 다지는 인문학 공부법
윌리엄 암스트롱 지음, 윤지산 윤태준 옮김

듣는 법, 도구를 사용하는 법, 어휘를 늘리는 법, 생각을 정리하는 법 등 효율적인 공부법을 실속 있게 정리한 작지만 단단한 책. 원서의 제목 'Study is Hard Work'에서도 짐작되듯 편하게 익히는 공부법이 아니라 고되게 노력하여 배우는 알짜배기 공부법이므로, 이 책을 따라 익히면 공부의 기본기를 제대로 닦을 수 있다.

단단한 독서
내 삶의 기초를 다지는 근본적 읽기의 기술
에밀 파게 지음, 최성웅 옮김

KBS 'TV, 책을 보다' 방영 도서. 프랑스인이 100년간 읽어 온 독서법의 고전. 젊은 번역가가 새롭게 번역한 이 책을 통해 이제 한국 독자도 온전한 번역본으로 파게의 글을 읽을 수 있다. 프랑스는 물론이고 유럽 각국의 교양인이 지금까지도 에밀 파게의 책을 읽는 이유는 이 책에 아무리 오랜 세월이 흘러도 변치 않는 근본적인 독서의 기술이 알뜰살뜰 담겨 있기 때문이다. 파게가 말하는 독서법의 요체는 '느리게 읽기'와 '거듭 읽기'다. 파게에게 느리게 읽기는 제일의 독서 원리이며, 모든 독서에 보편적으로 적용된다.

단단한 과학 공부
내 삶의 기초를 다지는 자연과학 교양
류중랑 지음, 김택규 옮김

박학다식한 노학자가 과학의 다양한
분야를 이해하기 쉽게 설명한
안내서. 작게는 우리 몸 세포의
움직임이 우리의 마음에 어떻게
반응하는지부터 크게는 저 우주의
은하와 별의 거리까지, 우리를 둘러싼
세상을 과학의 눈으로 바라보게 한다.
곳곳에 스며든 인간적 시선과 통찰,
유머가 읽는 즐거움을 더한다.

단단한 사회 공부
내 삶의 기초를 다지는 사회과학 교양
류중랑 지음, 문현선 옮김

우리가 상식으로 알고 있는 사회
현상을 근본부터 다시 짚어 보게
하는 책. 일상생활에서 자주 접하는
일화들을 알기 쉽게 설명해 과거와
현재 그리고 미래에 일어났고
일어나고 있고 일어날 일을 스스로
생각하고 판단하게 한다. 역사의
흐름을 한 축으로, 이성을 기반으로
하는 과학 정신을 다른 한 축으로 하는
이 책은 사회를 보는 안목을 높인다.

공부하는 사람 시리즈

공부하는 엄마들
인문학 초보 주부들을 위한 공부 길잡이
김혜은, 홍미영, 강은미 지음

공부하고 싶지만 어떻게 하면
좋을지 알지 못하는 엄마들 그리고
모든 이를 위한 책. 인문 공동체에
용감하게 뛰어들어 처음부터
하나하나 시작한 세 주부의 글로
꾸며졌다. 자신의 이야기부터 비슷한
경험을 하고 있는 다른 주부와
나눈 대화, 여기에 도움이 될 만한
도서 목록, 공부하는 사람과 함께할
수 있는 인문학 공동체의 목록까지
책 말미에 더해 알차게 담아냈다.

번역자를 위한 우리말 공부
한국어를 잘 이해하고 제대로 표현하는 법
이강룡 지음

외국어 실력을 키우는 번역 교재가
아니라 좋은 글을 판별하고 훌륭한
한국어 표현을 구사하는 태도를 길러
주는 문장 교재. 기술 문서만 다루다
보니 한국어 어휘 선택이나 문장
감각이 무뎌진 것 같다고 느끼는
현직 번역자, 외국어 구사 능력에
비해 한국어 표현력이 부족하다
여기는 통역사, 이제 막 번역이라는
세계에 발을 디딘 초보 번역자
그리고 수많은 번역서를 검토하고
원고의 질을 판단해야 하는 외서
편집자가 이 책의 독자다.

동사의 맛
교정의 숙수가 알뜰살뜰 차려 낸 우리말 움직씨 밥상
김정선 지음

20년 넘도록 문장을 만져 온 전문
교정자의 우리말 동사 설명서.
헷갈리는 동사를 짝지어 고운 말과
깊은 사고로 풀어내고 거기에 다시
이야기를 더해 재미있게 읽을 수
있도록 했다. 일반 독자라면 책 속
이야기를 통해 즐겁게 동사를 익힐
수 있을 것이고, 우리말을 다루는
사람이라면 사전처럼 요긴하게 쓸 수
있을 것이다.

내 문장이 그렇게 이상한가요?
내가 쓴 글, 내가 다듬는 법
김정선 지음

어색한 문장을 살짝만 다듬어도 글이
훨씬 보기 좋고 우리말다운 문장이
되는 비결이 있다. 20년 넘도록 단행본
교정 교열 작업을 해 온 저자 김정선이
그 비결을 공개한다. 저자는 자신이
오래도록 작업해 온 숱한 원고들에서
공통으로 발견되는 어색한 문장의
전형을 추려서 뽑고, 문장을 이상하게
만드는 요소들을 간추린 후 어떻게
문장을 다듬어야 유려한 문장이 되는지
요령 있게 정리해 냈다.

고전

동양고전강의 시리즈

삼국지를 읽다
중국 사학계의 거목 여사면의 문학고전 고쳐 읽기
여사면 지음, 정병윤 옮김

중국 근대사학계의 거목이 대중을
위해 쓴 역사교양서. 이 책은 조조에
대한 새로운 관점을 처음 드러낸
다시 읽기의 고전으로, 자기 자신의
눈으로 문학과 역사를 보아야
한다고 역설하는 노학자의 진중함이
글 곳곳에 깊이 새겨져 있다.

사기를 읽다
중국과 사마천을 공부하는 법
김영수 지음

28년째 『사기』와 그 저자 사마천을
연구해 온 『사기』 전문가의 『사기』
입문서. 강의를 모은 책이라 쉽고
재미있게 읽을 수 있다. 지금까지
중국을 130여 차례 답사하며 역사의
현장을 일일이 확인하고, 그 경험을
바탕으로 연구한 전문가의 강의답게
현장감 넘치는 일화와 생생한 지식이
가득하다. 『사기』에 관심이 있는
독자라면 남녀노소 누구나 어렵지
않게 읽을 수 있는 교양서.

논어를 읽다
공자와 그의 말을 공부하는 법
양자오 지음, 김택규 옮김

『논어』를 역사의 맥락에 놓고
텍스트 자체에 집중해, 최고의 스승
공자와 그의 언행을 새롭게 조명한
책. 타이완의 인문학자 양자오는
『논어』 읽기를 통해 『논어』라는
텍스트의 의미, 공자라는 위대한
인물이 춘추 시대에 구현한 역사
의미와 모순을 살펴보고, 공자라는
인물을 간결하고도 분명한 어조로
조형해 낸다. 주나라의 봉건제로
돌아가기를 꿈꾸면서도 신분제에
어긋나는 가르침을 펼친 인물,
자식보다 제자들을 더 아껴 예를
어겨 가며 사랑을 베풀었던 인물,
무엇보다 사람이 사람다워야 함을
역설했던 큰 인물의 형상이 오롯하게
드러난다.

노자를 읽다
전쟁의 시대에서 끌어낸 생존의 지혜
양자오 지음, 정병윤 옮김

신비에 싸여 다가가기 어렵다고
여겨지는 고전 『노자』를 문자 그대로
읽고 사색함으로써 좀 더 본질에
다가가고자 시도한 책. 양자오는
『노자』를 둘러싼 베일을 거둬 내고
본문의 단어와 문장 자체에 집중한다.
그렇게 하여 『노자』가 나온 시기를
새롭게 점검하고, 거기서 끌어낸
결론을 바탕으로 『노자』가 고대
중국의 주류가 아닌 비주류 문화인
개인주의적 은자 문화에서 나온
책이라고 주장한다. 더불어 『노자』의
간결한 문장은 전쟁을 종결하고
백성을 편하게 하고자 군주에게 직접
던지는 말이며, 이 또한 난무하는
제자백가의 주장 속에서 살아남기
위한 전략이라고 말한다.

장자를 읽다
쓸모없음의 쓸모를 생각하는 법
양자오 지음, 문현선 옮김

장자는 송나라 사람으로
알려져 있다. 송나라는 주나라에서
상나라를 멸망시킨 뒤 후예들을
주나라와 가까운 곳에 모아 놓고
살도록 만든 나라다. 상나라의
문화는 주나라와 확연히 달랐고,
중원 한가운데에서, 이미 멸망한
나라의 후예가 유지하는 문화는 주류
문화의 비웃음과 멸시를 받았다.
그러나 춘추전국 시대로 접어들면서
주나라의 주류 문화는 뿌리부터
흔들렸다. 그런 주류 문화의 가치를
조롱하는 책이며 우리에게도 다른
관점으로 지금을 되돌아볼 수 있는
기회를 준다.
책의 앞머리에서 고대 중국의 주류
문화와 비주류 문화의 간극을
설명하고, 장자의 역사 배경과 사상
배경을 훑고 『장자』의 판본이 어떻게
달라졌는지 살펴본 다음, 『장자』의
「소요유」와 「제물론」을 분석한다.
저자는 허세를 부리는 듯한 우화와
정신없이 쏟아지는 궤변, 신랄한
어조를 뚫고 독자에게 『장자』의
핵심에 접근하는 방법을 알려 준다.
중국의 문화 전통에서 한쪽에
밀려나 잊혔던 하나의 커다란 맥을
이해하고 새롭게 중국 철학과 중국
남방 문화를 일별하는 기회를 얻는
동시에 다시금 '기울어 가는 시대'를
고민하는 기회를 갖게 될 것이다.

자본론을 읽다
마르크스와 자본을 공부하는 이유
양자오 지음, 김태성 옮김

마르크스 경제학과 철학의 탄생,
진행 과정과 결과에 이르기까지
역사의 맥락과 기초 개념을 짚어
가며 『자본론』의 핵심 내용을
간결하고 정확한 시각으로
해설한 책. 타이완에서 자란
교양인이 동서양의 시대 상황과 지적
배경을 살펴 가면서 썼기에 비슷한
역사 경험을 가진 한국인의 피부에
와 닿는 내용이 가득하다.

서양고전강의 시리즈

종의 기원을 읽다
고전을 원전으로 읽기 위한 첫걸음
양자오 지음, 류방승 옮김

고전 원전 독해를 위한 기초체력을
키워 주는 서양고전강의 시리즈
첫 책. 인간과 자연의 관계를
변화시킨 『종의 기원』에 대한 새로운
해설서다. 저자는 섣불리 책을
정의하거나 설명하지 않고 책의
역사적, 지성사적 맥락을 흥미롭게
들려줌으로써 독자들을 고전으로
이끄는 연결고리가 된다.

꿈의 해석을 읽다
프로이트를 읽기 위한 첫걸음
양자오 지음, 문현선 옮김

인간과 인간 자아의 관계를 바꾼
『꿈의 해석』에 관한 교양서. 19세기
말 유럽의 독특한 분위기, 억압과
퇴폐가 어우러지며 낭만주의가
극에 달했던 그 시기를 프로이트를
설명하는 배경으로 삼는다. 또한
프로이트가 주장한 욕망과 광기
등이 이후 전 세계 문화와 예술에
미친 영향을 들여다보며 현재의
우리에게는 어떤 의미인지 점검한다.

중국

야만의 시대, 지식인의 길
중국사 지성의 상징 죽림칠현,
절대 난세에 답하다

류창 지음, 이영구 외 옮김

중국 중앙방송 '백가강단'에서
절찬리 방영된 역사 교양강의.
동아시아 지식인의 원형, 죽림칠현의
파란만장한 인생을 유려하게 풀어낸
수작. 문화와 예술 방면에서는
화려하고도 풍부한 열정이
가득했으나 정치적으로는 권력으로
인한 폭력과 압박으로 처참했던 위진
시기. 입신하여 이름을 떨치느냐
은둔하여 자유를 추구하느냐의
갈림길에서 유교와 도교를 아우른
지식인의 고뇌가 깊어진다. 뛰어난
재능과 개성으로 주목받았던
일곱 지식인. 그들의 고민과 선택,
그로 인한 다채로운 삶은 독자에게
현재의 자리를 돌아보고 앞으로
나아갈 길을 다시 생각하게 한다.

중국, 묻고 답하다
미국이 바라본 라이벌 중국의 핵심 이슈 108

제프리 와서스트롬 지음, 박민호 옮김

108개의 문답 형식으로 중국의 교양을
간결하게 정리한 이 책은 중국을
왜 그리고 어떻게 이해해야 하는지
알고자 하는 독자에게 유익하다.
술술 읽히는 이야기를 따라가다 보면
과거의 중국에 대한 정보부터 오늘날
중국에서 가장 중요한 인물과 사건까지
한눈에 파악된다. 교양인이 반드시
알아야 할 내용으로 가득한 미국
중국학 전문가의 명저.

명문가의 격
고귀하고 명예로운 삶을 추구한
중국 11대 가문의 DNA

홍순도 지음

중국을 이끈 명문가 열한 가문을
엄선해 그들이 명문가로 자리 잡을 수
있었던 근원과 조상의 정신을 이어받은
후손의 노력을 파헤친 중국전문가의
역작. 3년간의 자료 조사와 현지
취재로 생생한 역사와 현장감이
느껴진다. 동아시아의 큰 스승 공자
가문부터 현대 중국을 있게 한 모택동
가문에 이르기까지, 역사 곳곳에 살아
숨 쉬는 가문의 일화와 그 후손이
보여 주는 저력은 가치 있는 삶과
품격이 무엇인지 생각하게 한다.

교양

열린 인문학 강의
전 세계 교양인이 100년간 읽어 온
하버드 고전 수업

월리엄 앨런 닐슨 엮음, 김영범 옮김

'하버드 고전'은 유사 이래로
19세기까지의 인류의 지적 유산을
담은 위대한 고전을 정선한
시리즈로서 인류의 위대한 관찰과
기록, 사상을 담고 있다. 이 책은
하버드 고전을 읽기 위한 안내서로
기획되었으며 하버드를 대표하는
교수진이 인문학 고전과 대표 인물을
망라하여 풍부한 내용을 정제된
언어로 소개한다.

부모인문학
교양 있는 아이로 키우는 2,500년 전통의
고전공부법

리 보틴스 지음, 김영선 옮김

문법, 논리학, 수사학을 가르치는
서양의 전통 교육은 아이에게
인문학적 소양을 갖추게 하는 좋은
공부법이다. 모든 교육의 목적은
결국 새로운 정보를 저장하고(문법),
처리 검색하며(논리학),
표현하는(수사학) 능력을 키우는
것인데, 이 책에는 아이가 성인이
되어 자립적으로 살아갈 수 있는
키워 주는 고전공부법이 담겼다.
저자는 이 고전공부법을 소개하고
이를 현대 상황에 맞게 적용하는
법을 솜씨 있게 정리했다.

동양의 생각지도
어느 서양 인문학자가 읽은 동양 사유의 고갱이

릴리 애덤스 벡 지음, 윤태준 옮김

동서양 문화의 교류, 융합의 추구가
인류를 아름다운 미래로 이끄는
중요한 토대가 된다는 믿음을
바탕으로, 저자가 동양 여러 나라의
정신을 이루는 철학과 사상을 오랜
시간 탐사하고 답사한 결과물.
기본적으로 동양에 대해 철저히
무지한, 또는 그릇된 선입견을
가진 서양의 일반 독자를 위한
안내서이지만 서양이라는 타자를
통해 우리 자신이 속한 동양을
새로운 시각으로 되돌아보는 좋은
기회를 얻을 수 있다.

인문세계지도
지금의 세계를 움직이는 핵심 트렌드 45

댄 스미스 지음, 이재만 옮김

지구의 인류가 살아가는 데 가장 큰
영향을 미치는 핵심 이슈와 트렌드를
전 세계적 범위에서 체계적이고
시각적으로 정리한 책. 전 세계의
최신 정보와 도표를 첨단 그래픽으로
표현하였고, 부와 불평등, 전쟁과
평화, 민주주의와 인권, 인류의
건강, 지구의 환경이라는 다섯
가지 주요 쟁점을 인류 전체의
진보라는 관점에서 다룬다. 다양한
이미지에 짧고 핵심적인 텍스트가
곁들여지므로 전 세계를 시야에 품고
공부하고자 하는 이들이 곁에 두고
참고하기에 좋다.

엔지니어의 인문학 수업
르네상스인을 꿈꾸는 공학도를 위한
필수교양

새뮤얼 플러먼 지음, 김명남 옮김

엔지니어의 눈으로 보고 정리한,
엔지니어를 위한 인문 교양 안내서.
물론 보통의 독자에게도 매력적이다.
엔지니어의 눈으로 본 인문학의
각 분야는 참신하고 유쾌하다.
엔지니어 특유의 군더더기 없는
문장으로 아직 인문학 전반에 낯선
독자에게나 인문학에 거리감을
느끼는 엔지니어에게 추천할 수 있는
좋은 책이다.

같이의 가치를 짓다
청년 스타트업 우주 WOOZOO의 한국형
셰어하우스 창업 이야기

셰어하우스 우주 WOOZOO

김정현, 계현철, 이정호, 조성신, 박형수 지음

'셰어하우스'라는 대안 주거를
구현한 젊은 기업 우주woozoo의
창업부터 지금까지의 이야기를
담은 책. 현실의 주거 문제, 하고
싶은 일을 실천하려는 힘과 도전
정신, 가족이라는 문제, 공유 의식,
청년 문제 등 여러 가지 관점에서
다양하게 생각할 거리를 던져 준다.
무엇보다 그 모든 것을 아우르는
젊고 유쾌한 에너지가 책 전체에
넘쳐 독자를 즐겁게 한다.

공부해서 남 주다
대중과 교양을 나누어 성공한 지식인들의
남다른 삶

대니얼 플린 지음, 윤태준 옮김

지식이 권력인 사회에서, 대중과
지식을 나누어 성공한 지식인들의
남다른 삶을 다룬 책. 이들은
일반적인 교육의 혜택을 받지 못하고
스스로 노력해 얻은 지식을 대중과
함께하고자 했고, 그 노력은 수많은
이를 역사, 철학, 문학, 경제학의
세계로 이끌었다. 지식의 보급과
독점이 사회에서 각각 어떤 영향을
끼치는지, 어떤 미래를 만드는지
생각하도록 한다.

1일1구
내 삶에 힘이 되는 고전명언 365

김영수 지음

하루에 한 구절씩 맛보는 고전의
풍미. 마르지 않는 지혜의 샘.
고전에는 과거와 현재와 미래를
관통하는 선현의 지혜가 담겼다.
그러나 이 오래된 지혜를 요즘의
독자가 문화와 역사를 단숨에
뛰어넘어 이해하기는 쉽지 않다.
중국 고전 학자이자 『사기』
전문가인 저자가 중국의 300여 고전
중에서 명구를 엄선하여 독자가
부담 없이 읽어 볼 수 있도록
소개했다. 원문을 함께 실려
있어 고전의 또 다른 맛과 멋을
느낄 수 있다.

하루 한자 공부
내 삶에 지혜와 통찰을 주는
교양한자 365

이인호 지음

하루에 한 자씩 한자를 공부할 수
있는 책. 한자의 뿌리를 해설한
여러 고전 문헌과 여러 중국학자의
연구 성과를 두루 훑어 하루에
한자 한 자씩을 한자의 근본부터
배울 수 있도록 한다. 무조건
암기하기보다는 한자의 기초부터
공부하도록 해 한자에 대한
기초체력을 키우는 데 중점을 둔
책으로, 하루 한 글자씩 익히다
보면 어느새 한자에 대한 자신감이
붙을 것이다.

시의 문장들
굳은 마음을 말랑하게 하는 시인의 말들

김이경 지음

문득 들려오는 시 한 구절에 마음이
설레면서도 정작 어떻게 시를
읽을지 모르는 이들에게 저자가
제안하는 방법은 그 한 구절에
비친 마음을 들여다보는 것이다.
이 책에는 저자가 시의 어느
한 구절에서 받은 감정이 편안하게
적혀 있다. 그 글은 때로 내 마음을
달래 주기도 하고, 때로 고개를
갸웃하게 하기도 하고, 때로 울컥
눈물을 부르기도 한다. 그리고
그 감정들을 불러일으킨 시를 모두
읽고 싶게 만든다.
어떻게 시를 읽을까, 혹은 시로
다가드는 마음이 어떤 것일까
궁금한 독자에게 저자는 (시의)
"그 문장이 있어 삶은 잠시 빛난다.
반딧불 같은 그 빛이, 스포트라이트
한 번 받은 적 없는 어두운 인생을
살 만하게 만든다"라고 고즈넉이
읊조린다. 저자는 자신이 시를 읽은
이야기를 들려주면서 자신이 전한
시 한 줄이 독자들에게 "하나의
큰 세계로 이르는 길목이 되기를
바랄 뿐"이라고 말한다.

글쓰기

논픽션 쓰기
퓰리처상 심사위원이 말하는 탄탄한 구조를 갖춘 글 쓰는 법
잭 하트 지음, 정세라 옮김

세상에서 가장 힘 있는 글쓰기,
논픽션 쓰는 법. 저자는 허구가 아닌
사실에 기반을 둔, 예술 창작물보다는
삶의 미학화를 지향하는 글쓰기를
어떻게 하면 좋을지를 자신의 오랜
경험을 바탕으로 구체적인 사례와
모범적인 글을 통해 차분히 정리했다.
저자 잭 하트는 미국 북서부 최대의
유력 일간지 『오레고니언』에서
25년간 편집장으로 일하며 퓰리처상
수상자를 다수 길러 낸 글쓰기 코치다.
구조 잡는 법부터 윤리 문제까지,
논픽션 쓰기의 구체적 노하우를
총망라했다. 저자는 단순히
육하원칙에 따른 사건의 기록이
아니라 인물이 있고, 갈등이 있고,
장면이 있는 이야기, 이 모든 것이
없더라도 독자의 마음을 훔칠 만한
주제가 있는 이야기를 어떻게 써야
하는지, 신문·잡지·책에 실린 글을
예로 들어 독자가 이해하기 쉽게
설명한다. 이 밖에도 신문 기사,
르포, 수필 등 논픽션의 모든 장르를
아우르며 글쓰기 실전 기술을
전수한다.

책의 책

고양이의 서재
어느 중국 책벌레의 읽는 삶, 쓰는 삶, 만드는 삶
장샤오위안 지음, 이경민 옮김

중국 고전과 인문서를 꾸준히 읽어
착실한 인문 소양을 갖춘 중국의
과학사학자이자 천문학자의 독서
편력기. 학문, 독서, 번역, 편집, 서재,
서평 등을 아우르는 책 생태계에서
살아온 그의 삶에는 책을 좋아하는
사람의 모든 것이 담겨 있다. 과학과
인문학을 오가는 그의 문제의식과
중국 현대사 속에서 살아가는 개인의
관점 역시 놓칠 수 없는 대목이다.

사람

내가 사랑한 여자

공선옥 김미월 지음

소설가 공선옥과 김미월이 그들이
사랑하고, 사랑하기에 모든 이들과
함께 이야기를 나누고 싶은 여자들에
대해 쓴 산문 모음. 시대를 앞서
나갔던 김추자나 허난설헌 같은
이부터 자신의 시대에서 눈을 돌리지
않았던 케테 콜비츠나 한나 아렌트에
이르기까지, 세상 그 누구보다
인간답게 여자답게 살아갔던 이들을
사랑하는 마음을 담아 찬사했다.
더불어 여자가, 삶이, 시대가 무엇인지
돌아보게 하는 아름다운 책이다.

위로하는 정신
체념과 물러섬의 대가 몽테뉴

슈테판 츠바이크 지음, 안인희 옮김

세계적 전기 작가 슈테판 츠바이크가
쓴 몽테뉴 평전. 츠바이크의 마지막
작품이기도 하다. 츠바이크는 세계
대전과 프랑스 내전이라는 광란의
시대를 공유한 몽테뉴를 통해 자신의
이야기를 한다. 자기 자신이 되고자
끝없이 물러나며 노력했던 몽테뉴.
전쟁을 피해 다른 나라로 갔지만 결국
안식을 얻지 못한 츠바이크. 두 사람의
모습에서 혼란한 시대를 살아가는
사람의 자세를 사색하게 된다.

찰리 브라운과 함께한 내 인생

찰스 슐츠 지음, 이솔 옮김

『피너츠』의 창조자 찰스 슐츠가
직접 쓴 기고문, 책의 서문, 잡지에
실린 글, 강연문 등을 묶은 책.
『피너츠』는 75개국 21개의 언어로
3억 5,500만 명 이상의 독자가
즐긴 코믹 스트립이다. 오랜 세월
동안 독자들은 언제나 실패와
좌절을 거듭하지만 포기하지 않는
찰리 브라운과 그의 친구들의
다채롭고 개성 있는 성격에
공감했고, 냉소적이고 건조한
듯하면서도 부드럽고 따뜻한
느낌의 이야기에 울고 웃었다.
이 사랑스러운 캐릭터와 이야기의
뒤에는 50년간 17,897편의 그림과
글을 직접 그리고 썼던 작가
찰스 슐츠가 있다. 스스로 세속의
인문주의자라고 평하기도 했던
슐츠는 깊이 있고 명료한 글을
쓸 줄 아는 작가였다. 슐츠 개인의
역사는 물론 코믹 스트립을 포함한
만화라는 분야에 대한 그의 관점과
애정, 그의 인생에서 가장 큰 자리를
차지한 『피너츠』에 대한 갖가지 소회,
이 작품에 등장하는 여러 캐릭터를
만들게 된 창작의 과정과 그 비밀을
오롯이 드러내 보인다.

내 방 여행하는 법

세상에서 가장 값싸고 알찬 여행을 위하여

그자비에 드 메스트르 지음, 장석훈 옮김

저자는 금지된 결투를 벌였다가
42일간 가택 연금형을 받았고,
무료를 달래기 위해 자기만의 집 안
여행을 시작한다. 그리고 그 여행을
적은 기록은 출간 후 베스트셀러가
되었다. 여행 개념을 재정의한 여행
문학의 고전으로, 18세기 서양
문학사에서 여러모로 선구적인 작품
가운데 하나로 꼽힌다. 적은 분량에도
불구하고 형식과 주제가 분방하고,
경쾌하면서도 깊은 여운을 남기는
문체를 지녀 훗날 수많은 위대한
작가들에게 영향을 주었다.
이 책은 여행에 대한 우리의
고정관념을 뒤집는다. 몇 평 안 되는
좁고 별것 없는 내 방 안에서도 여행은
가능하다고. 진정한 여행이야말로
새롭고 낯선 것을 '구경'하는 일이
아니라 '발견'함으로써 익숙하고
편안한 것을 새롭고 낯설게 보게
하는 일이라고. 물론 작가가 이런
이야기를 구구절절 늘어놓지는
않는다. 다만 자신이 직접 이 '여행'을
어떤 방식으로 해냈는지를 섬세하게
묘사함으로써 이 임무를 상징적으로
수행한다. 숱한 작가들에 의해
되풀이해서 읽히고 영향을 미친
이 작품은 여행의 개념을 재정의하는
고전이 되었고, 지금도 여전히 수많은
독자에게 읽히고 있다.

박물관 보는 법
보이지 않는 것을 보는 감상자의 안목
황윤 글, 손광산 그림

박물관을 제대로 알고 감상하기 위한 책. 소장 역사학자이자 박물관 마니아인 저자가 오래도록 직접 발품을 팔아 수집한 자료와 직접 현장을 누비면서 본인이 듣고 보고 느낀 내용을 흥미로운 스토리텔링 방식으로 집필했다. 우리 근대 박물관사의 흐름을 한눈에 꿰게 할 뿐 아니라 그 흐름을 만들어 간 사람들의 흥미로운 사연과 앞으로 문화 전시 공간으로서 박물관이 나아갈 바람직한 방향까지 가늠하게 해 준다.

일제 치하에서 왜곡된 방식으로 근대를 맞게 된 우리 박물관의 역사도 이제 100여 년이 되었다. 박물관을 설립하는 데 관여한 사람들과 영향을 준 사건들을 살피다 보면 유물의 소장과 보관의 관점에서 파란만장한 우리 근대 100년사를 일별할 수 있다. 또한 공간의 관점에서도 단순히 유물과 예술품을 전시하는 건물로만 여겼던 박물관이 색다르게 다가온다. 보이지 않던 박물관의 면모가 보이고 이를 통해 박물관을 관람하는 새로운 시야를 열어 줄 것이다.

땅콩
문고

책 먹는 법
든든한 내면을 만드는 독서 레시피
김이경 지음

저자, 번역자, 편집자, 논술 교사, 독서 모임 강사 등 텍스트와 관련한 여러 가지 일을 오래도록 섭렵하면서 단련된 독서가 저자 김이경이 텍스트 읽는 법을 총망라하였다. 읽기 시작하는 법, 질문하면서 읽는 법, 있는 그대로 읽는 법, 다독법, 정독법, 여럿이 함께 읽는 법, 어려운 책 읽는 법, 쓰면서 읽는 법, 소리 내어 읽는 법, 아이와 함께 읽는 법, 문학 읽는 법, 고전 읽는 법 등 여러 가지 상황과 처지에 맞게 책을 접하는 방법을 자신의 인생 갈피갈피에서 겪은 체험과 함께 소개한다.

학생이 배우고 익히는 법
미국 명문고 교장이 각계 전문가들과
완성한 실용 공부법

리처드 샌드윅 지음, 이성자 옮김

저자 리처드 샌드윅은 대학교에서
교육 심리학을 공부했고 고등학교의
교장으로 부임해 그 학교를 미국 내
명문학교로 키우는 데 큰 공헌을
한 사람이다. 그는 학생의 공부
습관이나 노하우에 관심을 갖고 꼭
필요한 요령을 파악해 학생에게
도움을 주고자 했다. 그는 이 책을
각 분야의 전문가의 도움을 받아
완성했다. 심리, 교육부터 영양까지
다채로운 분야의 전문가의 조언으로
다듬어진 덕분에 이 책은 교사와
학부모의 높은 신뢰를 받아
오래도록 학생 교육 방면에서
스테디셀러로 자리매김했다.
"학생들이 효율적인 공부를 하기
위한 보편 원칙을 간단히 터득하게
하는 것"을 목적으로 한다고 밝힌
데에서도 알 수 있듯, 이 책은
공부의 보편 원칙을 앞에 놓고
개별 과목의 공부법을 뒤에 두어
먼저 공부할 때 동기를 부여하려
한다. 학생에게 공부란 무엇인지,
왜 공부를 해야 하는지 설명하고,
뒤이어 공부하는 법을 알려 준다.